Was alle Eltern wissen wollen

DK

Was alle Eltern wissen wollen

Kinder richtig verstehen und liebevoll begleiten

DR. MARGOT SUNDERLAND

Inhalt

Anmerkung der Autorin

Ich war geschockt, als mir klar wurde, welchen Einfluss der alltägliche Umgang von Eltern mit ihren Kindern auf das sich entwickelnde Gehirn und die langfristige psychische Gesundheit eines Kindes hat. Bis dahin war ein Großteil der wissenschaftlichen Forschung zu diesem Thema kaum an die Öffentlichkeit gedrungen. Dieser Umstand bewog mich dazu, ein Buch zu schreiben, das Eltern die Erkenntnisse einschlägiger Studien zum Wohle ihrer Kinder vermittelt.

Ich hätte dieses Buch jedoch nicht ohne die bahnbrechenden Arbeiten von Professor Jaak Panksepp schreiben können, der seit mehr als 30 Jahren das emotionale Gehirn erforscht. Seine Erkenntnisse sind nicht nur auf dem Gebiet der Neurowissenschaften bedeutend, sondern haben Auswirkungen auf die gesamte Menschheit. Seine Arbeit und die seiner Kollegen lässt uns begreifen, warum so viele Kinder als Erwachsene unter Depressionen, Angststörungen und Aggressivität leiden.

Wenn wir bei der Kindererziehung wissenschaftliche Erkenntnisse berücksichtigen, tragen wir zur Entwicklung einer Gesellschaft bei, die geprägt ist von mehr Mitgefühl, Reflexionsfähigkeit und Toleranz.

Margot Sunderland
Direktorin der Abteilung Erziehung und Ausbildung
am Centre for Child Mental Health, London (GB)
Direktorin für Innovation und Forschung
an den Trauma Informed Schools UK (CIC)
Gründungsdirektorin des Institute for Arts in Therapy
and Education (Fachhochschule), London (GB)

Vorwort

Dieses Buch zeigt, dass die Art, wie Kinder aufwachsen, lebenslange Auswirkungen auf ihre seelische Gesundheit hat. Kinder, deren Gefühle ernst genommen und respektiert werden, führen später ein glücklicheres Leben als diejenigen, deren frühe Emotionen nicht angenommen oder gar ganz außer Acht gelassen werden. Sowohl liebevolle Fürsorge als auch Kummer hinterlassen bleibende Merkmale im emotionalen Schaltkreis und im Gemüt des sich entwickelnden Gehirns – positive wie negative.

Die moderne Hirnforschung hat aufgedeckt, wie neurologische Strukturen und biochemische Stoffe die Emotionalität bei Jungtieren entstehen lassen. Dadurch können wir auch die Natur der sozial-emotionalen Bedürfnisse in den Gehirnen unserer Kinder besser verstehen. Besonders die Entwicklung in der Vorschulphase legt den Grundstein für den späteren Erfolg jedes Kindes.

Margot Sunderland hat die zahlreichen Forschungsdaten vollständig aktualisiert und dabei auch neueste Erkenntnisse zur Gehirnentwicklung analysiert und ausgewertet. Damit hat sie uns eine wissenschaftlich fundierte Basis für die Erziehungsmethoden des 21. Jahrhunderts beschert.

Jaak Panksepp, PhD (1943–2017)

Professor und Inhaber des Baily-Lehrstuhls für die Wissenschaft des Tierwohls an der Fakultät für Integrative Physiologie und Neurowissenschaften, Washington State University (USA)

Senior-Forschungsprofessor emeritus der Fakultät für Psychologie, Bowling Green State University (USA)

Leiter der Forschung für Affektive Neurowissenschaften am Falk Centre for Molecular Therapeutics, Northwestern University (USA)

Einleitung

Ich habe das Buch »Was alle Eltern wissen wollen« vom Standpunkt einer Expertin geschrieben, die seit 25 Jahren die Langzeitauswirkungen erzieherischer Entscheidungen auf das sich entwickelnde Gehirn eines Kindes untersucht. Ich weiß nur zu gut, wie viel Schaden unzählige Kinder über Generationen infolge tradierter Erziehungsmethoden erlitten haben. In dieser Ausgabe habe ich auch beschrieben, wie Sie die psychische Gesundheit Ihres Kindes schützen können. Es gibt so viele wichtige neurowissenschaftliche Erkenntnisse darüber, wie Eltern verhindern können, dass Kinder und Jugendliche mit seelischen Qualen aufwachsen.

Ich bin froh und erleichtert, dass wir aufgrund von neuen Erkenntnissen aus der Hirnforschung über die Bedeutung zwischenmenschlicher Beziehungen die Fehler der Vergangenheit heute nicht mehr wiederholen müssen. Vieles von diesem Wissen ist jedoch bei den Eltern noch nicht angekommen. Zudem sind seit Erscheinen der zweiten Auflage dieses Buches vor sieben Jahren bedeutende Fortschritte erzielt worden. Mit diesem Buch möchte ich allen Eltern die neuesten Forschungsergebnisse nahebringen, damit sie diese bei der Erziehung ihrer Kinder anwenden können. Eltern sollten wissen, wie ihre Beziehung zueinander und zu ihren Kindern das sich entwickelnde Gehirn eines Kindes prägt. Das ist ebenso wichtig wie die richtige Ernährung. Ich habe weltweit über 2000 wissenschaftliche Studien aus Laboren, medizinischer Forschung und Universitäten ausgewertet und möchte Ihnen dieses Wissen in allgemein verständlicher Sprache vermitteln.

Untersuchungen zeigen, dass die Eltern-Kind-Beziehung nicht nur den Verstand, sondern das Gehirn selbst verändert. Es gilt als erwiesen, dass unsere Erfahrungen in der Kindheit auch unsere spätere körperliche und geistige Gesundheit prägen, im Guten wie im Schlechten. Sie können beeinflussen, ob man später ein erfülltes Leben führt oder unter stressbedingtem Bluthochdruck, Demenz, schwachem Immunsystem oder Angstzuständen leidet. Seit der Veröffentlichung der ersten Auflage gibt es neue Forschungsergebnisse: Wir wissen jetzt, dass die Erziehung beispielsweise wichtige

Gene aktivieren oder deaktivieren, gegen Krebs schützen und die Lebenserwartung verlängern kann. Mit den in diesem Buch beschriebenen evidenzbasierten Erziehungsmethoden können Sie Ihrem Kind Lebensqualität schenken – das beste Geschenk, das es gibt –, indem Sie die Grundlagen für seine langfristige körperliche und geistige Gesundheit schaffen. Dieses Buch hilft Ihnen, allgemein akzeptierte Erziehungspraktiken zu vermeiden, die Gehirn und Körper Ihres Kindes schädigen könnten.

Die neueste Hirnforschung erfordert von Eltern einen echten Paradigmenwechsel. Statt sich nur Gedanken über Schlaftraining und Co-Sleeping zu machen oder darüber, ob man ein Kind schreien lassen soll oder nicht, Wutanfälle ignorieren oder die »stille Treppe« einführen will, sollten wir uns folgende Fragen stellen: »Mit welcher Wahrscheinlichkeit wirkt sich meine jetzige Erziehungsmaßnahme langfristig auf das chemische Gleichgewicht und die höheren menschlichen Gehirnfunktionen meines Kindes aus? Wie beeinflusst mein täglicher Umgang mit meinem Kind seine Physiologie, seine Stressresistenz,

seine spätere Anfälligkeit für Ängste und Depressionen und seine Aussichten, sich in Beruf und Partnerschaft zu entfalten?« Die Neurowissenschaft hat keine Patentlösung für die richtige Erziehung parat, aber sie leistet einen wichtigen Beitrag dazu.

Manche mögen jetzt sagen: »Wir brauchen keine Erziehungstipps. Alles, was man braucht, ist Liebe zu seinen Kindern. Sie gedeihen auch ohne Erziehungsexperten prima!« Wenn dem so ist, wie kommt es dann zu folgender Statistik: Im Jahr 2023 wird der für Deutschland prognistizierte Umsatz im Marktumfeld der Depressiven Störungen etwa 0,80 Mrd. € betragen.[1] Das zeigt deutlich, dass der bisherige Erziehungsstil für unsere Kinder nicht der beste war. Wir wissen jetzt, welche Methoden das kindliche Gehirn so beeinflussen können, dass es im späteren Leben vor Depressionen und anderen psychischen Erkrankungen geschützt ist. Die gute Nachricht lautet: Es ist nie zu spät, seinen Erziehungsstil zu ändern und diese wundervollen Ergebnisse zu bewirken.

Warum hat die Erziehung überhaupt einen derart starken Einfluss auf Gehirn und Körper eines Kindes? Nach der Geburt ist das Gehirn eines Kindes noch nicht voll ausgebildet. Einige Gehirnzellen

wandern erst noch an den richtigen Ort (Zellmigration). Im ersten Lebensjahr werden immer noch Schlüsselgene für das emotionale Wohlbefinden ausgeprägt. Zudem entwickeln sich wichtige Regulationssysteme in Gehirn und Körper. Stress im Leben eines Säuglings kann diese empfindlichen Vorgänge negativ beeinflussen. Die Beziehung zu Ihrem Kind ist deshalb eine stark prägende Erfahrung. Das Gehirn Ihres Kindes gleicht einem nicht programmierten Computer. Ob es auf »Ruhe« oder »Alarm« programmiert wird, hängt zu einem Großteil von der Beziehung zu Ihrem Kind ab.

Sicher sind Sie der Meinung, es sind die Gene, die zählen, nicht die Erziehung. Das ist im Kern richtig. Wir haben anfällig machende und schützende Gene. Aber man kann nicht mehr einfach nur von »Anlage versus Umwelt« sprechen. In den vergangenen Jahren haben Wissenschaftler auf dem Gebiet der Epigenetik herausgefunden, dass Gene durch externe Faktoren an- und abgeschaltet werden können – dazu gehört auch der Erziehungsstil. Der richtige Stil kann anfällig machende Gene ab- und schützende Gene anschalten. Falsche Erziehungsmethoden können das Gegenteil bewirken.

Kurz gesagt ist in der Kindererziehung nun eine Ära angebrochen, in der man ein Kind auf der Basis wissenschaftlicher Erkenntnisse dazu befähigen kann, sich optimal zu entwickeln. In dieser dritten Ausgabe meines Buches werde ich Ihnen diese wissenschaftlichen Erkenntnisse darlegen. Ein neues Kapitel erklärt, wie einfühlsame Elternschaft die psychische Gesundheit des Kindes schützen kann. Auch habe ich die Kapitel neu angeordnet. Eines erklärt, wie Sie bei Ihrem Kind die Fähigkeit zu Spaß, Humor und Spontaneität fördern. Ein weiteres zeigt, wie Sie erreichen können, dass Ihr Kind sein Potenzial ausschöpft. Besondere Momente mit Ihrem Kind sind für Sie beide wichtig, deshalb habe ich ein neues Kapitel mit konkreten, wissenschaftlich untermauerten Spielvorschlägen eingefügt. Die Kapitel, die sich mit Schlaf, Verhalten, Schreien sowie Ihrem eigenen Wohlbefinden beschäftigen, sind nach wie vor enthalten, denn all dies soll Sie bei Ihrer verantwortungsvollen und wichtigen Aufgabe unterstützen, Eltern zu sein.

Die Wahrheit über psychische Gesundheit

Überall springt uns entgegen, wie viele Menschen unter psychischen Problemen leiden. Nach der Weltgesundheitsorganisation (WHO) zählen Depressionen weltweit zu den häufigsten Krankheiten und tragen wesentlich zur globalen Krankheitslast bei. 280 Millionen Menschen leiden an Depressionen.[1] Was ist da los?

WIDERLEGTE MYTHEN

Man könnte meinen, dass eine psychische Erkrankung uns erwischt wie Covid oder eine Erkältung. Dem ist aber nicht so. Zwei weitverbreitete falsche Annahmen – die Ursache seien »schlechte Gene« oder ein »chemisches Ungleichgewicht« – wurden widerlegt.

Der Mythos von den schlechten Genen

Dieser Mythos basiert auf der Annahme, dass es Gene gibt, die manche Menschen im späteren Leben anfällig für bestimmte psychische Erkrankungen machen. Nachdem Wissenschaftler jahrelang ein »Schizophrenie-Gen« oder ein »Depressions-Gen« gesucht hatten und Unsummen in die Forschung investiert hatten, gaben sie auf. Sie hatten erkannt, dass es diese Gene nicht gibt. Der Mythos von den schlechten Genen wurde durch eine Vielzahl epigenetischer Forschungen widerlegt (»epi« bedeutet »über«, »Epigenetik« bedeutet also »über Gene«). Gene sind nicht gleichbedeutend mit Schicksal: Sie können durch Ereignisse ein- oder ausgeschaltet werden – insbesondere durch Stress in der Kindheit.

Die epigenetische Forschung mit eineiigen Zwillingen hat gezeigt, dass ein Zwilling ADHS (Aufmerksamkeitsdefizit-Hyperaktivitätsstörung) entwickeln kann, der andere nicht. Einer kann Autismus entwickeln, der andere nicht. Identische Gene wurden durch unterschiedliche Lebensereignisse und insbesondere durch Beziehungserfahrungen mit den Eltern ein- oder ausgeschaltet (das beginnt bereits im Mutterleib, etwa wenn ein Zwilling den anderen quetscht).

Im Jahr 2005 führten Michael Meaney und Moshe Szyf, Professoren für Genetik und Neuroentwicklung an der McGill University in den USA, eine epigenetische Studie durch, die Berühmtheit erlangte. Ratten von ängstlichen Müttern wurden nach der Geburt ruhigen Müttern gegeben. Sie entwickelten einen ruhigen Charakter. Umgekehrt wurden Ratten von ruhigen Müttern nach der Geburt ängstlichen Müttern gegeben. Diese entwickelten einen ängstlichen Charakter. Das bewies, dass das untersuchte psychische Problem, in diesem Fall Angst, nicht genetisch, sondern epigenetisch bedingt ist. Die Wissenschaftler stellten also fest, dass bestimmte Erziehungsstile – ängstlich oder beruhigend – Gene an- und abschalten können, die die Stressreaktion des Gehirns sowie die Ausschüttung beruhigender Neurochemikalien beeinflussen.[2] (Obwohl unser kognitiv denkendes Gehirn viel höher entwickelt ist als das von Ratten, ist unser emotionales Gehirn mit ihrem identisch: dieselben Stresshormone, dieselben beruhigenden Neurochemikalien.)

Der Mythos vom chemischen Ungleichgewicht

Eine weitere Annahme war, dass Depressionen oder Angstzustände durch ein chemisches Ungleichgewicht im Gehirn entstehen. Ab den 1980er-Jahren konzentrierte man sich auf die stimmungsstabilisierende Neurochemikalie Serotonin. Die Arzneimittelfirmen propagierten, dass Depressionen auf einen niedrigen Serotoninspiegel zurückzuführen seien. Dies wurde jedoch 2022 durch eine in *Molecular Psychiatry* veröffentlichte Studie – eine Analyse zahlreicher Forschungsstudien, mit Tausenden Probanden mit Depressionen – eindeutig widerlegt. Die Studie fand keinen Beweis dafür, dass Depressionen durch einen niedrigen Serotoninspiegel verursacht werden, und fand keinen Unterschied zwischen den Serotonintransporter-Genen von Menschen mit Depressionen und denen gesunder Personen aus der Kontrollgruppe.[3]

WODURCH WERDEN PSYCHISCHE PROBLEME VERURSACHT?

Zwei wesentliche Faktoren für psychische Probleme sind traumatische Lebensereignisse und ein stressinduzierender Erziehungsstil.

Traumatische Lebensereignisse

Zu diesen gehören Erfahrungen wie Trennung der Eltern, Tod oder Zurückweisung durch einen geliebten Menschen, Mobbing, häufige Schulwechsel, ein Elternteil mit psychischen Problemen oder einer Sucht, Miterleben von elterlicher Gewalt, Armut, Missbrauch und Diskriminierung. Die Forschung zeigt, dass die Wahrscheinlichkeit einer psychischen oder körperlichen Erkrankung oder eines frühen Todes umso höher ist, je mehr solcher belastender Kindheitserlebnisse man gehabt hat. Ein Schutzfaktor ist ein durchgängig emotional unterstützender Erwachsener, und es ist nie zu spät, einen solchen zu finden (Beispiele: Beratung oder Psychotherapie). Die Ergebnisse der ursprünglichen Studie mit 17 000 Personen wurden weltweit repliziert[4] und von der Weltgesundheitsorganisation bestätigt.

Stressinduzierender Erziehungsstil

Der Erziehungsstil und Entscheidungen der Eltern können sich beim Kind langfristig auf das endokrine System, das Immunsystem, das autonome Nervensystem (ANS) und die Stressreaktionssysteme im Gehirn auswirken – zum Guten und zum Schlechten. Eltern und Betreuungspersonen müssen während der gesamten Kindheit und bis ins Teenageralter hinein starke Stressblocker sein. Anders gesagt: Eltern haben eine wichtige Funktion als emotionale Regulatoren. Wenn Eltern die Beziehung zu ihrem Kind von Stress prägen, statt diesen zu reduzieren und zu regulieren, werden psychische und physische Probleme die Folge sein.

Eine stressreduzierende Erziehung schützt Ihr Kind davor, im späteren Leben psychische Probleme zu entwickeln, selbst wenn es traumatische Lebenserfahrungen wie die oben genannten gemacht hat. Eine solche Erziehung schenkt auch Ihnen die meiste Zeit Freude, während stressinduzierende Elternschaft sehr kräftezehrend ist und die psychische Gesundheit Ihres Kindes gefährdet.

Unweigerlich gibt es Aspekte der Elternschaft, die eintönig und anstrengend sind: Windeln wechseln, Kochen, Aufräumen, Waschen, Bügeln, Unterstützung bei der Schule – während man zugleich den Job jongliert. Im Ausgleich sollten die gemeinsamen Momente mit Ihrem Kind schön sein und Ihr Leben bereichern. Sind diese jedoch anstrengend und stressig, kann Elternschaft deprimieren und zu etwas werden, das man nur erträgt, statt aufbauend und zutiefst erfüllend zu sein.

Die Forschung zeigt, dass sich der erhöhte Stresshormonspiegel bei chronischem Stress auf die Aufmerksamkeit, die Konzentration und den Schlaf auswirkt. Das kann psychische Probleme zur Folge haben, etwa Angst und Depressionen, sowie körperliche Probleme, die sich sofort oder erst im Teenageralter zeigen (die Hälfte aller psychischen Probleme tritt im Alter von 14 Jahren auf). Ein hoher Stresshormonspiegel beeinflusst auch die Wahrnehmung einer Person. Sie empfindet ständig Bedrohung, Gefahr und Furcht, selbst wenn sie physisch und psychisch vollkommen sicher ist. Chronischer, nicht abgebauter Stress blockiert auch wichtige Neurochemikalien für die positive Erregung, Oxytocin und Dopamin, die ihrerseits Stress abbauen.

Säuglinge und Kleinkinder erleben ungelösten Stress, wenn sie psychischen Schmerz erleiden, aber niemand ihnen hilft. Der klinische Psychologe Peter Fonagy sagt: »Unglück ist überall, aber es wird nur dann zum Trauma, wenn die Person sich als alleingelassen erlebt«.[5] Säuglinge und Kleinkinder verspüren oft echten Kummer und sind davon überwältigt. Das ist umso schlimmer, als sie nicht über dieselben Ressourcen der Schmerzbewältigung verfügen wie Erwachsene. Wenn sie in diesem Zustand ignoriert werden, ihnen gesagt wird, sie sollen aufhören, oder ihnen nicht geholfen wird, kann dies die sich noch entwickelnden wichtigen Stresssysteme im Gehirn nachteilig verändern.

Denn wirksame Stressregulationssysteme entwickeln sich im kindlichen Gehirn und Körper nur im Laufe der Zeit mit effektiver Erziehung. Wir wissen, dass eine unwirksame Stressregulation, die eine Person noch lange nach dem Stressor Stress und Übererregung empfinden lässt, die Ursache für psychische Probleme ist. Als Eltern können wir viel tun, um effektive Stressregulationssysteme zu aktivieren, wie Sie in diesem Buch entdecken werden.

Das Gehirn *eines Kindes*

Eltern sind keine Zauberer. Sie können ihren Kindern kein glückliches Leben garantieren oder sie vor Verlust und Ablehnung bewahren. Aber sie können die Gehirnsysteme, die der Schlüssel für ein erfülltes Leben sind, bei ihren Kindern entscheidend beeinflussen. Wie das geht, zeigen wir in diesem Buch. Bevor wir zu dieser erstaunlichen Reise aufbrechen, wollen wir uns einige Fakten über das menschliche Gehirn näher anschauen.

Die Entwicklung des Gehirns

Vor rund 300 Millionen Jahren entwickelten sich auf der Erde die Reptilien. Säugetiere und schließlich der Mensch folgten sehr viel später. Erstaunlicherweise zeugt der Aufbau unseres Gehirns noch von dieser Entwicklung. Das Gehirn unserer ersten Vorfahren vor rund sieben Millionen Jahren war nur halb so groß wie unseres heute.

WIE UNSER GEHIRN WUCHS

Der erste aufrecht gehende Mensch, *Homo erectus*, hatte vor rund 1,5 Millionen Jahren noch ein kleines Gehirn. Erst vor etwa 200 000 Jahren nahm das Gehirn bei unserem unmittelbaren Vorfahren, dem *Homo sapiens*, die heutige Größe an. Es besaß so viele Vernetzungen, dass es vermutlich zu einer höheren Vorstellungskraft fähig war. Vor 50 000 Jahren fertigten die Menschen Schmuck an und praktizierten frühe religiöse Kulte. Doch erst viel später entwickelte sich die Fähigkeit zu differenziertem Denken.

WIE SIEHT UNSER GEHIRN HEUTE AUS?

Unser Gehirn besteht aus dem Hirnstamm, auch Reptilienhirn genannt, dem unteren primitiven Säugerhirn (auch limbisches System genannt) und dem darüber liegenden entwickelten Säugerhirn – der »Krönung der Evolution«. Die Gehirnregionen sind miteinander über ein Netzwerk von Nerven verbunden und haben jeweils spezifische Funktionen.

Manchmal arbeiten diese drei Bereiche koordiniert zusammen und bringen durch die Aktivierung positiver emotionaler Botenstoffe gewissermaßen das Beste im Menschen hervor. Dann wiederum können die Alarmsysteme die Oberhand gewinnen, selbst ohne physische oder psychische Bedrohung. Das kann zur Folge haben, dass Menschen sich selbst und anderen Leid zufügen. So unglaublich es klingt – Sie als Eltern können nicht nur die Entwicklung und Aktivierung von Schlüsselfunktionen und -systemen im Gehirn Ihres Kindes beeinflussen, sondern auch, auf welche Weise diese Systeme und Funktionen miteinander interagieren.

Urinstinkte

Wir fühlen uns anderen Säugern überlegen, weil wir das am höchsten entwickelte Großhirn haben. Doch in Bezug auf unser Reptilienhirn und unser primitives Säugerhirn sind wir es nicht. Tatsächlich sind diese Teile unseres Gehirns in ihrem gesamten Aufbau (in Relation zur Körpergröße) denen anderer Säugetiere sehr ähnlich. Diese älteren Gehirnregionen haben sich seit Jahrmillionen kaum verändert: »Es ist, als würden wir ein Museum in unserem Kopf herumtragen.«[1] Unser hoch entwickeltes rationales Gehirn kann von diesen unteren Gehirnregionen »gekidnappt« werden. Wenn wir uns bedroht fühlen, unterdrücken die Reptilien- oder primitiven Säugeranteile die höher entwickelten Funktionen. Wir erleben »Kampf oder Flucht«-Reaktionen, die uns vor Wut die Beherrschung verlieren oder in Angstreflexe verfallen lassen.

Sie können das Gehirn Ihres Kindes so beeinflussen, dass der rationale Bereich meistens in der Lage ist, diese Impulse aus den unteren Gehirnregionen zu kontrollieren. Sowohl der obere Teil des Gehirns (besonders die Stirnlappen) als auch die Hirnregion darunter (primitives Säugerhirn bzw. limbisches System) und der Hirnstamm mit dem Mittelhirn werden durch Erziehung beeinflusst.

Gut zu wissen

Menschen gibt es seit rund 200 000 Jahren. Sie haben hochkomplexe rationale Denkfähigkeiten entwickelt, dennoch umfasst ihr Gehirn weiterhin Bereiche des Reptilien- und des Säugerhirns.

- **Das Reptilienhirn** entwickelte sich vor rund 300 Millionen Jahren. Es steuert die Instinkte, kontrolliert Körperfunktionen wie die Atmung und die Verdauung sowie Funktionen, die das Überleben sichern.
- **Das Säugerhirn** entwickelte sich vor rund 200 Millionen Jahren, und mit ihm entstanden neue Gehirnprogramme für soziales Verhalten – wie Fürsorge und Zuwendung, Verspieltheit und Bindung.

Über das Gehirn

Das Gehirn wird in verschiedene Regionen unterteilt: Die umfangreichste ist das Großhirn, das aus vier Lappen in zwei Hemisphären besteht, oft auch als linke und rechte Hirnhälfte bezeichnet. Den vorderen Bereich bilden die Stirnlappen. Auf sie wirkt sich der Einfluss der Erziehung aus, ebenso wie auf den Balken – die Verbindung zwischen rechter und linker Hirnhälfte –, das primitive Säugerhirn darunter, den Hirnstamm und das Kleinhirn dahinter.

Das Gehirn besteht aus vielen Bereichen mit jeweils eigenen Funktionen. Es ist hilfreich zu verstehen, wie diese verschiedenen Teile funktionieren und durch Erziehung beeinflusst werden.

DIE STIRNLAPPEN

Die größten der vier Hauptlappen des Großhirns liegen im vorderen Bereich. Ihre Funktionen umfassen die Lernfähigkeit, Aufmerksamkeit, Konzentration, Planung, Problemlösung, Stressmanagement und Impulskontrolle. Man unterscheidet mehrere Bereiche mit spezifischen Funktionen: den dorsolateral-präfrontalen Cortex, den ventromedial-präfrontalen Cortex und den orbitofrontalen Cortex (siehe S. 25).

DAS UNTERE GEHIRN

Das primitive Säugerhirn des Menschen, auch limbisches System oder emotionales Gehirn genannt, weist dieselben chemischen Systeme und Strukturen auf wie bei anderen Säugern, z. B. Schimpansen. Hier sitzen die genetisch verankerten Emotionssysteme (siehe S. 32), die hormonell gesteuert werden. Dazu gehören drei Alarmsysteme – WUT, ANGST und PANIK/TRAUER – sowie drei für das Wohlbefinden zuständige, prosoziale Systeme – FÜRSORGE, ENTDECKERDRANG und SPIELTRIEB – und schließlich die LUST.[2] Diese Systeme sind wie Muskeln. Je mehr wir eines davon trainieren, desto mehr wird es Teil unserer Persönlichkeit. Ihr Erziehungsstil gibt vor, welches System im Leben Ihres Kindes vorherrscht. Wichtige Strukturen im unteren Gehirn sind jeweils mit speziellen Gefühlen verbunden.

WICHTIGE BEREICHE DES GEHIRNS

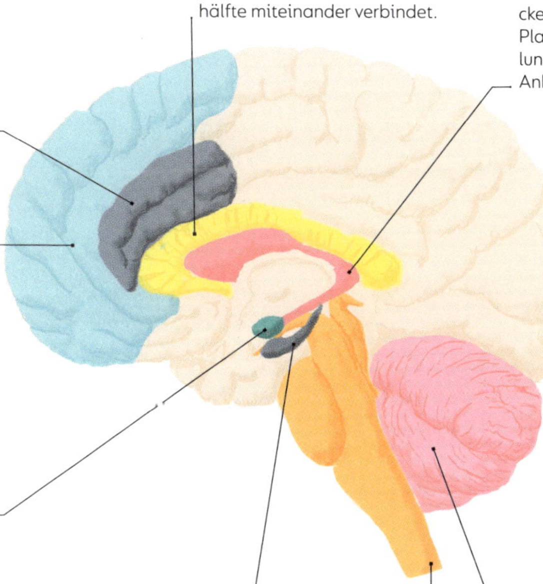

HIRNSTAMM UND MITTELHIRN

Dieser Bereich (im Bild blau) ist maßgeblich für die Steuerung lebenswichtiger Funktionen wie Herzfrequenz, Atmung, Essen, Bewusstsein und Schlafzyklus. Zudem enthält er Belohnungszentren und Alarmsysteme wie den Locus coeruleus – der bei Stress Noradrenalin freisetzt und oft das klare Denken beeinträchtigt – sowie das periaquäduktale Grau, kurz PAG, das starkes Abwehrverhalten auslöst, wie »Kampf oder Flucht«. Es ist auch zentral für alle sieben genetisch verankerten Emotionssysteme (siehe links). Atemstillstand im Schlaf beim plötzlichen Kindstod resultiert aus fehlender Erregung in dieser Gehirnregion.[3]

Das Gehirn erziehen

Seit jeher erziehen wir unsere Kinder nach bestimmten Mustern, ohne uns über die Langzeitauswirkungen auf ihr sich entwickelndes Gehirn Gedanken zu machen. Bisher konnten wir diese nicht sehen. Jetzt wissen wir jedoch, dass sich die Art des Umgangs der Eltern mit ihren Kindern langfristig auf die Gehirnfunktion und das chemische Gleichgewicht im kindlichen Gehirn auswirken kann.

Durch Fortschritte in der Neurologie, Gehirnscans und jahrelange Forschung an Gehirnen von Primaten und anderen Säugern (deren emotionale Gehirnregionen strukturell und chemisch mit unseren nahezu identisch sind) haben wir wichtige Informationen über die Auswirkungen verschiedener Erziehungsmethoden auf das kindliche Gehirn erhalten. Wie Sie mit Ihrem Kind umgehen, hat einen erheblichen Einfluss darauf, ob Systeme und Botenstoffe in seinem Gehirn so aktiviert werden, dass es ein erfülltes Leben führen kann.

GEHIRN UND ERZIEHUNG

Als Eltern haben Sie großen Einfluss darauf, wie sich das emotionale Gehirn entwickelt, besonders weil das Gehirn in den ersten Lebensjahren wichtige Wachstumsphasen durchmacht. Das Gehirn eines Kleinkinds bildet während dieser Zeit maßgebliche Nervenbahnen. Tatsächlich finden 90 Prozent des Wachstums des menschlichen Gehirns in den ersten fünf Lebensjahren statt. Millionen Verknüpfungen werden gebildet, gelöst und entstehen neu, alles insbesondere auch durch den Einfluss der emotionalen Erfahrungen mit Ihnen.

Dieser gewaltige Formungsprozess verlangsamt sich ungefähr mit sieben Jahren, weil immer mehr Gehirnzellen von einer Myelinschicht (einer Schicht aus Fett und Protein, die sich wie eine Art Isolierung um die Nervenzellen legt) umhüllt werden. Diese verbessert die Kommunikation zwischen den Gehirnzellen und verstärkt und fixiert die Nervenbahnen. Deshalb ist ein Sprichwort der Jesuiten wissenschaftlich gesehen gar nicht so abwegig: »Gib mir dein Kind die ersten sieben Jahre und ich gebe dir den Menschen zurück.«

Gut zu wissen

Die Abbildungen zeigen, dass das Großhirn eines Kindes in den ersten Lebensjahren sehr rasch unzählige Verknüpfungen bildet, während es durch seine Erfahrungen geformt wird. Bei der Geburt sind die Nervenzellen noch kaum vernetzt.

Der Abbau von Gehirnzellen (Neuronen) gehört zum natürlichen »Formungsprozess« des Gehirns und hält das ganze Leben lang an. Während wichtige Verbindungen im Gehirn gestärkt werden, werden nicht oder selten benötigte Zellen abgebaut.

Nach der Geburt haben wir rund 200 Milliarden Gehirnzellen. Schon nach einem Jahr sind 80 Milliarden davon verschwunden. Bis zum Teenager-Alter haben wir rund 90 Milliarden, bis zum 35. Lebensjahr rund 100 Milliarden und bis zum 70. Lebensjahr etwa 105 Milliarden Gehirnzellen eingebüßt. Mit diesem sogenannten Synapsenabbau passt sich das Gehirn den Anforderungen an.

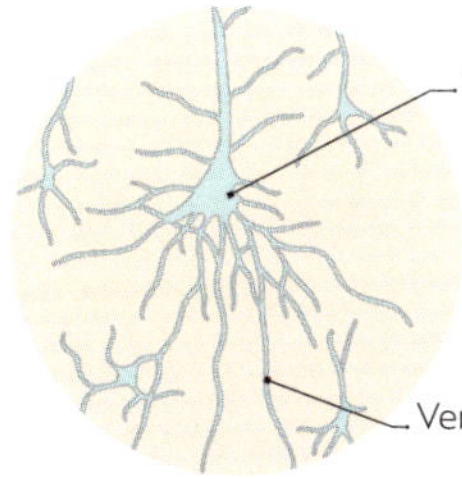

Ein Neugeborenes hat 200 Mrd. Gehirnzellen, aber kaum Verknüpfungen.

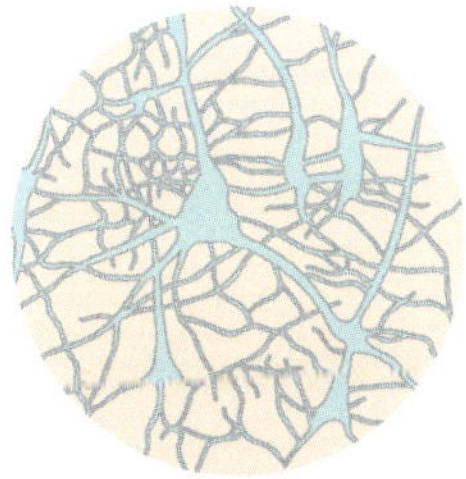

Bei einem einjährigen Kind haben sich mehr Verknüpfungen zwischen den Zellen des oberen Gehirnbereichs gebildet.

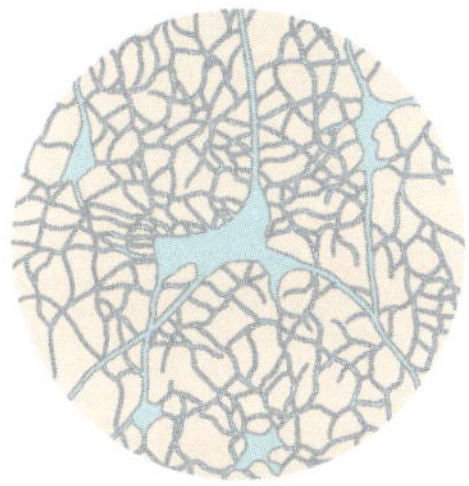

Bei einem zweijährigen Kind ist die Vernetzung bereits komplexer und der Synapsenabbau hat begonnen.

Die Eltern-Kind-Verbindung

Alles, was Ihr Baby erlebt, führt zur Ausbildung neuer Nervenbahnen in seinem oberen Gehirn (Stirnlappen). So passt es sich an seine individuelle Umgebung an. Diese Anpassungsfähigkeit nutzt oder schadet dem Wohlbefinden eines Kindes. Hat ein Kind eine tyrannische Bezugsperson, passt es sich an eine tyrannisierende Umwelt an, mit allen entsprechenden Veränderungen der Strukturen und chemischen Systeme im Gehirn. Das kann in übermäßiger Wachsamkeit, erhöhten Aggressions-

oder Furchtreaktionen oder auch in Angriffs- bzw. Verteidigungsimpulsen seines Reptilienhirns zum Ausdruck kommen. Deshalb ist die Art, wie Sie Ihrem Kind zuhören, mit ihm spielen, es in den Arm nehmen und trösten oder wie Sie es behandeln, wenn es unartig ist, so wichtig. Es sind diese Momente zwischen Ihnen und Ihrem Kind, die darüber entscheiden können, ob es sich gut entwickelt. Aufgrund Ihrer emotionalen Reaktionen bilden sich im Gehirn Ihres Kindes Verknüpfungen, die es befähigen, später im Leben Stress zu bewältigen, erfüllte Beziehungen einzugehen, mit Wut umzugehen, freundlich und mitfühlend zu sein, den Antrieb zu haben, Träume zu verwirklichen und Ambitionen zu verfolgen sowie tiefe Ruhe zu empfinden.

DIE HÖHEREN FUNKTIONEN BEEINFLUSSEN

Das kindliche Gehirn entwickelt sich größtenteils nach der Geburt, nicht davor, und wird deshalb durch eine positive wie auch eine negative Eltern-Kind-Beziehung geformt. Besonders das obere Gehirn (siehe S. 20) ist bei einem Neugeborenen noch sehr unfertig, sodass man von einem »externen Fötus« spricht (siehe S. 42). Neugeborene haben etwa 200 Milliarden Gehirnzellen, die im Großhirn aber noch kaum miteinander verknüpft sind. Auf die Ausbildung der Verknüpfungen haben Sie als Eltern sehr großen Einfluss und diese Vernetzungen haben maßgeblichen Anteil an der emotionalen und sozialen Intelligenz Ihres Kindes.

Eine gute Eltern-Kind-Beziehung hat entscheidende Auswirkungen auf die Entwicklung des höheren Säugerhirns des Kindes. Weil die optimale Entwicklung der Stirnlappen stark von positiven Beziehungserfahrungen abhängt, werden sie auch oft als Sozialorgane bezeichnet. Als positiv empfundene Beziehungen setzen wichtige Funktionen in Gang, die nicht nur die soziale Intelligenz fördern, sondern auch die Fähigkeiten, zu lernen, sich zu konzentrieren, zu planen, Stress zu bewältigen, Probleme zu lösen und Empathie zu zeigen.

Die Alarmsysteme des Gehirns

Weil das rationale Gehirn des Kindes bei seiner Geburt noch unfertig ist, gibt zuerst das untere Gehirn den Ton an. Wenn Kleinkinder Wutausbrüche haben, wurden die Alarmsysteme in dieser Gehirnregion aktiviert. Das Gehirn wird mit Stresshormonen überflutet, für Ihr Kind Zeichen einer großen Bedrohung – mit einem Wutausbruch als Folge. Ein Baby kann sich in solch einem Fall nicht von allein beruhigen, weil seine Stirnlappen noch nicht weit genug entwickelt sind.

Im Reptilienhirn und dem primitiven Säugerhirn befinden sich mehrere Alarmsysteme: in erster Linie die Amygdala im limbischen System, das periaquäduktale Grau (PAG) im Mittelhirn und der Locus coeruleus im Hirnstamm (siehe S. 21). Eine der Hauptfunktionen der Amygdala ist die emotionale Bewertung aller Vorgänge. Im Falle einer Bedrohung kommuniziert sie mit dem Hypothalamus (siehe S. 46), der dann die Ausschüttung von Stresshormonen auslöst, um den Körper auf eine »Kampf oder Flucht«-Reaktion vorzubereiten. Für ein Kleinkind kann bereits der Verlust seines Schnullers oder das Anschnallen im Kindersitz eine »Bedrohung« sein! Seine Überreaktion resultiert daraus, dass Ihr Kind die Amygdala noch nicht durch logisches Denken unterdrücken kann. Außerdem fehlt Ihrem Kind die Erfahrung, um solche Situationen richtig einzuschätzen. Die Ausbrüche sind nicht bösartig, sondern normal für die Entwicklungsstufe seines Gehirns. Deshalb sollten Sie Ihr Kind in solch einer Situation niemals bestrafen, sondern es beruhigen und Verständnis zeigen.

Gut zu wissen

Verschiedene Teile der (farbig dargestellten) Stirnlappen können sich bei emotional verantwortungsbewussten Eltern hervorragend entwickeln, anderenfalls jedoch auch unterentwickelt bleiben.

- **Der Orbitofrontalbereich** ist zentral für die Steuerung starker Gefühle und die Hemmung primitiver Impulse aus den unteren Hirnregionen. Er trägt auch zu Gefühlsreaktionen auf andere Menschen bei und deutet deren emotionale und soziale Signale.
- **Der dorsolateral-präfrontale Cortex** steuert die Fähigkeit, zu denken, zu planen und zu entscheiden.
- **Der ventromediale Bereich** ermöglicht es, über emotionale Erfahrungen zu reflektieren, und beruhigt die Säuger- und Reptilienanteile des Gehirns, wenn sie in Alarmzustand geraten.
- **Der vordere Teil des Gyrus cinguli** hilft bei der Konzentration und der Bewusstmachung der eigenen Gedanken.

»Ich habe meine Mama so lieb.«

Es gibt einen ganz erstaunlichen Energie- und Informationsfluss von Ihrem Gehirn zum Gehirn Ihres Kindes und von Ihrem Körper zum Körper Ihres Kindes. Das gilt übrigens auch für andere Erwachsene, die im Leben Ihres Kindes eine wichtige Rolle spielen. Ihr Gemütszustand und die Vorgänge in Ihren Stirnlappen haben direkten und starken Einfluss auf die emotionalen Schlüsselsysteme im Gehirn Ihres Kindes und die wichtigsten Erregungssysteme in seinem Körper.

Sie sind der »Gefühlsregulator« für Ihr Kind

Wenn die Alarmsysteme im Gehirn Ihres Kindes ausgelöst wurden, sind Sie der Retter, der ihm hilft, seinen emotionalen und körperlichen Erregungszustand (das autonome Nervensystem, siehe S. 48–49) wieder in den Griff zu bekommen. Ihr Kind schafft das nicht allein. Wenn niemand auf sein Schreien reagiert, wird es irgendwann damit aufhören, aber das ist ein resigniertes Schweigen, Dissoziation genannt. Sie sollten dieses Schweigen niemals mit Beruhigung verwechseln, denn in diesem Zustand ist der Pegel an Stresshormonen oft höher als beim Schreien. Aus Unkenntnis darüber lassen viele Eltern ihr Kind immer noch schreien, bis es einschläft, oder wenden ähnlich Stress erzeugende Methoden an (siehe Kapitel »Schreien & Alleinlassen«, S. 40–67).

Eine emotional responsive Erziehung hilft Ihrem Kind, Stressregulatoren zu entwickeln. Wenn Sie Ihr Baby trösten, bilden sich in seinem

Gehirn Nervenbahnen, die Stress natürlich kontrollieren. Tun Sie das Tag für Tag, unterstützen Sie Ihr Kind dabei, Stressregulationssysteme zu entwickeln, die wichtig für seinen IQ (Intelligenzquotienten), den EQ (emotionalen Quotienten) und seinen späteren Erfolg in Beruf und persönlichen Beziehungen sind.[3] Unzählige Forschungsergebnisse belegen, dass das Fehlen wirksamer Stressregulatoren oft Ursache für psychische Störungen und Gewalt in unserer Gesellschaft ist. Drogen- und Alkoholabhängigkeit, Sexsucht, Selbstzerstörung, Essstörungen und Rauchen sind verzweifelte Versuche, schmerzhafte chemische Zustände im Gehirn zu lindern. Hirnscans zeigen, dass gewalttätige Menschen, ähnlich wie Kleinkinder, von Wut-/Furcht- und Angriff-/Verteidigungs-Impulsen aus dem primitiven Säugerhirn gelenkt werden.[4]

Helfen Sie Ihrem Kind, Stress zu bewältigen

Sie können Ihr Kind nicht vor Leid bewahren, aber durch Ihre Erziehung können Sie hormonelle Stress- und Furchtregulationssysteme fest in seinem Gehirn verankern. Die konsequente Gefühlsregulierung ist eine Herausforderung, aber überaus lohnend. Wenn Sie zwei oder mehr Kinder unter fünf Jahren haben, werden Sie dies zuweilen als sehr anstrengend empfinden. Ein Kleinkind hat alle 20 Sekunden Regulationsbedarf.[5] Dieser verringert sich deutlich ab vier Jahren, aber bis dahin werden Sie Auszeiten und somit weitere Bezugspersonen als emotionale Regulatoren benötigen. Durch diese Investition schenken Sie Ihrem Kind die Fähigkeit, Stress zu bewältigen – die Grundlage für Widerstandsfähigkeit und glückliche Beziehungen.

AUCH DER KÖRPER WIRD BEEINFLUSST

Auch im Körper gibt es Stressregulationssysteme – das autonome Nervensystem (ANS), auch bekannt als körperliches Erregungssystem. Ein gefühlsregulierender Erziehungsstil unterstützt auch die Entwicklung eines ausgeglichenen autonomen Nervensystems, das wiederum die lebenslange Widerstandskraft gegen Krankheiten fördert. Untersuchungen zeigen, dass Sie durch Trösten Ihres Kindes in Stresssituationen sein autonomes Nervensystem regulieren und damit seine Körperfunktionen und Abwehrkräfte positiv beeinflussen.[6]

»Kannst du mich trösten?«

Ein leidendes, aufgewühltes Kind braucht Mitgefühl, Beruhigung und körperlich spürbaren Trost, um seine außer Kontrolle geratenen Gehirn- und Körpersysteme wieder ins Gleichgewicht zu bringen.

Wenn ein Elternteil, meist unbewusst, Stress erzeugt, statt zu vermeiden, gerät das autonome Nervensystem des Kindes aus dem Gleichgewicht. Das kann zu einem Puls von bis zu 140 Schlägen pro Minute führen (was auch bei missbrauchten oder vernachlässigten Kindern beobachtet wurde). Diese Kinder können Gewichtsprobleme, Verdauungsstörungen, Asthma, Migräne, Hautprobleme oder Immunschwäche entwickeln – sofort oder im späteren Leben.[7]

Das autonome Nervensystem (ANS) hat zwei Anteile: den sympathischen und den parasympathischen. Bei guter psychischer Verfassung aktiviert das sympathische Nervensystem optimale Mengen Adrenalin und Noradrenalin, Sie sind aktiv und wach. Fühlt man sich jedoch gestresst, bedroht und allein, setzt das ANS vermehrt Adrenalin und Noradrenalin frei, was eine »Kampf«-Reaktion (Wutausbruch), eine »Flucht«-Reaktion (weglaufen wollen) oder eine »Erstarrungs«-Reaktion (emotionales Erstarren, Verstummen) auslösen kann. Körperlich führt dies zu beschleunigtem Herzschlag, erhöhtem Blutdruck, übermäßigem Schwitzen und Herzklopfen. Dauern Stress und Angst an, werden ständig Adrenalin und Noradrenalin ausgeschüttet, was zu Bluthochdruck, Kopfschmerzen und anderen körperlichen und psychischen Beschwerden führen kann.

Das parasympathische Nervensystem, auch Ruhenerv genannt, entspannt den Körper. Sind Sie psychisch wohlauf und keiner Bedrohung ausgesetzt (z. B. durch Krieg oder eine unsichere Umgebung), sorgt das parasympathische Nervensystem dafür, dass Sie sich sicher und entspannt fühlen, indem es den Neurotransmitter Acetylcholin freisetzt, der die Herzfrequenz verlangsamt. Der zentral daran beteiligte Nerv ist der Vagusnerv. *Vagari* bedeutet »umherschweifen«. Wenn der Vagusnerv bei psychischem Wohlbefinden aktiviert wird, »schweift« er »umher« zu allen wichtigen Organen, was sich auf Herzfrequenz, Atmung und Verdauung auswirkt, und unterstützt deren Funktion. Er fördert die emotionale Regulierung und Entspannung. Ein effektiver Vagusnerv führt zu einem »starken Vagotonus«.

Wenn beide Anteile des ANS gut zusammenarbeiten, sind Sie ruhig und aufmerksam (ein schöner körperlicher und geistiger Zustand). Stellen Sie sich eine Katze vor, die auf der Heizung schläft. Sie stürzt sich auf eine Fliege (sympathische Erregung – Aktivität), kehrt dann aber schnell wieder in einen Ruhezustand auf der Heizung zurück (parasympathische Erregung – Beruhigung). Dies ist ein Beispiel für ein perfekt ausgeglichenes ANS. Beim Menschen ist dies psychische Stärke. Bei psychischen Erkrankungen ist der Vagotonus jedoch schwach und der Sympathikus überreizt. Man ist unruhig, ängstlich und

Tipp **Freuen Sie sich mit!**

Um Ihr Kind bei der Anlage wirksamer Stressregulationssysteme im Gehirn zu unterstützen, ist es notwendig, sowohl im Zustand freudiger Erregung als auch bei emotionalem Schmerz auf es einzugehen. Auch Freude ist ein stressreicher Zustand höchster Erregung. Teilen Sie den Überschwang mit Ihrem Kind. Werden Kinder mit dem »Stress« der Freude allein gelassen, können sie im späteren Leben auf diese Erregungszustände mit Furcht reagieren.[8]

nervös. Menschen mit schwachem Vagotonus machen auch ihre Umgebung nervös. Der sympathische Anteil des ANS ist bei der Geburt relativ gut entwickelt und wird leicht durch kleine Stressfaktoren getriggert. Der parasympathische Anteil ist bei der Geburt weniger gut entwickelt. Das ist mit ein Grund, warum Babys in den ersten Lebensmonaten öfter unruhig sind und beruhigt werden müssen.[9]

Wie Erziehung das ANS positiv oder negativ beeinflusst

Die meisten Fasern des Vagusnervs – 80 Prozent – verlaufen zum Gehirn und beruhigen die Amygdala (siehe S. 21). Wenn Eltern ihrem Kind konsequent empathisch zuhören, resultiert das in einem starken Vagotonus, der wiederum die physiologischen Systeme reguliert, die Empathie für andere, stärkere positive Emotionen, soziale Bindungen und die emotionale Regulation von Stress unterstützen.[10] Diese Kinder sind sehr liebenswert, ruhig und aufmerksam und angenehm im Umgang.

»Schau mal, Mama!«

In den ersten beiden Lebensjahren kommt es zu einem gewaltigen Wachstumsschub in den Stirnlappen eines Kindes. Während dieser Zeit bieten sich alle Möglichkeiten zur Ausbildung von Nervenbahnen, die die Grundlage für das Lernen und die Sprachentwicklung bilden, und um chemische Antifurchtsysteme im Gehirn anzulegen.

Eine stressinduzierende Erziehung kann zu einem schwachen Vagotonus führen. Studien zeigen, dass mütterliche Insensibilität, d. h. eine geringere Fähigkeit der Mütter, schnell und angemessen auf die emotionalen Signale ihres Babys zu reagieren, mit schwächerer Aktivierung des Parasympathikus und stärkerer Aktivierung des Sympathikus einhergeht.[11] Säuglinge sind dann oft unruhig, ängstlich und erregt, und manche bleiben in ihrer Wut gefangen. Statt die Eltern beim Stressabbau zu unterstützen, erhält oft das Kind eine falsche ADHS-Diagnose (siehe Seite 197) – eine große Ungerechtigkeit.

Mangel an Regulation der Gefühle beim Kind

Wir wissen erst seit sehr kurzer Zeit, wie wichtig Empathie für die Ausbildung wirksamer Stressregulationssysteme im Gehirn von Kindern ist, und viele von uns haben diese Empathie als Kind nie erhalten. Die Eltern haben oft ärgerlich auf uns reagiert, uns mit Wut diszipliniert. »Reiß dich zusammen«, hieß es. Oder sie haben uns ignoriert, was, wie wir sehen werden, die primitiven »Kampf oder Flucht«-Anteile unseres Gehirns gestärkt hat.

Was kann ich als Erwachsener tun? Wenn Sie unter Stress, Angststörungen oder Depressionen leiden, können Sie immer noch wirksame Stressregulationssysteme ausbilden. Es ist dafür nie zu spät. Der beste Weg ist eine Psychotherapie oder eine psychologische Beratung. Durch die wiederholte einfühlsame Reaktion eines Therapeuten können diese wichtigen Systeme in den Stirnlappen gefestigt werden.

DIE CHEMISCHEN SYSTEME IM GEHIRN

Wir können sowohl schrecklich als auch wundervoll sein – das Gehirn hat Potenzial für beides. Tief im unteren Gehirn, im limbischen System, wohnt die menschliche Leidenschaft – leidenschaftliche Liebe, aber auch leidenschaftlicher Hass. Manche Systeme lösen intensive Gefühle von Furcht, Hass oder Wut aus, andere Freund-

Gut zu wissen

Kindheitsereignisse, die ein übererregtes Stressreaktionssystem verursachen, sind z. B. pränataler oder frühkindlicher Stress, postnatale Depression (siehe S. 281) und eine gestörte HHN-Achse (siehe S. 46), ein chronisch gestresster Elternteil, Trennungen/Bindungsabbrüche, stressinduzierter Erziehungsstil, eine Erziehung, die das Kind seine Emotionen unterdrücken lässt, stressauslösende Eltern-Kind-Interaktionen (aufdringlich, unangemessen, emotional distanziert, zornig, ängstlich) oder Konflikte (ausgesprochene oder unausgesprochene) zwischen den Eltern.[12]

lichkeit, Mitgefühl und Großzügigkeit. Dieser Teil des Gehirns bewirkt die mutigsten und liebevollsten Taten und die schrecklichsten Akte der Grausamkeit. Der führende Neurowissenschaftler Professor Jaak Panksepp hat über 35 Jahre lang die Alarm- und Antifurchtsysteme des limbischen Systems erforscht. Seine Entdeckungen sind heute anerkannt und hoch angesehen. Er hat im limbischen System sieben genetisch verankerte Systeme gefunden. Jedes hat ein individuelles chemisches Profil. Drei Alarmsysteme lösen die Ausschüttung von Stresshormonen aus: WUT, FURCHT und PANIK/TRAUER. Drei Antifurchtsysteme lösen die Ausschüttung von Glückshormonen wie Opioide aus: die prosozialen Systeme FÜRSORGE, ENTDECKERDRANG und SPIELTRIEB. Das siebte System ist die LUST, auf die wir in diesem Buch nicht eingehen werden.

Je mehr wir eines dieser Systeme aktivieren, desto größeren Anteil wird es an unserer Persönlichkeit haben. Natürlich wünschen wir uns eine Erziehung, die die Antifurchtsysteme aktiviert und nicht die Alarmsysteme. Im Laufe dieses Buches werde ich immer wieder auf diese Systeme zurückkommen, um Ihnen zu zeigen, wie Sie dieses Ziel erreichen können.

Manche Erziehungsmethoden (häufiges Anschreien oder Kritisieren, streitende Eltern, verbale oder körperliche Aggression, traumatische Trennung von den Eltern in frühen Jahren) aktivieren immer wieder die Alarmsysteme des Kindes und somit auch die Stresshormone, sodass wir wie verängstigte oder zornige Tiere handeln oder uns sogar zurück-

Fallstudie **Ein zorniger Mann**

Carl ist ein angespannter, zorniger junger Mann. Seine Lebensqualität ist eingeschränkt, weil seine Mutter nicht wusste, dass Carl viel Beruhigung gebraucht hätte, um ihm zu helfen, die emotionalen Systeme seines unteren Gehirns – WUT, FURCHT und PANIK/TRAUER – zu kontrollieren. Das hätte die Entwicklung seiner Stirnlappen gefördert. So wurden bei Carl wichtige Vernetzungen in den Stirnlappen, die seine soziale und emotionale Intelligenz gefördert hätten, nicht angelegt, und er kann sich bei Stress nicht selbst beruhigen.

Als Baby wurde Carl oft allein gelassen, wenn er schrie. Weinte er, gab seine Mutter ihm einen Klaps. Sein Vater verließ die Familie, als Carl fünf war. Seine Mutter sprach nicht darüber und versuchte, weiterzuleben wie zuvor. Carl blieb mit den WUT-, FURCHT- oder PANIK-/TRAUER-Reaktionen seines Gehirns allein. Eltern wie Carls Mutter sind sich der Langzeitfolgen ihrer Erziehung nicht bewusst.

Gut zu wissen

Neurowissenschaftlichen Studien zufolge sind die häufigsten stressauslösenden Erziehungsmethoden:

- Schlaftraining – die Babys hörten am dritten Tag auf zu schreien, doch ihr Cortisolspiegel blieb hoch (die Eltern glaubten, den ruhigen Babys ginge es gut)[13]
- das Kind in einer Krippe lassen – ohne Eingewöhnung mit Anwesenheit eines Elternteils stieg der Cortisolspiegel rasant in die Höhe und blieb hoch.
- falscher Umgang mit Wutanfällen des Kindes: durch Ignorieren oder Bestrafen
- mit Wut zu disziplinieren, statt in einer Weise, die die Würde des Kindes wahrt
- wütend mit dem Kind zu sprechen – war dies nicht nur ein einmaliger Fehler, hatten Kinder von fünf bis sechs Jahren einen höheren Blutdruck als Kinder, die in der frühen Kindheit keine wütenden Reaktionen durch ihre Eltern erlebt hatten.[14]
- Bestrafung durch Trennung (Auszeit) führte zu Erregung mit massiver Ausschüttung von Stresshormonen durch die Nebennieren.[15]

ziehen und depressiv werden. Andere Methoden aktivieren hingegen immer wieder die Antifurchtsysteme und damit auch die Ausschüttung von Glückshormonen. Dennoch: Es ist nie zu spät, die Familienkultur so zu ändern, dass die Antifurchtsysteme dominieren.

Wird eines der Alarmsysteme – WUT, FURCHT oder PANIK/TRAUER – im unteren Gehirn ausgelöst, befindet es sich so lange in einem Zustand emotionaler Not und intensiver körperlicher Erregung, bis ein Erwachsener ihm hilft, sich zu beruhigen. Ist eines der Alarmsysteme einmal ausgelöst, werden neurochemische und hormonelle Kräfte aktiviert, die Körper und Geist überwältigen.

Diese genetisch verankerten Systeme stehen für die wunderbarsten Eigenschaften des Menschen: Zärtlichkeit, Kreativität, Verspieltheit, Freundlichkeit und Mitgefühl. Ob wir dieses Potenzial nutzen können, hängt stark von der Erziehung ab, die wir erhalten. Einige Schlüsselhormone, deren Ausschüttung diese Systeme auslösen, sind Opioide. Aktiviert unser Erziehungsstil regelmäßig die Ausschüttung dieser Glückshormone im Gehirn eines Kindes, werden sie zunehmend Teil der Persönlichkeit. Das Gehirn gewöhnt sich an den optimalen Spiegel dieser und anderer Botenstoffe (Oxytocin, Prolaktin). »Gefühlszustände werden Persönlichkeitsmerkmale«, wie Neurowissenschaftler sagen.[16] Die Welt fühlt sich anders an, wenn diese chemischen Systeme im Gehirn dominieren. Wir wollen nicht kämpfen und haben keine Angst, weil diese Botenstoffe Antifurcht- und Antiaggressionsmoleküle sind. Ein optimaler Spiegel dieser Botenstoffe im Gehirn legt in der Kindheit den Grundstein für unsere Widerstandsfähigkeit. Deshalb überrascht es wenig, dass Neurowissenschaftler vom »Geschenk der Natur an uns« sprechen.[17]

Die Systeme SPIELTRIEB, FÜRSORGE und ENTDECKERDRANG

Wie sieht eine Erziehung aus, die SPIELTRIEB, FÜRSORGE und ENTDECKERDRANG fördert?

- **Der Spieltrieb** Er wird besonders durch spielerisches Zusammensein und Balgen mit den Eltern gefördert (siehe »Die Chemie von Liebe & Freude«, S. 88–113, und »Die beste Beziehung zu Ihrem Kind«, S. 176–205).
- **Die Fürsorge** Sie wird durch einen emotional stabilen Erziehungsstil geweckt, bei dem sich ein Kind sicher fühlt (kein »On-Off«, Wechsel zwischen Anschreien und Herzlichkeit von einer Minute zur anderen). Eltern sollten sich entschuldigen können, wenn sie etwas falsch verstehen, und sollten ihr Kind stets trösten und beruhigen, auch wenn es wütend ist (siehe »Die Chemie von Liebe & Freude«, S. 88–113). Kinder sollten auf eine Art diszipliniert werden, die sie weder beschämt noch ängstigt, ohne entwürdigende Bestrafungen (siehe »Alles über Grenzen«, S. 254–275).
- **Der Entdeckerdrang** Er wird durch einen Erziehungsstil gefördert, der eine aktive »Lass-uns-mal-was-ausprobieren«-Einstellung zum Leben widerspiegelt. Die Eltern wecken Forschergeist, Neugierde und Kreativität durch geführtes Spiel und wissen zu vermeiden, dass Stresshormone den Entdeckerdrang ihres Kindes blockieren (siehe »Die Chemie von Antrieb & Willen«, S. 114–131).

Mehr über die Alarmsysteme

Ein stressinduzierender Erziehungsstil wird die WUT-, FURCHT- und PANIK-/TRAUER-System so lange im Gehirn des Kindes aktivieren, bis der emotionale Zustand, der zu Angespanntheit, Aggression oder Depression führt, Teil seiner Persönlichkeit wird. Zu den Hauptbotenstoffen, deren Freisetzung diese Systeme auslösen, gehören Cortisol und der Corticotropin-Releasing Factor (CRF). Injiziert man diese Botenstoffe in hohen Dosen in das Gehirn von Tieren, werden diese depressiv, ängstlich und aggressiv. Der Mythos, dass das Gehirn von Säuglingen stressresistent ist, hat Millionen von Kindern hervorgebracht, die ihr Potenzial nicht ausschöpfen können.[18]

Gut zu wissen

In den Studien, die diesem Buch zugrunde liegen, geht es nicht um Missbrauch oder Vernachlässigung, sondern um gängige Erziehungspraktiken und die Folgen stressiger Eltern-Kind-Interaktionen. Wir brauchen das Stresshormon Cortisol – ohne es wären wir tot! Ein normaler Cortisolspiegel befähigt uns, normalen Stress zu bewältigen. Ein zu hoher Cortisolspiegel über zu lange Dauer ist jedoch toxisch für das sich entwickelnde kindliche Gehirn und kann sich negativ auf die Gehirnzellen, die Gehirnbahnen und die Organe auswirken.

Die Systeme WUT, FURCHT und PANIK/TRAUER

Wie sieht eine Erziehung aus, die die WUT-, FURCHT- und PANIK-/TRAUER-Systeme stärkt? Jede Erziehung, die längere Stresszustände beim Kind fördert, stärkt diese Systeme. Sensible Eltern hören es, wenn das der Fall ist: Das Schreien ihres Kindes bekommt einen intensiveren, durchdringenderen Ton. »Kontrolliertes Schreienlassen«, eine bestimmte Form des Schlaftrainings, oder auch ein lautstarker Streit der Eltern können die Auslöser sein. Untersuchungen zeigen, dass selbst geringe Anspannung oder fehlende Kommunikation zwischen Familienmitgliedern ein kleineres Kleinhirn zur Folge hat. Der Grund ist Zelltod durch emotionalen Stress.[19] Regelmäßiges Anschreien kann im Gehirn eines Kindes zur Schädigung der Bereiche führen, die Gehörtes verarbeiten.[20] Dies kann ebenso eine Folge fehlender emotionaler Zuwendung durch die Mutter oder eine andere Bezugsperson sein, z. B. weil diese an Depressionen leidet.

Wenn eines der Alarmsysteme – WUT, FURCHT, PANIK/TRAUER – im unteren Teil des kindlichen Gehirns aktiviert wird, gerät das Kind in einen Zustand emotionalen Schmerzes und starker körperlicher Erregung. Nun muss ein Erwachsener ihm helfen, sich zu beruhigen. Denn das Alarmsystem aktiviert neurochemische und hormonelle Kräfte, die die Psyche und den Körper des Kindes überwältigen.

Fallstudie **Jakobs stressiger Tag**

Jakob schreit, als seine Mutter ihn in den Kinderwagen setzt. Sie ignoriert das auf dem Weg zur Spielgruppe. Als Jakob einem anderen Kind das Spielzeug wegschnappt, schickt seine Mutter ihn in die Auszeit. Er schreit 15 Minuten lang. Als sie Jakob ins Bett bringt, wendet sie kontrolliertes Schreien an. Jakob schreit zwei Stunden lang.

Wie viele Eltern weiß Jakobs Mutter nicht, dass sie sein Gehirn auf eine abnorme Stressreaktion programmiert (dieselbe wie bei Angst und Depression). Sie schafft in Jakobs Körper und Gehirn einen Normalzustand, der noch lange nach dem Stressereignis große Mengen Stresshormone ausschüttet.

PSYCHISCHE PROBLEME UND STRESS

Manche Stressarten sind gut für uns, andere schädigen Psyche und Körper und führen zu Problemen. Wir alle sind täglich Stressoren ausgesetzt, sie sind die unvermeidlichen Herausforderungen des Lebens. Akuter Stress schadet der Gesundheit nicht, wohl aber chronischer, nicht abgebauter Stress.
Wenn jemand einen Schock erleidet oder emotionalen Schmerz erlebt, registriert die Amygdala (das Alarmsystem im Gehirn) »Bedrohung!«. Im Säuglingsalter ist die Amygdala sehr sensibel, weshalb sie bei Säuglingen häufig Alarm schlägt. Wird das Kind nicht oder nicht ausreichend getröstet, aktiviert dieser Alarm den Hypothalamus, der das Stresshormon Corticotropin-Releasing Factor (CRF) freisetzt. Dieses veranlasst die Hypophyse, ein weiteres Stresshormon auszuschütten, das Adrenocorticotrope Hormon (ACTH). Dieses stimuliert die Nebennieren, die Stresshormone Adrenalin, Noradrenalin und Cortisol auszuschütten. So wird die Hypothalamus-Hypophysen-Nebennierenrinden-Achse (HHN-Achse) (siehe S. 46) aktiviert.

Guter Stress

Positiven Stress erleben wir bei etwas Aufregendem. Er entsteht durch ein optimales Niveau der Neurochemikalien Dopamin, Noradrenalin und Glutamat. Beispiele sind ein Bühnenauftritt, eine Rede oder der Moment, wenn Sie mit Ihrem Kind zum ersten Mal schwimmen gehen. Solcher Stress motiviert und hilft, eine Aufgabe besser zu bewältigen.

Erträglicher Stress

In einer negativen Situation – vielleicht haben Sie Angst, weil Sie ins Krankenhaus müssen, haben einen unangenehmen Brief erhalten oder schämen sich für etwas – werden Stressreaktionssysteme in Gehirn und Körper ausgelöst. Aber wenn jemand da ist, der Ihnen mit Ihren Gefühlen hilft – der zuhört, versteht und mitfühlt –, ist der Stress erträglich, Ihr

emotionaler Schmerz wird gelindert. Die Alarmsysteme des Gehirns werden beruhigt, Gehirn und Körper erleiden keine langfristigen Schäden.

Vielleicht schreit Ihr Kind, weil es seinen Teddy verloren hat. Aber wenn Sie es beruhigen und seinen Schmerz ernst nehmen, senken Sie den Stresshormonspiegel in seinem Gehirn auf ein erträgliches Maß. Die Amgydala wird beruhigt und die HNN-Achse nicht aktiviert.

Schädlicher Stress

Chronischer Stress entsteht, wenn kein emotional verfügbarer Erwachsener beruhigt, tröstet und schützt und dem Betroffenen die Situation zu verstehen hilft. Er ist mit der Bedrohung allein. »Wenn ein Baby noch sehr klein ist, spürt es alles sehr unmittelbar und intensiv – selbst Hunger kann für kleine Kinder schwer zu ertragen sein.«[21] Jeder Stressor, jede Frustration lässt den Blutdruck, die Herzfrequenz, die Muskelspannung und das Stresshormonniveau ansteigen. Nach akutem Kurzzeitstress kehren Körper und Gehirn zur Normalität zurück. Nicht abgebauter Stress wird zu Dauerstress, der aus einem oder mehreren schmerzhaften Lebensereignissen resultiert, bei denen niemand geholfen hat.

Aber ich habe gehört, dass Babys resilient sind?

Das Gegenteil ist der Fall. Das erste Lebensjahr ist ein äußerst sensibles Zeitfenster für Chancen, aber auch für Verletzungen. Für die ersten Lebensjahre sind stressbedingte Veränderungen der Genexpression von chemischen Systemen wichtiger Emotionen gut belegt – Stress kann Gene für Ruhe und Wohlbefinden ausschalten (das kann später rückgängig gemacht werden).[22] Manche Gehirnzellen wandern noch an ihren endgültigen Platz. Diese sogenannte Migration wird durch Stress beeinflusst. In Teilen dauert die Migration die ganze Kindheit hindurch an.[23]

Ängste werden zur Norm

Wenn emotionaler Schmerz andauert und ein Kind nicht von jemandem getröstet wird, dem es vertraut und der empathisch und verständnisvoll ist, schüttet die HHN-Achse immer mehr Stresshormone aus. Mit der Zeit stellt sie ihre Regler auf hohe Erregung ein. Damit teilt sie der Psyche mit, dass eine Bedrohung vorliegt, obwohl das

Gut zu wissen

Steht ein Kind unter großem Stress, kann dies die Funktion der HHN-Achse stören und das Risiko für psychische und physische Erkrankungen wie Angstzustände, Depression, Essstörungen und impulsive Aggression erhöhen.[24] Teenager mit ineffektiven Stressregulationssystemen sind dann manchmal nicht in der Lage, psychischen Schmerz zu bewältigen. Infolgedessen verletzen sie sich und/oder konsumieren Drogen oder Alkohol. Die Forschung zeigt, dass der häufigste Grund für Selbstverletzung ein Versuch der Gefühlsregulierung ist, um die Aktivität der Amygdala zu reduzieren.[25]

nicht stimmt, was z. B. zu Panikattacken, sozialer Phobie, chronischer Angst, Autoimmunerkrankungen, Migräne und Depression führen kann. Ein erhöhter Cortisolspiegel färbt die Wahrnehmung durch ein Gefühl von Bedrohung und Gefahr ein, kleine Stressoren werden zu großen Notfällen.

Unzählige Forschungen zeigen die Folgen für die spätere psychische und physische Gesundheit: Das endokrine, das Immun- und das autonome Nervensystem (ANS) werden beeinflusst (siehe S. 48f.). Die überaktive HHN-Achse ist das Stressprofil der meisten psychischen Probleme, insbesondere von Depressionen und Ängsten.[26] Chronisch erhöhte Stresshormonspiegel blockieren auch Oxytocin und Opioide, die Antifurcht- und Anti-Aggressions-Stoffe, die uns das Gefühl geben, dass »alles gut ist«. Manchmal blockieren sie auch die Neurochemikalie Dopamin, die für freudvolle Hinwendung zur Welt sorgt. Wenn man in einer Situation psychisch bedroht ist (etwa wie von einem Löwen), ist es logisch, dass Neurochemikalien, die einen glücklich machen, gerade fehl am Platz sind. Aber die Blockade von Dopamin (wie bei einer Depression) führt zu einem Mangel an Motivation, Willen, Antrieb, Begeisterung und Neugier.[27] Das ist kein gutes Leben.

DIE RICHTIGEN SYSTEME AKTIVIEREN

Die gute Nachricht ist, dass Ihre Erziehung die Antifurchtsysteme im Gehirn Ihres Kindes stärken kann, und es ist nie zu spät, damit zu beginnen! Dieses Buch konzentriert sich auf Erziehungsmethoden, die die Alarmsysteme Ihres Kindes nicht auslösen. Wenn Ihre Beziehung zu Ihrem Kind vornehmlich die Antifurchtsysteme auslöst, wird Ihr Kind in Wärme und Empathie und mit Liebe zum Lernen aufwachsen.

Auf den Punkt gebracht

- **Das menschliche Gehirn enthält** in seinen unteren Bereichen primitive Alarmsysteme. Ohne eine emotional verantwortungsbewusste Erziehung kann unser rationales Gehirn leicht von diesen Systemen überwältigt werden.

- **Das Gehirn von Babys und Kleinkindern ist nicht stressresistent.** Das Gegenteil ist der Fall. Überlassen Sie Ihr Kind in Situationen, in denen es großen Stress empfindet, sich selbst und trösten es nicht, entwickelt es später mit hoher Wahrscheinlichkeit psychische Probleme. Bemühen Sie sich daher, Stress möglichst zu vermeiden.

- **Konsequentes Trösten und Beruhigen** des Kindes tagsüber und nachts bewirkt, dass sein Gehirn wirksame Stressregulationssysteme entwickelt, die nachweislich von zentraler Bedeutung sind für eine gute psychische Gesundheit im Jugend- und Erwachsenenalter.

- **Es ist wichtig, einem Kind** mit seinen »großen« Gefühlen beizustehen, um zukünftige Probleme mit Überreaktion zu vermeiden.

Schreien & *Alleinlassen*

Eltern wird oft empfohlen, ihre Babys und Kleinkinder einfach schreien zu lassen. Müttern wurde gesagt, dass ständiges Auf-den-Arm-Nehmen ein schreiendes Kind »verziehen« würde. Es ist üblich geworden, Babys ins Bett zu legen und schreien zu lassen, um sie an bestimmte Schlafenszeiten zu gewöhnen. Diese Technik funktioniert, keine Frage! Ein Kind, das nicht getröstet wird, hört irgendwann auf zu schreien, wenn es keine Reaktion erhält – jedoch zu einem hohen Preis. In diesem Kapitel werden wir uns mit Untersuchungen beschäftigen, die zeigen, wie sich der Stress von langem Schreien und Alleingelassensein auf das sich entwickelnde Gehirn eines Kindes auswirkt. Wir werden uns auch anschauen, welche wunderbare Investition in die Zukunft Sie tätigen, wenn Sie Ihr schreiendes Kind konsequent beruhigen.

Alles über das Schreien

Babys sind genetisch darauf programmiert, nach Trost zu rufen, wenn sie Kummer haben. Das Schreien Ihres Babys ist die Bitte an Sie, ihm bei seinen überwältigenden Gefühlen und furchterregenden Empfindungen beizustehen, weil sein Gehirn noch nicht entwickelt genug ist, um selbst damit umgehen zu können. Babys schreien nicht, weil sie ihre Lungen trainieren möchten, um Kontrolle über Sie auszuüben oder aus purer Lust und Laune. Sie weinen, wenn sie unglücklich sind, um Sie zu alarmieren, weil sie etwas stört, entweder körperlich oder emotional.

IHR VERLETZLICHES NEUGEBORENES

Vor vier Millionen Jahren konnten die Menschen sich zum ersten Mal auf zwei Beinen fortbewegen. Dank der gewonnenen Freiheit der Arme konnten sie komplexe Aufgaben erfüllen und mit der Zeit wuchs ihre Intelligenz. Durch den aufrechten Gang wurde das menschliche Becken enger. Doch mit wachsender Intelligenz wuchs auch das Gehirn. Die Evolution löste dieses Problem, indem sie die Geburt zu einem Zeitpunkt stattfinden lässt, bei dem der Kopf noch durch das verengte Becken der Mutter passt. Infolgedessen ist das menschliche Junge von allen Säugern bei seiner Geburt am wenigsten entwickelt. Sigmund Freud hatte recht, als er sagte, dass die Menschenkinder »nicht ganz fertig« auf die Welt kämen. Sie müssen sich Ihr Neugeborenes also als Fötus vorstellen, der den Mutterleib frühzeitig verlassen hat.

Das Schreien des Babys verstehen

Ihr Baby schreit aus vielerlei Gründen. Es schreit, weil es müde oder hungrig ist oder weil die Erwachsenen zu viel Aufhebens um es machen. Es empfindet leicht Furcht vor etwaigen Bedrohungen oder Schock – weil etwas zu hell, zu hart, zu kalt, zu plötzlich ist. Die Amygdala im unteren Gehirnbereich, deren Aufgabe es ist, vor möglichen Gefahren zu warnen, funktioniert von Geburt an hervorragend. Versetzen Sie sich einmal in die Welt des Babys. Wie soll es wissen, dass die laute Küchenmaschine kein Raubtier ist, das es angreifen will? Wie soll es mit dem Schock umgehen, ins Wasser getaucht zu werden, wenn Sie es baden möchten?

Die ersten drei Monate sind in den meisten Fällen die schlimmsten. Ein Baby schreit oft am häufigsten im Alter zwischen drei und sechs Wochen, zwischen zwölf und 16 Wochen lässt das bereits nach. Sheila Kitzinger zufolge wird das Schreien ab diesem Zeitpunkt deshalb weniger, weil Babys mobiler werden, greifen lernen und zu spielen beginnen und nicht länger aus Langeweile oder Frustration schreien.[1]

Ältere Babys und Kleinkinder schreien zwar bei Kälte, Hunger oder Krankheit immer noch, aber die durch die Umwelt ausgelösten Schocks sind bedeutend seltener geworden. Stattdessen werden diese Babys und Kleinkinder von neuen Gefühlen überrollt. Sie leiden häufig unter panischer Trennungsangst und können immer klarer unterscheiden, was sie mögen und was nicht, was sie erschreckt oder unglücklich macht. Bei einem Kind, das noch nicht sprechen kann, bedeutet schreien oft »nein«. »Nein, ich möchte nicht, dass du mich hinlegst, da bekomme ich Angst« oder »Nein, ich möchte nicht auf dem Schoß eines fremden Menschen sitzen, ich habe mich in deinen Armen so wohlgefühlt.«[2]

»Hilf mir, in dieser Welt zurechtzukommen!«

Wenn Sie Ihr schreiendes Kind konsequent beruhigen und seine Ängste ernst nehmen, können hochwirksame Stressregulationssysteme in seinem Gehirn angelegt werden, die ihm im späteren Leben helfen, mit Stress gut zurechtzukommen.[3]

ANHALTENDES SCHREIEN

Lassen Sie uns eines klarstellen: Es ist nicht das Schreien selbst, das das sich entwickelnde Gehirn eines Kindes beeinflusst. Es ist anhaltender, ungetrösteter Kummer. Sie müssen nicht beim kleinsten Zittern der Unterlippe Ihres Kindes oder bei kurzem Protestgeschrei (weil es seine Lieblingsschokolade nicht bekommt) sofort zu ihm laufen. Anhaltendes Schreien ist die Art von Schreien, die alle sensiblen Eltern (und alle, die für die Verzweiflung Anderer empfänglich sind) als verzweifelten Hilferuf erkennen. Es ist dieses Schreien, das nicht aufhört, bis das Baby entweder völlig erschöpft einschläft oder in hoffnungslosem Zustand erkennt, dass keine Hilfe zu erwarten ist.

Lässt man ein Baby zu oft auf diese Art schreien, kann das Stressreaktionssystem im Gehirn für immer in Mitleidenschaft gezogen werden. Eine Fülle weltweiter Studien belegt, dass frühkindlicher Stress dauerhaft negative Veränderungen im Gehirn eines Kindes bewirken kann. Wie wir im Folgenden sehen werden, kann ein Kind, das man über längere Zeit schreien lässt, ein überempfindliches Stressreaktionssystem entwickeln. Infolgedessen kann seine Wahrnehmung der Welt grundlos von einem Gefühl der Bedrohung und Angst bestimmt sein.[4]

Sind die Auswirkungen auf alle Kinder gleich?

Darauf hat die Wissenschaft keine eindeutige Antwort. Da jedes Kind einzigartig ist, lassen sich die Folgen von anhaltendem Weinen nicht vorhersagen. Manche Kinder entwickeln später nur eine leichte Neurose, andere bei genetischer Anlage und zusätzlichen Belastungen eventuell eine ausgewachsene Angststörung oder Depression.

Hat frühkindlicher Stress die Dopamin- und Noradrenalinspiegel erhöht, kann ein Kind Konzentrations- und Lernschwierigkeiten entwickeln. Ein optimaler Opioidspiegel (siehe S. 92) sorgt für Angst- und Stressabbau, weshalb die Deaktivierung von Opioiden in Teilen des Gehirns Angst und Depression fördert.[7] Lange hieß es, dass kleine Kinder keine Depression entwickeln – die Hirnforschung belegt eindeutig klinische Depressionen bei Vorschulkindern.[8]

Gut zu wissen

Wenn ein weinendes Baby sich selbst überlassen wird,

- wird sein Gehirn von einer Welle toxischer Stresshormone überrollt,
- werden keine ausgleichenden Opioide in seinem Gehirn freigesetzt,[5]
- können die Stressreaktionssysteme des Gehirns und des Körpers auf Überempfindlichkeit programmiert werden,
- werden Schmerzschaltkreise im Gehirn aktiviert, die denen bei körperlichen Schmerzen ähneln.[6]

Kann ein Baby seine Eltern durch Schreien manipulieren oder erpressen?

Manche Eltern fragen sich vielleicht, ob ihr Baby schreit, um sie zu manipulieren, besonders wenn sie gut gemeinte Kommentare von ihren Freunden hören wie: »Lass es schreien, es versucht dich nur zu erpressen. Wenn du jetzt nachgibst, wirst du es später bereuen.« Wir wissen mittlerweile, dass das neurobiologisch nicht richtig ist. Um einen Erwachsenen zu erpressen, müsste das Baby in der Lage sein, strategisch zu denken. Das würde voraussetzen, dass der Neurotransmitter Glutamat in den Stirnlappen (siehe S. 20) aktiv ist. Aber das »Glutamatsystem« ist im Gehirn eines Säuglings noch nicht voll entwickelt. Daraus folgt, dass er kaum fähig ist, überhaupt strukturiert zu denken, geschweige denn zu überlegen, wie er seine Eltern manipulieren könnte.

Was geschieht im Gehirn Ihres Kindes?

Eltern würden nicht im Traum daran denken, ihr Baby in einem Raum voll giftiger Dämpfe zurückzulassen, die sein Gehirn schädigen könnten. Dennoch lassen manche Eltern ihr Baby in einem anhaltenden Zustand ungetrösteten Leids allein, ohne zu wissen, dass sie es so einer toxischen Menge von Stresshormonen aussetzen.

GESTRESST WERDEN

Der Hypothalamus produziert ein Hormon, das die nahe gelegene Hypophyse zur Freisetzung eines weiteren Hormons, des ACTH (siehe rechts), veranlasst. Dieses wiederum stimuliert die Nebennierenrinde, das Stresshormon Cortisol freizusetzen, das dann Gehirn und Körper überschwemmt. Dieses Zusammenspiel nennt man Hypothalamus-Hypophysen-Nebennierenrinden-Achse (HHN-Achse). Bei einem leidenden Baby ist dieses System höchst aktiv und setzt große Mengen Cortisol frei – vergleichbar einer Zentralheizung, die sich nicht abschalten lässt. Beruhigt man das Baby, deaktiviert man dieses System. Gehirnscans zeigen, dass frühkindlicher Stress das Stressreaktionssystem auf dauerhafte Überempfindlichkeit programmieren kann.

EVIDENZBASIERTE FORSCHUNG

Man führte Studien mit Eltern und ihren vier bis zehn Monate alten Babys während eines Schlaftrainings durch. Am ersten Tag war der Stresshormonspiegel bei Müttern und Säuglingen extrem hoch. Am dritten Tag hörten die meisten Babys auf zu schreien. Die Mütter dachten, das Training hätte funktioniert, ihr Stresshormonspiegel sank. Doch die Babys hatten erkannt, dass keine Hilfe kam, und aufgegeben. Ihr Stresshormonspiegel blieb sehr hoch. Schon die Babys hatten gelernt, ihre Gefühle zu unterdrücken. Aber der daraus resultierende chronische Stress ist schädlich. Tausende Studien belegen, wie sich frühkindlicher Stress auf die spätere psychische und körperliche Gesundheit auswirkt.[9]

DIE REAKTION DES GEHIRNS AUF STRESS

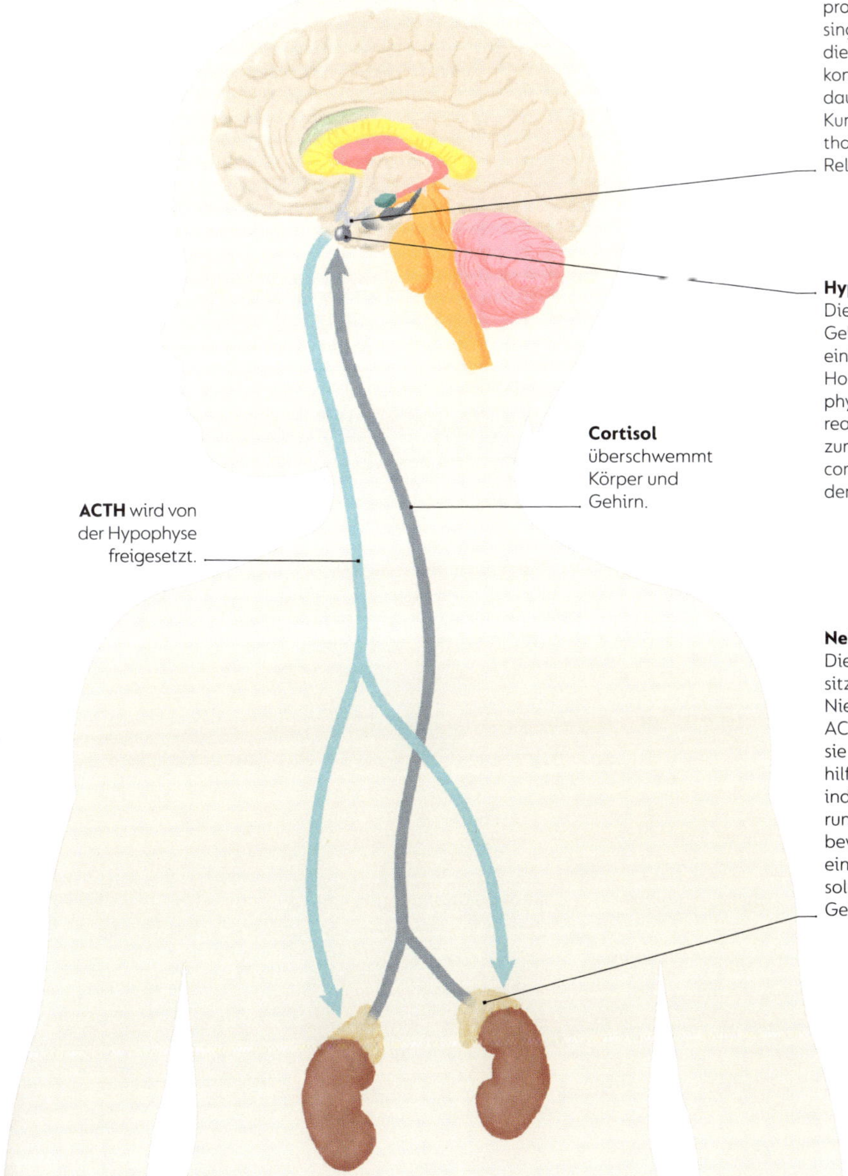

Wissenschaft des Tröstens

Der Stress durch intensives Schreien wirft das autonome Nervensystem aus dem Gleichgewicht, das die wichtigsten Körperfunktionen Ihres Babys steuert. Das Ergebnis ist körperliche und emotionale Aufgewühltheit. Ein kleines Kind kann seine körperliche Erregung nicht kontrollieren – Ihre Liebe und Ihr Trost können es.

WAS PASSIERT, WENN IHR KIND SCHREIT?

Wenn Ihr Kind durchdringend, verzweifelt schreit, ist sein körperliches Erregungssystem, das autonome Nervensystem, aus dem Gleichgewicht. Dann ist der erregte (oder »sympathische«) Teil dieses Systems überaktiv und der ruhige, ausgeglichene (oder »parasympathische«) Teil ist zu wenig aktiv. Der Körper Ihres Kindes ist auf Aktion, auf »Kampf oder Flucht« eingestellt, weil eine große Menge Adrenalin freigesetzt wird. Ihr Baby hat eine erhöhte Herzfrequenz, einen erhöhten Blutdruck, es schwitzt, hat angespannte Muskeln, atmet schneller und sein Hunger wird unterdrückt (weil Blut und Energie des Verdauungssystems für eine erhöhte Muskelaktivität zur Verfügung gestellt werden).[10]

Es ist an Ihnen, dieses System wieder ins Gleichgewicht zu bringen. Ihr Trost aktiviert den Vagusnerv (siehe rechts), der zum beruhigenden

Gut zu wissen

Gamma-Aminobuttersäure (GABA) ist ein wichtiger Neurotransmitter im Gehirn, der einem hohen Cortisolspiegel (siehe S. 38) entgegenwirkt und den »Bedrohungsdetektor«, die Amygdala im unteren Bereich des Gehirns, beruhigt. Werden junge Säugetiere mit anhaltendem Kummer allein gelassen, beeinflusst das erwiesenermaßen die Wirkung von GABA. Das kann die Stressempfindlichkeit des Gehirns verändern und zu einer von Angst geprägten Lebenshaltung führen. Langfristig kann ein verändertes GABA-System zu Angststörungen und Depressionen führen. Ohne effektives chemisches Entspannungssystem können Menschen leiden an

- psychischer Instabilität
- höherer Neigung zu Furcht oder Wut als der Situation angemessen
- Unfähigkeit zur Selbstkontrolle
- Stressanfälligkeit bei geringfügigen Stressoren.

Ein verändertes GABA-System, bedingt durch in der Kindheit nicht abgebauten Stress, kann Erwachsene anfällig für Alkohol machen, weil dieser das GABA-System des Gehirns künstlich reguliert.[11]

Gut zu wissen

Beruhigt man ein schreiendes Kind, aktiviert man seinen Vagusnerv, der seinen Ursprung im Hirnstamm hat. Dieser Nerv reguliert die Funktion der wichtigsten Körperorgane. Durch ihre Beruhigung stellt der Vagusnerv die Ordnung der Körpersysteme, die durch Stress gestört wurde, in kürzester Zeit wieder her. Er reguliert Verdauungssystem, Herzfrequenz, Atmung und Immunsystem. Es ist eines der größten Geschenke an Ihr Kind, es in der Ausbildung eines ausgeglichenen Vagotonus zu unterstützen. Dann arbeitet sein Vagusnerv in seiner beruhigenden Funktion gut. Studien zeigen, dass ein guter Vagotonus mit Ausgeglichenheit, klarem Denken, Aufmerksamkeit und einem effizienten Immunsystem zusammenhängt. Menschen mit gutem Vagotonus hat man meist gerne um sich.

und entspannenden parasympathischen Teil des autonomen Nervensystems gehört. Je häufiger Sie reagieren, je besser Sie das körperliche Erregungssystem Ihres Kindes regulieren, desto länger hält die Wirkung an.[12]

DIE GEFAHREN DER ÜBERERREGUNG

Wenn Sie Ihr leidendes Kind trösten, regulieren Sie sein autonomes Nervensystem. Wird das Bedürfnis eines Kindes nach Trost jedoch nicht mit emotionalen Reaktionen und Beruhigung gestillt, kann dieses System, wie Studien zeigen, mit der Zeit auf körperliche Übererregung programmiert werden.[13] Das kann das Leben zu einer stressreichen Angelegenheit machen. Zudem können daraus körperliche Leiden aller Art entstehen, z. B. Probleme mit der Atmung wie Asthma, Herzerkrankungen, Ess- und Verdauungsstörungen, Schlaflosigkeit, Bluthochdruck, Panikattacken, Muskelverspannung, Kopfschmerz und chronische Erschöpfung.[14] Es gibt eine Fülle von Forschungsmaterialien (über die Verbindung zwischen Gehirn und Darm), die einen Zusammenhang zwischen frühkindlichem Stress und dem Reizdarmsyndrom herstellen. In einer kürzlich durchgeführten Umfrage wurde festgestellt, dass unter 50 Prozent der befragten Männer und knapp 30 Prozent der befragten Frauen regelmäßigen Stuhlgang haben.[15]

Das Baby liegen zu lassen, »damit es sich von selbst beruhigt«, kann gegenteilige Langzeitfolgen für Körper und Gehirn des Kindes haben. Ihr Kind ist nicht in der Lage, sein autonomes Nervensystem von selbst wieder ins Gleichgewicht zu bringen. Das können nur Sie.

Wie Sie Ihr Baby beruhigen

Um den ruhigen und ausgeglichenen Teil des autonomen Nervensystems Ihres Kindes zu aktivieren, müssen Sie sich selbst erst einmal beruhigen. Atemtechniken sind gut geeignet. Sobald Sie tief atmen, beruhigt sich Ihr gesamtes System, und Ihr Körper signalisiert Ihrem Gehirn, die hohe Produktion und Freisetzung von Stresshormonen einzustellen. Wenn Ihnen das schwerfällt, können Sie in einem Meditationskurs wirksame Atemtechniken erlernen.

Sofern Ihr Baby nicht schreit, weil es Hunger oder eine volle Windel hat, wird die Nähe zu Ihrem Körper es beruhigen. Die Wirkung kann sofort eintreten oder aber eine Weile auf sich warten lassen. Im Endeffekt ist es Ihr ausgereiftes körperliches Erregungssystem, das Sie einsetzen, um das noch sehr unreife Ihres Kindes zu beruhigen.

DIE WICHTIGSTEN TECHNIKEN DES TRÖSTENS

Tun Sie Dinge, die das chemische Anti-Stress-System im Gehirn Ihres Kindes aktivieren. Drei Haupttechniken des Tröstens setzen den beruhigenden Botenstoff Oxytocin im Gehirn eines Babys frei, der den Spiegel der Stresshormone wieder sinken lässt:

• **Berührung und Massage** Die meisten Babys hören auf zu schreien, wenn sie in den Arm genommen werden. Enger Körperkontakt reguliert ihr Erregungssystem, aktiviert den ausgleichenden Parasympathicus und die Freisetzung von Oxytocin.[16]

Besuchen Sie einen Kurs, um Babymassage zu erlernen. Eine falsch ausgeführte Massage wirkt gegenläufig, überstimulierend und bewirkt, dass Ihr Baby noch mehr weint.

• **Saugen** Lassen Sie Ihr Kind an seiner Faust oder seinem Daumen lutschen. Sie können ihm auch Ihre Finger anbieten. Lässt sich Ihr Kind absolut nicht beruhigen, können Sie ihm einen Schnuller geben. Verwenden Sie diesen aber nicht, wenn es Ihrem Kind gut geht. Der Mund ist wichtig für die Kommunikation und um die zur Sprachentwicklung notwendigen Laute zu formen. Er ist auch für die orale Erforschung (wie das In-den-Mund-Nehmen von Spielzeug) wichtig.

Gewöhnt sich Ihr Kind an den Schnuller, wird es auf ihn nicht mehr verzichten wollen.[17]

- **Wärme setzt Oxytocin frei** Die Raumtemperatur sollte ungefähr 21 °C betragen. Halten Sie Ihr Baby dicht an Ihrem Körper oder in ein Flanelltuch gewickelt. Ein gestresstes Neugeborenes können Sie auch warm baden.

Weitere Strategien, um das Kind zu beruhigen

Neben den genannten Techniken des Tröstens können Sie auch folgende Strategien ausprobieren

- **Bewegung und Schaukeln** Babys lieben rhythmische Bewegungen. Gerne werden sie herumgetragen, in der Wiege geschaukelt oder im Auto herumgefahren. Man nimmt an, dass die Bewegung bei ihnen die Vorstellung auslöst, in der sicheren Gebärmutter herumgetragen zu werden. Schaukeln Sie Ihr Baby aber nicht zu stark, denn dabei könnten Blutgefäße im Gehirn platzen.[18]
- **Leise Geräusche** Lassen Sie Ihr Baby der Waschmaschine oder dem Wäschetrockner zuhören, das Geräusch erinnert es an die Geborgenheit

Tipp **Babymassage**

Sie können Ihr Baby ab einem Alter von zwei Wochen massieren. Das ist eine gute Methode, es zu trösten und zu beruhigen, und es stärkt auch die Bindung zu Ihnen. Wählen Sie dafür eine Zeit, in der es wach und aufmerksam ist.

Legen Sie Ihr Baby auf ein flauschiges Handtuch, sodass es weich und bequem liegt. Beginnen Sie oben am Kopf und massieren Sie sehr sanft die Wangen auf beiden Seiten bis hinab zu den Schultern. Massieren Sie seinen Körper mit einer sanften Abwärtsbewegung. Sprechen Sie mit ihm und halten Sie Augenkontakt. Wenn Ihr Baby das Interesse verliert, wiederholen Sie die Massage an einem anderen Tag.

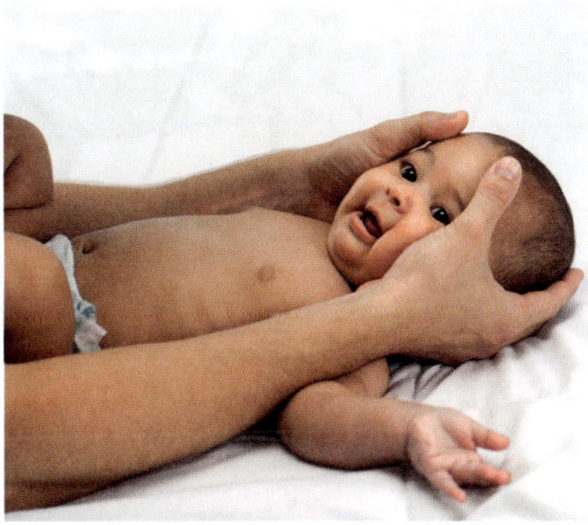

Ich habe alles versucht und fühle mich demoralisiert – was soll ich tun?

Wenn alle Bemühungen, ein verzweifeltes Kind zu trösten, vergeblich waren, möchte man als Eltern nicht selten in Tränen ausbrechen. Dann hilft es oft, sich ein paar Dinge zu vergegenwärtigen:

- Vergessen Sie nicht, dass diese Phase für gewöhnlich nur die ersten drei Monate anhält, auch wenn viele Eltern den Eindruck haben, ein Leben lang damit gestraft zu sein.
- Denken Sie daran, dass Sie Ihrem Kind durch Ihren Trost ein Geschenk machen. All die Zeit, die Sie für die Beruhigung Ihres Kindes aufwenden, ist eine Investition in seine Zukunft: Sie regulieren seine emotionalen und körperlichen Systeme und so erlangt es die Fähigkeit, später mit Stress umzugehen.
- Sprechen Sie mit anderen Eltern, z. B. in Babygruppen – oft haben auch sie schwierige Phasen durchlebt und können Trost und Rat spenden.

in der Gebärmutter. Sie können ihm auch eine Aufnahme Ihrer Herztöne vorspielen.

- **Lenken Sie es ab.** Dadurch wird Dopamin im Gehirn aktiviert. Wenn Ihr Baby aus purer Langeweile schreit, denken Sie sich Ablenkungsmöglichkeiten aus.
- **Vermeiden Sie Überstimulation.** Wenn Sie bemerken, dass Ihr Kind überstimuliert ist, gehen Sie mit ihm in einen ruhigen, abgedunkelten Raum.

SCHWER ZU BERUHIGENDE BABYS

Ungefähr eines von fünf gesunden Babys ist in den ersten Wochen höchst empfindlich. Ursache können genetische Disposition, Stress im Mutterleib oder eine schwere Geburt sein. Ist die Mutter während der letzten drei Schwangerschaftsmonate wiederholt gestresst, können große Mengen des Stresshormons Cortisol sowie Glutamat über die Gebärmutter in das Gehirn des Kindes gelangen. Deshalb sind für die werdende Mutter während der Schwangerschaft viel Entlastung und Zuwendung so wichtig. Auch wenn Sie nach der Geburt ein stressiges Leben haben, kann das dazu führen, dass Ihr Baby häufiger schreit. Wenn es sich nur schwer beruhigen lässt, benötigt es viel Trost und Zuwendung. Um dem gerecht zu werden, brauchen auch Sie viel Trost und Zuwendung von Familie und Freunden.

Isolieren Sie sich nicht

Legen Sie Ihr Baby in den Kinderwagen und gehen Sie in den Park, in ein Café oder treffen Sie sich mit anderen Eltern und Kindern. Isolation kann zu einem dramatischen Abfall des Serotoninspiegels (einem wichtigen Stimmungsstabilisator) und damit zu Aggressivitätsimpulsen führen. Sie kann auch den Dopaminspiegel (sorgt für positive Erregung) senken, sodass Sie sich zusätzlich noch wegen Ihrer Gefühle dem schreienden Baby gegenüber schlecht fühlen.[19] Studien zeigen, dass Einsamkeit genauso schlecht für Ihre Gesundheit ist wie das Rauchen von 15 Zigaretten am Tag.[20]

Getrennt werden

Im Alter von sechs bis acht Monaten stellt sich bei Ihrem Baby Trennungsangst ein, die auf die eine oder andere Weise andauern kann, bis Ihr Kind fünf Jahre und älter ist. Schon frühzeitig bekommt Ihr Baby Panik, wenn Sie außer Sichtweite sind. Nehmen Sie diese intensiven Gefühle ernst. Denken Sie daran, Sie sind seine Welt, sein Ein und Alles, Sie stellen seine Sicherheit dar.

EIN KLEINER BEITRAG ZUM VERSTÄNDNIS

Ihr Baby ist nicht verwöhnt. Das PANIK-/TRAUER-System im unteren Teil des Gehirns (siehe S. 20) ist genetisch auf Überempfindlichkeit programmiert. In frühen Evolutionsstadien war die Trennung von der Mutter für ein Junges gefährlich. Den Eltern seinen Aufenthaltsort durch Schreien signalisieren zu können, war überlebenswichtig. Die Entwicklung der Stirnlappen (rationales Gehirn) hemmt dieses System auf natürliche Weise. Als Erwachsene lernen wir, es durch kognitive Beschäftigung unter Kontrolle zu bringen, etwa durch Fernsehen oder Lesen.

»Wo warst du, Papa?«

Wenn Sie nicht da sind – woher weiß Ihr Kind, dass Sie nicht für immer fort sind? Ihr Kind versteht nicht, dass Sie gleich wiederkommen, solange sein Sprachzentrum noch nicht aktiv ist. Wenn es krabbelt und laufen lernt, lassen Sie es Ihnen folgen – ja, auch auf die Toilette.

Ihr Kind von sich wegzuschieben und in den Laufstall zu setzen, kann negative Langzeitwirkungen haben. Es kann Panik bekommen, was einen gefährlichen Anstieg der Stresshormone in seinem Gehirn bewirkt. Daraus kann ein dauerhaft überaktives Furchtsystem mit Spätfolgen wie Phobien, Obsessionen oder Vermeidungsverhalten entstehen. Ihr Kind wird mit der Zeit sicherer im Umgang mit Ihnen, besonders, wenn es zu verstehen und zu sprechen beginnt. Es wird lernen, wie unwahrscheinlich es ist, dass Sie nicht mehr zurückkommen, wenn Sie allein auf die Toilette gehen.

»Es tut so weh, wenn du mich verlässt.«

Wenn eine geliebte Person fort ist und ein Kind noch zu klein ist, um den Grund dafür zu verstehen, kann es das als sehr schmerzhaft empfinden. Sie können einem Kind, das seine Mutter vermisst, nicht einfach sagen: »Du brauchst keine Angst zu haben.« Dennoch versuchen Erwachsene kleine Kinder oft auf diese oder ähnliche Weise zu beschwichtigen. Wenn wir ein verzweifeltes Kind von seinen Eltern mit den Worten wegziehen: »Sei doch nicht dumm«, unterschätzen wir die Kraft der massiven hormonellen Reaktionen in Gehirn und Körper dieses Kindes.

Eine höchst schmerzliche Erfahrung

Trennung tut Kindern fast auf die gleiche Weise weh wie körperlicher Schmerz. Wenn ein Kind leidet, weil ein Elternteil abwesend ist, ist derselbe Bereich des Gehirns aktiv wie bei körperlichen Schmerzen.[21] So ist auch die Art des Ausdrucks der bei körperlichem Schmerz sehr ähnlich. Deshalb macht es keinen Sinn, ein Kind bei körperlichen Schmerzen (z. B. bei einem aufgeschlagenen Knie) zu trösten, es aber nicht für notwendig zu befinden, den gleichen Trost bei emotionalen Schmerzen, z. B. bei Trennungsangst, zu spenden. Leider machen viele Eltern aber genau das. Sie akzeptieren die Tatsache nur widerwillig, dass der emotionale Schmerz ihres Kindes genauso real ist wie sein körperlicher. Er ist aber eine neurobiologische Tatsache.

ZU LANG ZU FRÜH

Manchmal drängen wir unsere Kinder zu Unabhängigkeit, bevor sie dafür bereit sind. Getrieben durch die Furcht vor unserer eigenen Abhängigkeit, erzwingen unsere traditionellen Erziehungsmethoden frühe Trennungen. Sehr junge Kinder über Nacht oder gar mehrere Tage woanders unterzubringen, ist ein Beispiel dafür. Ein achtjähriges Kind kann immer noch unter so großer Trennungsangst leiden, dass es Schwierigkeiten hat, lange Zeit von den Eltern getrennt zu sein. Der emotionale Schmerz eines Kindes sollte bei wichtigen Entscheidungen über Länge und Häufigkeit einer Trennung sowie den Verbleib des Kindes immer ernst genommen werden. Das GABA-System des Gehirns (siehe S. 48) nimmt sehr feine Veränderungen der Umwelt wahr, wie etwa die Trennung von einem Elternteil. Studien zufolge gibt es eine Verbindung zwischen Trennungen in früher Kindheit und Veränderungen dieses Antifurchtsystems.[22]

Ist Stress denn nicht gut?

In einigen Studien wurden sogar bei kurzzeitigen Trennungen dauerhafte Veränderungen des Stresssystems (siehe S. 46) im Gehirn eines Kindes festgestellt, wenn es bei einer ihm unbekannten Aufsichtsperson gelassen wurde. Dieses Stressreaktionssystem trägt zu der Art und Weise bei, wie wir im späteren Leben mit Stress zurechtkommen. Es kann durch frühkindlichen Stress leicht negativ beeinflusst werden.[23]

Weitere Studien bringen Trennungen im frühen Kindesalter mit Depressionen in Verbindung. So fand man in Studien mit höher entwickelten Säugetieren heraus, dass Junge, die von ihrer Mutter

Kurz & knapp

Die biochemischen Stoffe, die bei einer liebevollen Beziehung im Gehirn ausgeschüttet werden, machen auf natürliche Weise süchtig. Wenn Sie Ihr Kind berühren, es lieben, es tröstend in den Armen schaukeln, es von Zeit zu Zeit erfreuen, entwickelt sich eine starke Bindung zwischen Ihnen und Ihrem Kind. Jeder liebevolle Kontakt mit Ihnen setzt natürliche Opioide und Oxytocin in seinem Gehirn frei. Jedes Mal wenn das geschieht, fühlt sich Ihr Kind ausgeglichen und zufrieden.

getrennt wurden, zwar aufhörten zu schreien, aber in eine Depression verfielen. Sie hörten auf, mit Artgenossen zu spielen, und ignorierten im Raum befindliche Objekte. Zur Schlafenszeit vermehrten sich Schreien und Erregung. Bei fortdauernder Trennung beobachtete man einen weiteren Rückzug bis hin zu Lethargie und schweren Depressionen.[24]

In den 1960er-Jahren zeigte eine Studie mit Kindern, die einige Tage bei fremden Betreuern gelassen wurden, dass sie unter dem Verlust ihrer Bezugspersonen so stark litten, dass sie Jahre später noch mit diesem Trauma zu kämpfen hatten. Die Kinder in dieser Studie wurden von wohlwollenden Erwachsenen oder in Betreuungseinrichtungen beaufsichtigt, während ihre Mütter im Krankenhaus lagen. Ihre Väter besuchten sie, betreut wurden sie jedoch von fremden Personen.

Ein kleiner Junge, der elf Tage lang von seiner Mutter getrennt war, aß nicht mehr, schrie endlos und warf sich wiederholt in größter Verzweiflung auf den Boden. Sechs Jahre später war er immer noch wütend auf seine Mutter. Die Forscher beobachteten zahlreiche weitere Kinder, die mehrere Tage lang allein gelassen wurden. Viele starrten stundenlang auf die Tür, durch die ihre Mütter gegangen waren, und wollten nicht spielen. Diese Studie – vieles davon wurde gefilmt – änderte weltweit die Einstellung zu Elternbesuchen im Krankenhaus.[25]

Ist Stress denn nicht gut?

Manche Menschen rechtfertigen das Alleinlassen eines schreienden Kindes als »Stress-Inokulation«. Das bedeutet, ein Kind mit einer wenig stressreichen Situation zu konfrontieren, damit es lernt, mit Stress umzugehen. Dennoch ist und bleibt es Stress – mit allen schädlichen Wirkungen.

Die Betreuungsfrage

Einer Vielzahl neuerer Untersuchungen zufolge zeigen jene Kinder eine bessere kognitive Leistung (IQ), die vor dem Alter von fünf Jahren einen Kindergarten besuchten. Leider gelten diese positiven Ergebnisse nicht für die emotionale Intelligenz (EQ) und seelische Gesundheit. Hier trifft eher das Gegenteil zu.

EIN PROBLEM MIT STRESS

Der Cortisolspiegel im Körper hat natürliche Höhen und Tiefen. Er ist morgens hoch und fällt im Laufe des Tages ab. Jedoch zeigen Studien mit Kindern unter fünf Jahren, die Tagesstätten besuchen, einen im Tagesverlauf eher steigenden statt fallenden Cortisolspiegel. Das Stressniveau fiel drastisch ab, sobald die Kinder wieder bei ihren Eltern waren. In einer Studie stieg der Cortisolspiegel bei 91 Prozent der Kinder im Kindergarten und sank bei 75 Prozent, sobald sie wieder zu Hause waren. Eine andere Studie zeigte, dass der Cortisolwert bei 75 bis 100 Prozent der Kinder bei Ankunft am Kindergarten stieg. Diese Ergebnisse beunruhigen, weil ein wichtiges Stressreaktionssystem im Gehirn so bereits sehr früh auf Hypersensibilität programmiert werden kann.

Wissenschaftler fanden heraus, dass Kleinkinder, die in der Tagesstätte mit anderen Kindern spielten, einen niedrigeren Cortisolspiegel hatten als Kinder, die allein spielten. Man stellte fest, dass keine besorgniserregende Veränderung des Stresshormonspiegels erfolgte, wenn eine Bezugsperson, z. B. ein Elternteil, während einer viertägigen Eingewöhnungszeit zeitweise anwesend war.[26] Bestehen Sie deshalb darauf zu bleiben!

Verborgener Stress

Viele Eltern glauben, ihre Kinder fühlen sich in der Tagesstätte wohl, doch der Stress kann groß sein. Eine bekannte Studie zeigte, dass Einjährige, die nicht nach ihrer Mutter schrien, wenn diese den Raum verließ, genauso hohe Stresshormonwerte hatten wie die Kinder, die schrien. Die Einjährigen hatten also bereits gelernt, ihre Gefühle zu unterdrücken. Diese Tatsache ist besorgniserregend, weil man es den kleinen Kindern nicht ansieht, dass sie Kummer haben, und sie somit auch nicht den Trost erhalten, den sie benötigen.[27]

Die Folgen der hohen Cortisolwerte bei Kindergartenkindern werden nun deutlich. Es gibt Grund zur Annahme, dass die dauerhafte Unterbringung in Kinderkrippen und Tagesstätten von frühester Kindheit an mit einer schwierigen Eltern-Kind-Beziehung, Aggressivität und Ungehorsam bei Kindern in Verbindung gebracht werden kann.[28]

»Ich will nicht hier sein.«

Auch ein Vierjähriger kann in der Tagesstätte noch mit hohen Cortisolwerten kämpfen. Denken Sie daran, wenn Sie entscheiden, wie viel Zeit Ihr Kind dort verbringen soll. Idealerweise sollte die Zeit nicht zu lang sein, solange Ihr Kind den Zeitrahmen Ihrer Abwesenheit nicht einschätzen und nicht sicher sein kann, dass Sie es wieder abholen werden. Für Babys und Kleinkinder sind Aufenthalte in der Tagesstätte besonders schwierig, weil sie noch kein Zeitgefühl haben und nicht wissen, wann und ob Sie überhaupt zurückkehren.

Manchmal muss ich auf eine einwöchige Geschäftsreise. Wie wirkt sich das langfristig auf mein Kind aus?

Das hängt davon ab, wo Sie Ihr Kind unterbringen. Wenn Sie es bei einer vertrauten Bezugsperson wie Ihrem Partner oder einem anderen Familienmitglied lassen, wird es ihm gut gehen. Ist das nicht möglich, könnte es Probleme geben. Forschungen zeigen, dass ein Kind sehr schlecht auf Aufsichtspersonen reagiert, die keine emotionale Unterstützung bieten.

Dies zeigt sich im Alter ab zwei Jahren. Die Ergebnisse waren besonders gravierend bei Kindern, die in den ersten zwölf Monaten 20 oder mehr Stunden wöchentlich in einer Kinderkrippe verbrachten.

Emotionale Betreuung

Meiner Ansicht nach sollten Kindertagesstätten »emotionale Kinderpfleger« haben, die Ruhe und Wärme ausstrahlen – Personen, in deren Gehirn Opioide und Oxytocin dominieren, vielleicht weil sie selbst eine warmherzige Erziehung oder später eine gute Beratung oder Psychotherapie erhielten.

Es kommt immer wieder vor, dass man in Betreuungseinrichtungen schon fast Panik hat vor Körperkontakt (aus Angst vor Beschuldigung des sexuellen Missbrauchs), zum großen Nachteil der Kinder. Wir brauchen klare, gut durchdachte Regeln für Berührungen, die es Erwachsenen erlauben, kleine Kinder zu trösten, um die beruhigenden Stoffe in ihren Gehirnen zu aktivieren.

DIE LIEBEVOLLE TAGESMUTTER

Gegen eine Betreuung durch eine Tagesmutter oder Kinderfrau tagsüber ist nichts einzuwenden, wenn diese fähig ist, eine liebe-

Fallstudie **Ich bin für dich da**

Anna ist unglücklich, wenn ihre Mutter sie verlässt. Sie weint, obwohl ihre Mutter ihr versichert, dass sie am Abend wiederkommt, um sie zu holen.

Annas Tagesmutter hilft ihr, ihren Kummer zu besiegen. Sie nimmt Anna auf den Arm und lässt ihr die nötige Zeit, um sich auszuweinen.

Als Anna sich wieder sicher fühlt, fällt ihr Cortisolspiegel. Ihre Tagesmutter beschäftigt sich mit ihr, um sicherzugehen, dass Anna auch die nächste Zeit glücklich und zufrieden ist.

volle »Eins-zu-eins«-Beziehung zu Ihrem Kind einzugehen. Es reicht nicht aus, sich nur dann um ein Kind zu kümmern, wenn es Kummer zeigt. Forscher fanden heraus, dass der Cortisolspiegel der Kinder in die Höhe schnellte, wenn sich die Kinderfrau mit etwas anderem beschäftigte, weil das Kind nicht schrie.[29]

Suchen Sie sich eine Kinderfrau, die kleine Kinder über alles liebt und gleichermaßen gut auf Freud und Leid Ihres Kindes reagiert. Halten Sie sich beim Vorstellungsgespräch eher im Hintergrund. Ihre persönlichen Beobachtungen sind dabei mehr wert als alle Referenzen: Bitten Sie die Bewerberin, ein Spiel mit Ihrem Kind vorzubereiten und eigenes Material mitzubringen. Halten Sie sich dann etwa 20 Minuten lang im Hintergrund und beobachten Sie, wie die Person mit Ihrem Kind umgeht, spielt und spricht. Hält sie Augenkontakt und hat sie eine lebendige Stimme? Kann sie mit Kindern spielen? Ist sie warmherzig und geht auf Ihr Kind ein, statt schweigend danebenzusitzen? Ist die Atmosphäre zwischen der Bewerberin und Ihrem Kind von Lachen, Freude und Wärme bestimmt? Wenn ja, kann sie vermutlich Dopamin und Opioide im Gehirn Ihres Kindes aktivieren, die für die Entwicklung seines sozialen und emotionalen Gehirns wichtig sind.

Sich geborgen fühlen

Ihr Kind muss von einer vertrauten Person betreut werden, wenn Sie nicht anwesend sind. Es ist ein großer Unterschied, ob Sie Ihr Kind einer ihm fremden Aufsichtsperson überlassen oder ob es sich in den Armen einer warmen, liebenden Person, bei der es sich sicher fühlt, über die »weggegangene Mama« ausweinen darf. Ohne eine solche Bezugsperson riskieren Sie die Freisetzung großer Mengen Stresshormone im Gehirn Ihres Kindes. Diese Hormone deaktivieren positive »Wohlfühlhormone« und Ihr Kind wird sich furchtbar fühlen. Wenn Ihr Kind immer noch weint, wenn Sie weggehen, entlassen Sie es in die Arme der Kinderfrau. Eine fähige Tagesmutter oder Kinderfrau sollte in der Lage sein, die schmerzlichen Gefühle zu vertreiben.

Risiko für Depression

Die Alarmreaktion im Gehirn eines durch Trennung von seiner Mutter gestressten Kindes entspricht der von Erwachsenen mit einer klinischen Depression – eine Krankheit, die epidemische Ausmaße annimmt.[30]

Man hat die Gehirne von Affenbabys biochemisch untersucht, die von ihren Eltern getrennt wurden. Dabei fand der Verhaltensforscher Harry Harlow heraus, dass von der Mutter vernachlässigte Affenbabys stark gestresst waren und depressiv wurden. Als Mütter verhielten sich viele von ihnen selbst abweisend und gehässig. Im schlimmsten Fall lehnten sie ihre Jungen ab.

Gut zu wissen

Ein Kind fühlt sich dann sicher, wenn die betreuenden Personen wissen, dass das Kind Hilfe braucht, um mit der Trennung von den Eltern zurechtzukommen. Sie schenken dem Kind Beachtung, egal, ob es glücklich ist und spielt oder verstört ist und weint.

Solchen Betreuern ist bewusst, dass warmherzige Zuwendung und viel Körperkontakt sich günstig auf den Cortisolspiegel von Kindern auswirken, die von den Menschen, die sie lieben, getrennt sind.

Fester Halt

Junge Säugetiere und Menschen klammern sich an ihre Eltern, wenn sie sich nicht sicher fühlen. Manche Eltern reagieren dann verärgert. Nicht so die Tiere: Ihnen stellt sich die Frage gar nicht, ob sie ihr Junges davon abhalten sollen oder nicht.

Wenn sich ein Kind an Sie klammert, versucht es seine körperliche Erregung einzudämmen und das hohe Stresslevel zu senken. Gleichzeitig versucht es dadurch, die positiven Botenstoffe im Gehirn zu aktivieren, die für Wohlbefinden sorgen (siehe S. 90 f.). All das kann es nicht ohne Sie tun, Sie sind seine sichere neurochemische Basis. Ein Kind ist nicht unartig oder versucht die Aufmerksamkeit auf sich zu ziehen, wenn es sich an Sie klammert. Es ist unsicher und braucht Ihre Unterstützung. Indem es sich an Sie klammert, versucht es, das Gleichgewicht der Gefühlshormone in seinem Gehirn wiederherzustellen.

WAS UNS DIE FORSCHUNG SAGT

Studien haben gezeigt, dass die Kinder von Müttern, die sich sofort um ihr schreiendes Baby gekümmert hatten, am Ende ihres ersten Lebensjahres wesentlich weniger schrien als die Kinder, deren Mütter sie schreien ließen.[31] Obwohl manche Menschen glauben, dass ein Kind durch zu häufiges In-den-Arm-Nehmen anhänglich wird, gibt es keinen die Theorie bestätigenden Beleg, dass ängstliches Klammern das Ergebnis zu großer elterlicher Liebe oder Aufmerksamkeit sei.

Zu langes Klammern ist vielmehr ein Zeichen dafür, dass Eltern mit den Bedürfnissen ihres Kindes nach Nähe nicht richtig umgegangen sind. Möglicherweise haben die Eltern es zu größerer Unabhängigkeit gedrängt (durch Wegschieben des Kindes, wenn es körperliche Nähe brauchte), obwohl es sich in seiner Entwicklung noch im genetisch programmierten Abhängigkeitsstadium befand.

WANN DAS KLAMMERN AUFHÖRT

Eltern machen sich oft Sorgen, dass das Klammern ihres Kindes niemals enden könnte. Aber wer hat je von einem Teenager gehört, der

Was tun, wenn sich mein Kind am Schultor an mich klammert?

Sie sollten auf keinen Fall sofort weggehen. Das würde die Sache nur verschlimmern, weil die Stresshormone Ihres Kindes in dieser Situation in ungeahnte Höhen schnellen.

- Halten Sie Ihr Kind fest im Arm, ehe Sie gehen. Das aktiviert Oxytocin und Opioide in seinem Gehirn und es wird ruhiger. Es bedeutet auch, dass es Sie »findet«, bevor es Sie „verliert“, und als tröstende Mutter im Gedächtnis haben wird.
- Aktivieren Sie seinen Entdeckerdrang (siehe S. 34). Zeigen Sie ihm beispielsweise den Sandkasten und ermutigen es, ihn zu erkunden. Fördern Sie Freundschaften mit anderen Kindern.
- Vereinbaren Sie mit einer freundlichen Lehrkraft, die Ihrem Kind vertraut ist, dass sie es ablenkt und so seine Stirnlappen aktiviert. Ziehen Sie sich still zurück, in dem Bewusstsein, ihm den wichtigen Opioidschub gegeben zu haben, bevor Sie gehen.
- Wenn Ihr Kind häufig verzweifelt ist, wenn Sie es verlassen, geben Sie ihm etwas, das es an Sie erinnert, z. B. einen Schal, der nach Ihnen riecht, damit es Ihnen nahe sein kann, wann immer es möchte.

in Tränen ausbrach, weil die Eltern ins Kino gehen wollten? Mit dem Heranwachsen wird das PANIK-/TRAUER-System im unteren Gehirn Ihres Kindes ganz von selbst unempfindlicher. Das liegt vor allem daran, dass die Entwicklung des oberen rationalen Gehirns dieses System auf natürliche Weise hemmt. Später, in der Pubertät, unterdrückt der Anstieg der Hormone Testosteron und Östrogen dieses System noch mehr. Aufgrund der Entwicklung des Körpers und des Gehirns eines Kindes ist es deshalb unzutreffend, wenn Eltern sagen: »Wenn ich das Klammern jetzt zulasse, wird es nie damit aufhören.«

Manche Kinder, auf deren Bedürfnis nach Nähe nicht liebevoll reagiert wird, werden auf die falsche Art unabhängig. Es ist beschämend für ein Kind, im Zustand der Verzweiflung zurückgewiesen zu werden. Um mit dem Schmerz umzugehen, weichen manche Kinder auf eine Haltung aus, die signalisiert: »Ich brauche meine Mama nicht!«, und stumpfen gefühlsmäßig für jedes Anlehnungsbedürfnis ab. Das kann gestörte Liebesfähigkeit und Angst vor Nähe verursachen (siehe »Die Chemie von Liebe & Freude«, S. 88–113).

Wenn Sie also ein klammerndes Kind haben, denken Sie daran, welche Investition Sie in seine langfristige mentale Gesundheit tätigen, indem Sie mit Empathie und Trost auf es eingehen. Erinnern Sie sich an den Langzeit-Anti-Stress-Effekt der wiederholten Aktivierung von Oxytocin im Gehirn durch körperliche Zuwendung. Denken Sie an die Studien, die zeigen, dass Säugetiere, die als Babys viel liebevollen Körperkontakt erhalten haben, besser mit Stress umgehen können, dem Leben furchtloser gegenübertreten, psychisch stärker sind und länger leben!

Wenn Sie Ihr Kind jedes Mal, wenn es sich an Sie geklammert hat, in den Arm genommen und gehalten haben, wird es sich allmählich in der Welt sehr sicher fühlen. Im Laufe seiner Entwicklung wird es sich bald ganz natürlich von Ihnen lösen und die Welt für immer längere Zeiträume allein erkunden. Es wird ihm immer leichter fallen, immer mehr Zeit mit seinen Freunden zu verbringen, weil es weiß, dass Sie als sichere Basis da sind, zu der es stets zurückkehren wird, um sich emotional aufzutanken, bevor es wieder loszieht.

Auf den Punkt gebracht

- **Eltern kann man den Instinkt abtrainieren,** ihr Kind zu trösten, und einem Kind kann man den Instinkt abtrainieren, zu weinen – doch heute zeigt uns die Wissenschaft, zu welchem Preis.

- **Anhaltendes Weinen** kann Schlüsselsysteme in Körper und Gehirn negativ beeinflussen und anfällig machen, im späteren Leben Depressionen, Angststörungen und weitere physische und mentale Störungen zu entwickeln.

- **Lässt man ein Kind schreien,** lernt es, dass es gerade dann im Stich gelassen wird, wenn es Hilfe braucht.

- **Die Trennung** von einer Bezugsperson sollte bei Kleinkindern gut überlegt werden. Ist es notwendig, sollten Eltern ihr Kind nur einem liebevollen, warmherzigen Erwachsenen anvertrauen.

Schlaf & *Schlafenszeit*

Schlaftraining oder Co-Sleeping im Bett der Eltern? Diese viel diskutierte Frage bringt seit Jahrzehnten die Gemüter in Wallung. In diesem Kapitel geht es um die neuesten wissenschaftlichen Erkenntnisse, wo und wie Ihr Kind schlafen sollte, einschließlich der aktuellen Forschung zum plötzlichen Kindstod Ich hoffe, dies wird Ihnen helfen, die richtigen Schlafenszeiten für Ihr Kind herauszufinden.

In den Schlaf begleiten

Zur Schlafenszeit sollten Sie ein klares Ziel haben: Ihrem Kind das Gefühl zu geben, dass in seiner Welt alles in Ordnung ist. Das gelingt, wenn Sie verhindern, dass Stresshormone in seinem Gehirn aktiviert werden, und wenn Sie dazu beitragen, dass es in dem Gefühl einschläft, beschützt und geliebt zu werden. Um dieses Ziel zu erreichen, können Ihnen folgende Methoden helfen.

FAKTEN ÜBER KINDER UND SCHLAF

Babys sind schlechte Schläfer. Wenn wir das akzeptieren, hören wir auf, ein schlafloses Baby als Versagen der Eltern zu betrachten. Untersuchungen der Schlafmuster von Säuglingen und Kleinkindern zeigen:

- Babys neigen zu weit häufigerem Aufwachen als Erwachsene, weil ihr Schlafzyklus im Durchschnitt nur 50 Minuten dauert (im Vergleich zu 90 Minuten bei Erwachsenen).
- Dauerhafte oder wiederkehrende Schlafprobleme bei Kindern im Vorschulalter sind nicht ungewöhnlich.
- Ungefähr 25 Prozent der Kinder unter fünf Jahren haben ein Schlafproblem.
- Bis zu 20 Prozent der Eltern berichten über Probleme mit Weinen oder Reizbarkeit in den ersten drei Lebensmonaten ihres Säuglings.[1]

DAS GEHIRN ZUR SCHLAFENSZEIT BERUHIGEN

Ihr vordringliches Ziel zur Schlafenszeit sollte sein, Ihr Kind durch die Aktivierung des beruhigenden Botenstoffes Oxytocin und des Schlafhormons Melatonin zu beruhigen. Der vermutlich beste Weg ist das Einführen eines Rituals. Bei jeder Wiederholung des Rituals werden dann dieselben beruhigenden Botenstoffe aktiviert.

Was immer Sie tun, bleiben Sie ruhig

Wenn Sie selbst gestresst sind, können Sie nicht erwarten, dass Ihr Kind beruhigt in den Schlaf sinkt. Alles hängt von Ihrem Ton ab – sind Sie angespannt, nervös, gereizt oder verärgert, wirken Ihre Beruhi-

Tipp Routine und Entspannung

Ihr Kind kann die chemischen Prozesse in seinem Gehirn nur mit Ihrer Hilfe so regulieren, dass es schlafbereit wird. Eine beruhigende Routine vor dem Schlafengehen, bestehend aus einem Bad und einer kleinen Geschichte, fördert dies und beruhigt sein Erregungssystem.

Bei Einschlafproblemen hilft Körperkontakt besonders sehr kleinen Babys, sich zu entspannen. Ist Ihr Baby schon älter, legen Sie sich still neben sein Bettchen, bis es eingeschlafen ist, oder beruhigen es durch Berührung, indem sie eine Hand auf seinen Körper legen.

gungsversuche nicht ehrlich. Ihr Ärger und Stress können dann leicht die Alarmsysteme im Gehirn Ihres Kindes aktivieren. Es wird sich zu unsicher fühlen, um einzuschlafen. Wenn in Ihrem Gehirn aber eine große Menge Opioide aktiviert ist, klingt Ihre Stimme sanft, leise und beruhigend. Das wiederum kann sehr beruhigend auf Ihr Kind wirken.

Oft befürchten Eltern, am Abend keine Zeit mehr für sich zu haben. Aber wenn Sie ruhig bleiben und ihr Kind sanft in den Schlaf begleiten, kann dies gelingen. Legen Sie es hin und entfernen Sie sich leise.

Kuscheln Sie und lesen Sie eine Geschichte vor

Während Sie lesen, aktiviert der Körperkontakt Oxytocin im Gehirn Ihres Kindes, es wird müde. Das Zuhören aktiviert seine Stirnlappen (siehe S. 20) und motorische Impulse werden gehemmt. Schaffen Sie eine schöne Atmosphäre. Dämpfen Sie das Licht (Dunkelheit aktiviert Melatonin). Sie können auch beruhigende Musik laufen lassen, um die körperliche Erregung zu senken.

Abends auf die richtige Nahrung achten

Geben Sie Ihrem Kind zwei Stunden vor der Schlafenszeit keine eiweißreiche Nahrung wie Fleisch oder Fisch, da Eiweiß das gehirnstimulierende Dopamin aktiviert. Sie sollten wegen des Koffeingehalts auch auf Schokolade verzichten. Wenn Ihr Kind hungrig ist, bieten Sie ihm kohlenhydratreiche Nahrungsmittel wie Bananen an, die Serotonin im Gehirn aktivieren und es schläfrig machen.

Möglichst nicht das FURCHT-System aktivieren

Wenn Ihr Kind Angst im Dunkeln hat, lassen Sie ein Nachtlicht brennen. Sie können es die »gute Fee« nennen, die über Ihr Kind wachen soll, wenn es schläft.[2] Nehmen Sie die Ängste Ihres Kindes ernst und beruhigen Sie es. Wenn Sie dies nicht tun, kann sein Gehirn große Mengen Glutamat, Noradrenalin und CRF (Corticotropin-Releasing Factor) freisetzen und seinen Körper in einen Zustand der Übererregung bringen. In diesem Zustand kann kein Mensch schlafen.

- **Legen Sie sich zu Ihrem Kind.** Wenn Sie sich für diese Variante entscheiden, sprechen Sie nicht mehr mit Ihrem Kind. Geben Sie vor zu schlafen und atmen Sie tief ein und aus. Der Körperkontakt reguliert das körperliche Erregungssystem Ihres Kindes und festigt die Bindung zwischen Ihnen und Ihrem Kind. Je ruhiger Sie sind, desto ruhiger wird Ihr Kind. Denken Sie an die Botenstoffe: Körperkontakt aktiviert die Freisetzung von Oxytocin und Opioiden. Oxytocin fördert die Müdigkeit. Wenn Ihr Kind eingeschlafen ist, können Sie den Raum verlassen.
- **Finden Sie heraus, ob es Ängste hat.** Ein dreijähriges Kind, dessen FURCHT- oder PANIK-/TRAUER-Systems aktiviert ist, wird Sie vielleicht um etwas zu trinken bitten, noch einmal auf die Toilette gehen oder ein bestimmtes Stofftier haben wollen. Tatsächlich will es aber sagen, dass es Angst hat. Fragen Sie es, wovor es sich fürchtet und was seiner Vorstellung nach passieren würde, wenn Sie den Raum verließen. Sind diese Sorgen ausgesprochen, finden Sie Möglichkeiten, das Kind zu beruhigen. Geben Sie ihm ein Kleidungsstück von Ihnen, das es mit ins Bett nehmen darf, legen Sie es auf eine besondere Art ins Bett oder beruhigen Sie es mit Worten und Umarmungen.

Ich muss mein Kind jede Nacht beruhigen – was mache ich falsch?

Wenn es Ihnen Abend für Abend Schwierigkeiten bereitet, Ihr Kind zum Schlafen zu bringen, überlegen Sie Folgendes: Sind Sie ruhig und leise genug? Das menschliche Gehirn reagiert sehr sensibel auf Stimmungen und nimmt starke Emotionen wahr, die Sie zu verbergen versuchen.

Ist die Atmosphäre im Kinderzimmer friedlich und sicher? Ist Ihr Kind müde? Hat es vor dem Schlafengehen proteinreiche Speisen, Schokolade oder ein kohlensäurehaltiges Getränk zu sich genommen, die es wieder wach machen? Bewegt es sich tagsüber ausreichend? Wenn möglich, sollte Ihr Kind nachmittags draußen spielen. Je mehr Tageslicht es bekommt, desto besser schläft es nachts.[3]

Macht sich das Kind Sorgen? Schimpfen Sie oft mit ihm? Schreit es Sie oft an? Wenn es das Gefühl hat, dass seine Bindung zu Ihnen auf wackligen Beinen steht, hat es Angst, Sie gehen zu lassen.

Schlafen mit dem Baby

Das Schlafen in engem Körperkontakt zu einem Elternteil versorgt ein Baby mit einer sensorisch reichen Umwelt voller Bewegung, Berührung, Gerüche und Geräusche. Es hat sich gezeigt, dass der Hautkontakt während der Nacht die unreifen Systeme von Körper und Gehirn eines Babys reguliert und auf lange Sicht eine wichtige Rolle für sein körperliches und geistiges Wohlbefinden spielen kann.

DIE VORTEILE VON CO-SLEEPING

90 Prozent aller Eltern auf der Welt schlafen gemeinsam mit ihren Babys. Das ist seit Anbeginn der Menschheit so. Kein anderes Säugetier außer dem Menschen lässt seine Säuglinge in sozialer Isolation schlafen. In der westlichen Welt war es bis in die 1850er-Jahre üblich, sich mit den Kindern das Bett zu teilen. Vermutlich war die Annahme, dass das Einatmen der Bakterien eines anderen Menschen Krankheiten verursache, der Grund für getrenntes Schlafen.

Umfassende wissenschaftliche Untersuchungen zeigen, dass sicheres Co-Sleeping eine echte Investition in das zukünftige körperliche und emotionale Wohlbefinden Ihres Kindes ist. Co-Sleeping kann seine Physiologie positiv beeinflussen und die zusätzlichen Stunden des Körperkontakts bringen Sie einander noch näher, da die Bindung, die Sie tagsüber haben, nachts nicht unterbrochen wird.[4]

Regulierung der Körpertemperatur

Der enge Körperkontakt zu Ihnen reguliert die Körpertemperatur Ihres Babys. Hautkontakt zur Mutter ist die genetisch programmierte natürliche Umgebung eines Säuglings. Wird ein Neugeborenes seiner Mutter auf die Brust gelegt, geschieht etwas Wunderbares: Ist das Baby ein wenig zu kalt, steigt die Körpertemperatur der Mutter um zwei Grad, um es zu wärmen, und ist es ein wenig zu warm, sinkt die Temperatur der Mutter um ein Grad, um es zu kühlen. Diese »thermale Synchronisation« ist nur eines der außergewöhnlichen Phänomene, die durch den engen Körperkontakt zwischen Mutter und Kind entstehen.[5]

Zusätzliche Stunden Körperkontakt

Je mehr Berührung ein Kind in der Kindheit erhält, desto ruhiger und weniger ängstlich wird es vermutlich als Erwachsener sein, wie zahlreiche Forschungsergebnisse nahelegen. Körperkontakt unterstützt die Regulation des Stressreaktionssystems im Gehirn, das ohne sie dauerhaft auf Überempfindlichkeit programmiert werden kann. Wenn das der Fall ist, kann es für ein heranwachsendes Kind schwierig sein, sich bei Stress selbst zu beruhigen.[6] Co-Sleeping im frühen Kindesalter bedeutet acht Stunden zusätzlichen stresslindernden Hautkontakt.

Psychologische Studien belegen, dass Kinder, die mit im Bett ihrer Eltern schliefen, ein bedeutend höheres Selbstwertgefühl haben.

»Ich fühle mich ruhig und geborgen.«

Neben Ihrem Baby zu schlafen kann ihm helfen, seine Atmung zu regulieren. Studien haben gezeigt, dass sensorische Stimulation (z. B. durch das Schaukeln des Körpers der Mutter beim Gehen oder ihre Geräusche) das ungeborene Baby rhythmisch »atmen« und die Atembewegungen bereits bis zu drei Monate vor seiner Geburt üben lässt. Man glaubt, dass die Stimulation durch das Schlafen neben einem Elternteil das regelmäßige Atmen des Babys in der Nacht unterstützt.[7]

Gut zu wissen

Zusätzliche Stunden Körperkontakt jede Nacht können die Bindung zwischen Mutter und Kind verstärken. Müttern, die diesen häufigen Körperkontakt pflegen, fällt es außerdem leichter, über einen längeren Zeitraum Milch zu produzieren.

weniger unter Ängsten leiden, über eine höhere kognitive Leistungsfähigkeit verfügen, als Erwachsene seltener psychische Störungen entwickeln und mit ihrem Leben zufriedener sind.[8] Studien zeigen auch, dass Kinder, die nie im Bett ihrer Eltern schliefen, schwieriger im Umgang sind. Diese Kinder kommen weniger gut damit zurecht, allein gelassen zu werden, und neigen stärker zu Wutanfällen und Ängstlichkeit. Das ist eine logische Folge von weniger Körperkontakt und emotionaler Regulation – weniger Oxytocin und Opioide werden im Gehirn freigesetzt.

BIRGT DAS CO-SLEEPING RISIKEN?

Manche Eltern sorgen sich, sie könnten ihr Kind ersticken, weil sie sich im Schlaf darauflegen. Untersuchungen zeigen, dass diese Angst unbegründet ist, vorausgesetzt, dass die Eltern nicht rauchen und nicht so tief schlafen, dass ihre natürliche Wachsamkeit gestört ist (siehe gegenüber).

Tatsächlich scheint die Wachsamkeit der Mutter bei Co-Sleeping erhöht zu sein. Eine Auswertung von rund 800 Stunden Videomaterial zeigte, dass Mütter sich sogar im Schlaf des Babys neben sich bewusst waren. Keine Mutter rollte sich auf ihren Säugling, so nahe die beiden sich auch waren.[9]

Untersuchungen zeigten auch, dass sich Eltern und Baby beim Co-Sleeping häufig gegenüberliegen. Babys lassen sich nicht ohne Gegenwehr ersticken – selbst Neugeborene strampeln und schreien, wenn etwas ihre Atmung behindert. Bitte beachten Sie hierzu die gegenüber aufgelisteten Sicherheitsregeln.

WAS IST DER PLÖTZLICHE KINDSTOD (SIDS)?

Der plötzliche Kindstod tritt während des Schlafes ein und hängt mit der Unreife von Herzschlag, Atmung oder Blutdruck zusammen. Das Herz-Lungen-System eines Säuglings reift erst nach seiner Geburt aus. Bis dahin ist das Atmungssystem noch instabil. Tatsächlich kann der Herzschlag eines völlig gesunden Säuglings sehr unregelmäßig sein.

Dadurch ist ein Baby insbesondere nachts dem Risiko von Atemproblemen ausgesetzt.[10] In Deutschland sterben immer noch jedes Jahr über 100 Kinder an SIDS. Untersuchungen machen deutlich, dass bestimmte Schlafumstände Risiken bergen, besonders in den ersten drei Lebensmonaten.

CO-SLEEPING ALS NORM

SIDS tritt am seltensten in Ländern auf, in denen Co-Sleeping üblich ist. Wie und wo ein Kind schlafen sollte, wird in einigen Teilen der Welt heftig diskutiert. In vielen Regionen ist das Co-Sleeping jedoch völlig natürlich, häufig schon deshalb, weil viele Familien gar nicht die Möglichkeit haben, ihr Kind in einem separaten Raum unterzubringen. Eigene Zimmer für Babys sind hauptsächlich ein Phänomen der westlichen Mittelschicht. In Asien schlafen nur vier Prozent aller Babys alleine, wie eine Studie zeigt.[11] In China, wo Co-Sleeping gang und gäbe ist, ist der plötzliche Kindstod so selten, dass es keine Bezeichnung dafür gibt. Ein Forscher berichtet, dass niemand in China wusste, wovon er sprach, als er dieses Thema anschnitt. Man verstand seine Schilderung von Babys, die ohne ersichtlichen Grund

Tipp **Sicherheitsregeln**

Befolgen Sie diese Regeln, um das Risiko von SIDS zu minimieren (in der Wiege und im Elternbett):

- Ein Baby sollte immer auf den Rücken gelegt werden.
- Der Kopf des Babys darf beim Schlafen nicht zugedeckt sein.
- Eine Raumtemperatur von 18 °C ist ideal.
- Ein Baby sollte die ersten sechs Monate in Ihrem Zimmer schlafen.
- Wenn Eltern rauchen, sollten sie nicht mit dem Baby in einem Bett schlafen.
- Wenn Sie Alkohol, Medikamente oder Drogen konsumiert haben oder sehr erschöpft sind, sollte Ihr Baby nicht bei Ihnen schlafen.
- Decken Sie Ihr Baby nicht mit einem Federbett zu. Seine Decke sollte ihm maximal bis zu den Schultern reichen.
- Lassen Sie Ihr Baby nicht auf oder neben einem Kissen schlafen.
- Lassen Sie Ihr Baby nicht auf einem Schaffell schlafen.
- Ein Baby sollte nicht zwischen zwei Erwachsenen schlafen.
- Ein Baby sollte nicht auf einem Sofa, Wasserbett oder zusammen mit anderen Kindern schlafen.
- Lassen Sie Ihr Baby nie unbeaufsichtigt im oder auf dem Elternbett.

sterben, einfach nicht.[12] Eine kürzlich erfolgte Umfrage der SIDS Global Task Force ergab, dass »Kulturen, die Co-Sleeping und Bed-Sharing am häufigsten praktizieren, bisher ... die wenigsten Fälle von SIDS überhaupt aufwiesen«.[13] Aufgrund solcher Studien sind viele Wissenschaftler der Ansicht, dass die Häufigkeit des plötzlichen Kindstods in der westlichen Bevölkerung das Ergebnis langer Phasen des Alleinschlafens sein kann.

SICHERHEITSFAKTOREN FÜR DAS CO-SLEEPING

Schlafen Sie mit Ihrem Baby nur in einem Bett, wenn Sie alle Sicherheitsmaßnahmen (siehe S. 77 und rechts) einhalten können. Dazu gehört, dass Sie Ihr Baby in einen Korb oder eine Wiege neben ihrem Bett legen, wenn Sie sehr erschöpft sind oder einmal ein Glas Wein getrunken haben. Sie können Ihr Baby trotzdem berühren.

- **Ein Baby muss immer auf dem Rücken liegen,** ob im Elternbett oder in der Wiege. In der Wiege sollten die Füße am unteren Ende der Matratze sein.
- **Keine überheizten Räume** Die Raumtemperatur sollte zwischen 16 und 20 °C betragen. Schätzen Sie nicht, sondern schauen Sie auf ein Thermometer.
- **Decken Sie Ihr Baby nicht mit einem Federbett zu.** Nehmen Sie eine Decke, die maximal bis zu den Schultern reicht.
- **Keine Federbetten, Stofftiere, Kissen oder Schaffelle** in der Nähe des Babys. Ein Baby sollte nie auf einem Kissen oder Schaffell schlafen.
- **Die Matratze muss hart sein –** Babys sollten nicht auf weichen Matratzen schlafen. Achten Sie darauf, dass zwischen Matratze und Bettgestell oder Wand keine Lücken sind.
- **Babys sollten nicht zwischen zwei Erwachsenen schlafen.** Erlauben Sie keine Geschwister im Bett Ihres Babys, solange es unter einem Jahr alt ist.
- **Nehmen Sie Ihr Kind nicht zu sich ins Bett, wenn jemand** im Haus raucht (oder Sie in der Schwangerschaft geraucht haben) oder wenn Ihre Wachsamkeit zum Beispiel aufgrund von

Kurz & knapp

Studien zufolge brauchen die meisten Kleinkinder einen Erwachsenen neben sich, und viele suchen nachts Trost im Elternbett.[14] So stark sind die FURCHT- und PANIK-/TRAUER-Systeme in der frühen Kindheit. Emotional responsive Eltern akzeptieren diese genetisch programmierte Entwicklungsstufe des kindlichen Gehirns.

Alkohol, Drogen (legal oder illegal), Schlafmitteln und einem Zustand der Erschöpfung Ihrerseits beeinträchtigt sein könnte.

Wenn Sie sich trotz Beachtung aller Sicherheitsmaßnahmen wegen des SIDS-Risikos unwohl fühlen, legen Sie Ihr Baby in eine Wiege neben Ihrem Bett. Suchen Sie in jedem Fall einen Arzt auf, wenn Ihr Baby Atembeschwerden hat, zu blass ist, einen Ausschlag hat, sich heiß anfühlt und schwitzt oder nicht wie gewohnt auf Sie reagiert.

Die schützenden Faktoren des Co-Sleepings

In den Medien wird immer wieder über die Risiken des Co-Sleepings berichtet, die nachgewiesenen Vorteile werden aber nicht erwähnt. Risiken gibt es immer, ob beim Co-Sleeping oder wenn das Baby alleine schläft, vor allem wenn die Sicherheitsregeln nicht beachtet werden. Eltern haben das Recht, auch über die Vorteile des Co-Sleepings aufgeklärt zu werden, um sich eine objektive Meinung bilden zu können.

Umfangreichen Forschungen zufolge bewirkt Co-Sleeping insbesondere durch den Hautkontakt Folgendes:

- **Regulierung von Herzfrequenz,** Verdauungssystem, Atmung und Temperatur des Babys[15]
- **Drastische Senkung des Stresshormonspiegels** und Freisetzung von Oxytocin und Opioiden im Gehirn des Babys[16]
- **Entwicklung von Stressregulationssystemen,** Schlafmustern, Körperfunktionen und Reifung des oberen Gehirns und somit die Ausbildung kognitiver Funktionen. Einer Studie zufolge war diese Wirkung auch Jahre später noch feststellbar.[17]
- **Stärkung des Immunsystems,** weshalb Ihr Baby in den ersten sechs Monaten vermutlich weniger anfällig für ernste Erkrankungen ist[18]
- **Kürzere Tiefschlafphasen des Babys,** was vor SIDS schützen kann, weil das Baby bei kurzzeitigem Atemstillstand leichter erwacht. Schlafen Babys alleine, neigen sie zu längeren Tiefschlafphasen, aus denen sie schwieriger erwachen.[19]
- **Verbesserung Ihres Schlafes** Sie beruhigen Ihr Baby sofort (Ausschüttung von Opioden durch Ihre Stimme und Berührung). Mütter schlafen meist sofort weiter, wenn sie unter 15 Sekunden wach sind. Müssen Sie aufstehen, um Ihr Baby zu beruhigen, sind Sie definitiv wach.[20]

Beobachtungen im Schlaflabor

In Schlaflabors wurde festgestellt, dass Mutter und Kind beim Co-Sleeping mehr Schlaf erhalten.[21] Babys werden zwei- bis viermal häufiger und länger gestillt und erhalten so mehr wichtige Antikörper der Mutter.[22] Umgekehrt wird das Stillen oft unterbrochen, wenn das Baby alleine schläft (auch wenn die Wiege neben dem Elternbett steht). Die Babys weinten sehr selten und die Mütter waren sehr aufmerksam, sorgten für die sichere Lage des Babys, streichelten und beruhigten es (alles, ohne die 15 Sekunden zu überschreiten). Erstaunlicherweise erinnerte sich am Morgen kaum eine Mutter daran.

Wenn Babys alleine schlafen

Isolation und sensorische Deprivation (Reizentzug) im frühen Leben stehen in Zusammenhang mit psychischen Störungen im späteren Leben.[23] Schläft ein Baby alleine, kann die Körpertemperatur abfallen, und Schwankungen in Herz- und Atemfrequenz können sich einstellen, was sich jedoch stabilisiert, wenn das Baby wieder neben der Mutter liegt. Ist ein Baby sechs Stunden von seiner Mutter getrennt, ist sein Stresshormonspiegel zweimal so hoch wie bei Babys, die bei der Mutter sind. Der Spiegel sinkt, sobald es wieder bei der Mutter ist.[24]

CO-SLEEPING UND SCHLAFPROBLEME

Wenn Sie mit Ihrem Kind im Bett zu wenig Schlaf erhalten, sind unsere Vorschläge zum sicheren Schlaftraining passend für Sie. Ihr Schlaf ist wichtig, damit Sie tagsüber ein guter Emotionsregulator sind. Sind Sie müde, aktivieren Sie schneller negative Botenstoffe im Gehirn, und das schadet Ihrem Baby. Durch das Co-Sleeping würden Sie ihm zwar nachts helfen, ihm aber tagsüber durch Reizbarkeit eher schaden.

WANN SOLL DAS CO-SLEEPING ENDEN?

Es gibt keine feste Regel. Solange Sie alle genug Schlaf bekommen und Sie und Ihr Partner genug Intimität, gibt es keinen Grund, damit aufzuhören. Setzen Sie sich wegen fiktiver Normen nicht unter Druck.

Die meisten Kleinkinder brauchen zum Einschlafen einen Erwachsenen neben sich und viele suchen nachts Trost im Elternbett.

Und unsere eigenen Bedürfnisse? Wir möchten auch mal ungestört sein.

Sie müssen zwischen Ihren eigenen Bedürfnissen und den Vorteilen abwägen, die das Co-Sleeping für Ihr Kind bedeutet. Natürlich ist es eine Umstellung, aber viele Eltern werden durch das Co-Sleeping kreativer. Sie haben zu anderen Zeiten Sex oder legen ihr Kind zuerst in sein eigenes Bett und erlauben ihm, wenn es nachts aufwacht, zu ihnen ins Bett zu kommen. Wenn Sie angespannt sind und eine Auszeit von Ihren Kindern benötigen, sollten Sie auch diese Gefühle bei der Entscheidung über die Schlafmodalitäten berücksichtigen.

Alles über Schlaftraining

Manche Kinder schlafen problemlos in ihrem eigenen Bett, ohne je darauf trainiert worden zu sein. Sie haben ein starkes Vertrauen in ihre Umwelt aufgebaut und fühlen sich in ihrem eigenen Bett vollkommen sicher. Bei vielen Kindern werden jedoch zur Schlafenszeit primitive Alarmsysteme in Gehirn und Körper aktiviert. Sie benötigen tröstenden Beistand, um ruhig zu werden.

MIT DEM SCHLAFTRAINING BEGINNEN

Die meisten Eltern beginnen mit dem Schlaftraining, weil sie und ihr Kind besseren Schlaf brauchen. Ein Kind im Alter von ein bis drei Jahren benötigt zwölf bis 14 Stunden Schlaf, zwischen drei und fünf Jahren elf bis 13 Stunden, während Fünf- bis Zwölfjährige mit zehn bis elf Stunden auskommen. Der Schlaf ist wichtig für das Körperwachstum (Wachstumshormone werden nur während des Schlafens ausgeschüttet). Schlafentzug schlägt sich bei älteren Kindern in schlechten schulischen Leistungen, mangelnder Aufmerksamkeit und Hyperaktivität nieder.[25]

Wenn Sie sich für ein Schlaftraining entscheiden, wenden Sie keine Methoden an, die beinhalten, das Kind schreien zu lassen (siehe unten). Mit der Entwicklung des rationalen, oberen Gehirns wachsen Kinder aus dem PANIK-/TRAUER-System heraus, aber bis dahin ist es von grundlegender Bedeutung, dass Sie Zuständen von Furcht und Verzweiflung mit Beruhigung und Trost begegnen. Versetzen Sie sich in die Lage des Kindes. Der Gedanke, von Ihnen getrennt zu sein, kann bei ihm extreme Angstzustände hervorrufen.

»Es schreien lassen«

Die Theorie geht davon aus, dass ein Kind nach einigen Nächten des fruchtlosen Schreiens ohne Gezeter ins Bett gebracht werden kann. Oft bedeutet das aber, dass das Kind mindestens eine Stunde lang schreit, und zwar viele Nächte lang. Aus der Sicht der Eltern mag diese Strategie zum Erfolg führen, doch das Kind zahlt einen hohen Preis dafür.

Babys können sich nicht selbst beruhigen

Ein Baby ist nicht fähig, von sich aus einen Zustand der inneren Zufriedenheit und des Wohlbefindens zu erreichen. Es schläft nur nach endlosen vergeblichen Hilferufen vor Erschöpfung ein. Schläft ein Kind nach verzweifeltem Schreien gestresst ein, wird es während der Nacht häufig erwachen, genauso wie ein Erwachsener, der in gestresstem Zustand zu Bett gegangen ist. Das kann nicht als erfolgreiches Schlaftraining gewertet werden: Dem Kind widerfährt lediglich das, was mit jedem Säuger (Menschen und allen anderen) geschieht, dessen Eltern seine Hilferufe ignorieren. Die entschlossensten Säuglinge mit dem stärksten Willen schreien am längsten.

Ein Baby, dem der Instinkt abtrainiert wurde, bei einer Trennung von seinen Eltern zu schreien, darf man nicht mit einem zufriedenen Säugling verwechseln. Sein Stresslevel ist erhöht. Studien zeigen, dass Babys, nachdem man sie schreien ließ, in einen primitiven Verteidigungsmodus wechselten. Das Ergebnis sind hohe Cortisolwerte sowie unregelmäßige Atmung und Herzfrequenzen, die stark schwanken können. Babys, denen das Schreien abtrainiert wurde, schauen oft mit starrem Blick ins Leere. Der Neuropsychoanalytiker Allen Schore

Gut zu wissen

Kinder können auf Trennung zur Schlafenszeit sehr sensibel reagieren. Wenn ein Kind Angst hat, alleine zu sein, setzt die Hirnanhangdrüse das Hormon ACTH frei, das die Nebennieren anregt, große Mengen des Stresshormons Cortisol zu produzieren. Studien mit Säugetieren haben gezeigt, dass der Anstieg des Cortisolspiegels umso größer ist, je länger ein Junges allein gelassen wird.[26] Auch wenn die Anzeichen des Leidens wie Schreien oder Rastlosigkeit abnahmen, blieben die Cortisolwerte hoch oder stiegen weiter an.

Ein möglicher Langzeiteffekt wiederholter Trennungsangst ist hohe Stressempfindlichkeit. Erwachsene mit dieser Hypersensibilität haben Probleme zur Ruhe zu kommen. Bei Kindern, die zum Einschlafen besänftigende Berührung erhalten, strömen dagegen Botenstoffe wie Oxytocin und Opioide ins Gehirn, die sie friedlich schlafen lassen.

Mein Kind steht wieder auf und läuft mir nach. Was soll ich tun?

Wenn Sie alles getan haben, um Ihr Kind in seinem Bett zu beruhigen, und es Ihnen trotzdem nachläuft, bringen Sie es sofort wieder ins Bett. Beruhigen Sie es, versichern Sie ihm, dass es in Sicherheit ist und Sie sich nach dem Aufwachen am Morgen wiedersehen. Lassen Sie es nicht weinen und legen Sie es nicht einfach in sein Bett und gehen Sie weg. Wenn Sie das tun, erlebt es das als Bruch, was das PANIK-/TRAUER-System im unteren Gehirnbereich aktivieren kann. Sagen Sie Ihrem Kind noch einmal, dass es sicher ist und geliebt wird, und kuscheln Sie mit ihm. Tun Sie das jedes Mal, wenn es Ihnen wieder nachläuft.

spricht vom »schwarzen Punkt der Selbsterhaltung« oder »Erhaltungsrückzug«.[27] Die Bindungstheorie stellt für diesen Prozess die Reihenfolge auf: Protest–Verzweiflung–Ablösung.

Ohne Ihre Hilfe kann Ihr Baby in einer solchen Situation weder seine Stresshormone auf ein normales Maß reduzieren, noch seinen Zustand körperlicher Erregung in den Griff bekommen oder die biochemischen Prozesse in seinem Gehirn so ändern, dass der Botenstoff Oxytocin und die Entspannung bewirkenden Opioide freigesetzt werden. Damit dies geschieht, braucht Ihr Baby Ihre Nähe.

Es geht nicht um einen Kampf

Leider werden die Szenen vor dem Schlafengehen allzu oft für ein Kräftemessen gehalten und nicht für die Aktivierung von Schmerz und Panik im kindlichen Gehirn. Wenn Kinder schreien, damit ihre Eltern sie nachts nicht verlassen, handeln sie so wie andere Säugetierkinder, das ist genetisch so programmiert. Es geht nicht um Kontrolle – das ist eine Interpretation der Erwachsenen. Es ist die Wirkung eines starken Hormonsystems im unteren Teil des Säugerhirns.

SANFTES SCHLAFTRAINING

Nicht jedes Schlaftraining schädigt das Gehirn. Für Kleinkinder und eventuell schon für ältere Babys gibt es einige Strategien ohne Weinen. Wenn Ihr Kind in Panik gerät, ist das im Moment nicht die richtige Technik (denken Sie an die empfindlichen, unreifen Gehirnsysteme). Setzen Sie sich dann an sein Bett, bis es sich beruhigt hat und einschläft.

Machen Sie eine Tonaufnahme von Ihrer Stimme

Studien mit Säugern zeigen, dass die akustische Präsenz der Mutter (der Klang ihrer Stimme) bei Babys, die von der Mutter getrennt sind, den Spiegel der Stresshormone senkt.[28] Machen Sie für Ihr Kind eine Tonaufnahme, z. B. mit dem Text: »Hallo, mein Schatz. Du bist ganz sicher und ich hab dich sehr lieb.« Sie können auch die Lieblingsgeschichte Ihres Kindes mit Ihrer Stimme aufnehmen. Dann kann Ihr Kind im Falle eines Abfalls der Opioide während der Nacht das Gerät neben seinem Bett einschalten und Ihre Stimme hören.[29]

Geben Sie Ihrem Kind etwas, das nach Ihnen riecht

Auch Ihr Geruch kann starke positive Gefühle im Gehirn Ihres Kindes auslösen. Legen Sie etwas, das nach Ihnen riecht, zu Ihrem Kind ins Bett – z. B. ein Kleidungsstück. Einen Säugling kann auch ein weiches Tuch mit dem Duft der Brustmilch wirkungsvoll beruhigen (jeweils außerhalb der Reichweite). Das liegt daran, dass der Riechkolben (Bulbus olfactorius), der Gerüche wahrnimmt, direkt neben der Amygdala liegt. Dieser Teil des Gehirns löst starke emotionale Assoziationen aus.

Schaffen Sie eine behagliche Atmosphäre

Es ist bekannt, dass Opioide ausgeschüttet werden, wenn man einen bekannten, behaglichen Raum betritt. Sorgen Sie also dafür, dass Ihr Kind sich in seinem Schlafzimmer wohlfühlt und gerne dort ist. Wenn Ihr Kind älter wird, kann es sich Bettwäsche, Wandschmuck und Ähnliches aussuchen, um sich eine behagliche Atmosphäre zu schaffen.

Massage und Kuscheltiere

Untersuchungen zufolge bewirkt eine Massage vor dem Zubettgehen bei Vorschulkindern schnelleres Einschlafen und ein besseres Schlafmuster.[30] Ein Kuscheltier kann ebenfalls tröstende Botenstoffe im Gehirn Ihres Kindes aktivieren.

DIE TÜR OFFEN LASSEN

Bei dieser Methode sagen Sie Ihrem Kind, dass Sie die Tür schließen, wenn es wieder aufsteht – wenn es aber liegen bleibt, lassen Sie die Tür offen. Dieses Vorgehen wirkt, weil es das FURCHT-System Ihres Kindes aktiviert. Die Furcht vor der verschlossenen Tür ist so groß, dass es im Bett liegen bleibt. Dies führt jedoch wieder zu besorgniserregend hohen Cortisolwerten (siehe S. 35). Jahrhundertelang wurden Kinder durch die Aktivierung des FURCHT-Systems erzogen. Studien zeigen aber, dass die wiederholte Aktivierung dieses Systems später zu Angststörungen führen kann.[31]

Gut zu wissen

Schläfchen während des Tages sind für Säuglinge und Kleinkinder wichtig. Die Versuchung ist groß, die Kinder nachmittags schlafen zu legen, um selbst ein wenig Ruhe zu bekommen. Es hat keinen Sinn, auf einem Nachmittagsschlaf zu bestehen, wenn das Kind dieser Notwendigkeit längst entwachsen ist. Wenn Kinder wirklich müde sind, schlafen sie überall – auf dem Sofa, im Buggy oder im Auto.

Auf den Punkt gebracht

- **Die meisten Babys** sind schlechte Schläfer. Ihre Erziehung ist nicht unzureichend, nur weil Ihr Kind nicht durchschläft.

- **Co-Sleeping** ist in vielen Teilen der Welt die Norm. Befürchtungen über Risiken scheinen unbegründet, solange man Sicherheitsregeln befolgt.

- **Hautkontakt** und körperliche Nähe in der Nacht spielen eine Schlüsselrolle in der Aufrechterhaltung der körperlichen und mentalen Gesundheit, weil sie die unreifen Körper- und Gehirnsysteme des Kindes regulieren.

- **Lässt man ein Kind** schreien, bis es einschläft, riskiert man nachteilige Veränderungen seiner noch unreifen Gehirnsysteme.

- **Schlaftraining** muss nicht zu Tränen führen. Die sanfte Methode funktioniert auch ohne schädigende Langzeitwirkung.

Die Chemie von *Liebe & Freude*

Dieses Kapitel zeigt Ihnen, wie Sie Ihrem Kind die Fähigkeiten an die Hand geben, Freude zu empfinden und friedvoll und harmonisch zu lieben. Dabei geht es nicht nur um die frühe Liebe zwischen Eltern und Kind, sondern auch um Liebesbeziehungen im Erwachsenenleben. Wenn wir zutiefst lieben, fühlen wir uns wirklich lebendig. Aber auch das Gegenteil trifft zu: Sind wir nicht fähig zu lieben, können wir das Leben nicht auskosten. Außerdem erkundet dieses Kapitel die Vorzüge einer spielerischen Erziehung sowie Möglichkeiten, in Ihrem Kind Humor und Spontaneität zu wecken und so seine Fähigkeit zum ungezwungenen Umgang mit anderen zu fördern.

Die Macht der Hormone

Hormone und Neurotransmitter sind im Körper produzierte chemische Botenstoffe, die darüber entscheiden, ob wir uns wunderbar oder schrecklich fühlen. Bei Hormonen denken wir meist an Sexualität, aber es gibt viele verschiedene Hormone, die unsere Gefühle, unsere Wahrnehmung und unser Verhalten beeinflussen.

HORMONELLER HIMMEL

Die Neurowissenschaftlerin Candice Pert sagt: »Jeder von uns hat seine eigene ... innere Apotheke, die jederzeit kostengünstig all die Mittel herstellt, die wir zur Funktionserhaltung von Körper und Geist benötigen.«[1] Natürliche Hormone und Botenstoffe in Gehirn und Körper können nicht nur bewirken, dass wir uns großartig fühlen, sie ermöglichen auch, dass wir uns gut entwickeln. Aber bedingt durch viel Beziehungsstress in der Kindheit haben manche vielleicht niemals Zugang zu dieser »mentalen Apotheke«.

Wärme, Zufriedenheit und Sicherheit

Endogene Opioide sind wichtige Neurochemikalien in den Gehirnsystemen SPIELTRIEB, FÜRSORGE und ENTDECKERDRANG (siehe S. 34); Opioidrezeptoren liegen in der Hirnrinde, im limbischen System und im Hirnstamm. Das körpereigene Opioidsystem hat unter anderem die Aufgabe, Schmerzen zu lindern und die Stimmung zu regulieren.

Ein weiteres wichtiges Hormon ist Oxytocin. Es bewirkt das Gefühl von Geborgenheit und Sicherheit und hemmt das Stressreaktionssystem (siehe S. 46–47). Schüttet die Hirnanhangsdrüse (Hypophyse) Oxytocin aus, sind wir ruhig und entspannt, da es Angst lindert.[2]

Wenn Opioide und Oxytocin im Gehirn dominieren, empfinden wir die Welt als warm und einladend. Sind diese beiden Botenstoffe gemeinsam stark aktiviert, bescheren sie uns ein Gefühl tiefster Ruhe und Zufriedenheit sowie die Fähigkeit, die täglichen Belastungen des Lebens mühelos zu verkraften. Wenn Ihr Kind durch Sie viele liebevolle Erfahrungen macht, werden Opioide und Oxytocin in seinem Gehirn

»Schön, dass du hier bist.«

Kleine Kinder rennen ausgelassen herum und setzen sich unvermittelt auf den Schoß der Mutter oder des Vaters, lehnen sich an oder berühren sie auf andere Weise. Dieser Körperkontakt kann Sekunden oder Minuten dauern, aber dann toben sie munter weiter. Dieses »emotionale Auftanken«[3] sorgt für ein angenehmes Gleichgewicht im Gehirn. Wenn Ihr Kind das bei Ihnen tut, ist das ein echtes Kompliment – es erlebt Sie unbewusst als Quelle natürlicher Opioide.

dominieren. Es wird Ruhe, Sicherheit und innere Wärme verspüren und einige Fähigkeiten besonders ausgeprägt ausbilden:

- die Fähigkeit, zu genießen
- die Fähigkeit, den Moment auszukosten
- die Fähigkeit, sich treiben zu lassen und loszulassen.

Erlebt Ihr Kind regelmäßig diese positiven neurochemischen Zustände, wird es die Welt mit Staunen und Interesse erkunden statt mit dem Gefühl von Furcht und Bedrohung. Zudem baut es genug Widerstandskraft auf, um auch mit den belastenden und schmerzlichen Ereignissen des Lebens umzugehen, die niemand vermeiden kann.[4]

HORMONELLE HÖLLE

Erlebt ein Kind wiederholt Furcht und Wut, z. B. wegen eines autoritären Erziehungsstils, bei dem es regelmäßig angeschrien wird und hauptsächlich Befehle und Kritik erhält, wird die Ausschüttung von Glückshormonen in seinem Gehirn blockiert. Ohne Entlastung durch Ruhe, Trost und körperliche Zuwendung gewöhnen sich Körper und Geist an den hohen Spiegel der Hormone Cortisol, Adrenalin und Noradrenalin, die bei Stress aus den Nebennieren in den Körper gepumpt werden. Das kann zu einem ständigen Gefühl von Bedrohung und Unsicherheit führen.[5]

Gefühl der Bedrohung

Ist zu lange zu viel des Stresshormons Cortisol in Körper und Gehirn, kann die Umwelt als feindselig und bedrohlich empfunden werden. Mit einem hohen Cortisolspiegel fühlen wir uns überwältigt und ängstlich, unsere Gedanken und Empfindungen sind von einem Gefühl der Bedrohung gefärbt oder von der Angst durchdrungen, dass uns jede Aufgabe überfordert.

Adrenalin und Noradrenalin können unsere Stimmung ebenfalls stark beeinflussen. Sie bewirken einen schnelleren, stärkeren Herzschlag, die Freisetzung von Glukose aus der Leber, die Mobilisierung der Fettreserven im Gewebe und der Energiereserven in den Muskeln. Bei einem optimalen Spiegel dieser Hormone sind wir wachsam und denken klar. Bei zu starker Aktivierung z. B. von Cortisol können wir jedoch angespannt, wütend oder beides sein. Wir sind auf Bedrohungen fixiert, unser Körper gelangt in einen Zustand der Übererregung und es werden Kampf- (Aggression) oder Fluchtimpulse (Rückzug und Vermeidung) im unteren Teil des Gehirns aktiviert. Studien zeigen, dass die frühkindlichen Erfahrungen mit den Eltern beeinflussen, ob eine regelmäßige starke Aktivierung der Stresshormone im späteren Leben stattfindet oder nicht.[6] Ist das der Fall, erlebt ein Mensch eine Art Hölle auf Erden, bedingt durch den Dauerzustand der Übererregung. Das Gefühl eines Kindes, in der Welt nicht sicher zu sein, kann zu seiner Grundannahme werden, mit der er sich selbst und andere wahrnimmt. Das Ergebnis ist ein von konstantem Misstrauen geprägtes Leben, das nur zwei Perspektiven kennt: entweder »vor dem Leben zurückzuschrecken oder ständig gegen es zu kämpfen«.[7]

KÖRPERKONTAKT WIRKT STRESSREDUZIEREND

Oxytocin kann weder injiziert noch oral verabreicht werden. Der einzige Weg, es im Gehirn im Höchstmaß zu aktivieren, ist die liebevolle menschliche Bindung! Wenn wir erreichen wollen, dass unsere Kinder so aufwachsen, dass sie sich in ihrer Umgebung sicher fühlen und fähig sind, ungezwungen mit anderen Menschen umzugehen, müssen wir dafür sorgen, dass Körperkontakt und körperlicher Trost ein fester Bestandteil ihres Lebens sind.[8]

Momente der Zweisamkeit

Jede Form liebevollen Körperkontakts zwischen Eltern und Kindern wirkt sich positiv aus. Umarmen und Kuscheln, ein kurzes liebevolles Drücken, Babymassage oder in Ihren Armen einschlafen – das alles hat eine wunderbare Wirkung auf Ihr Kind. Diese »Eins-zu-eins«-Momente mit einer Bezugsperson aktivieren Oxytocin und Opioide im Gehirn Ihres Kindes. Wenn es neben Ihrem ruhigen Körper liegt, überfluten Glückshormone sein Gehirn – ein herrliches, befriedigendes Gefühl für Sie und Ihr Kind. Damit das möglich ist, müssen Sie selbst in entspanntem Zustand sein, weil nur dann Oxytocin und Opioide in Ihrem Gehirn dominieren. Achten Sie auf Ihre Stimmung, wenn Sie neben Ihrem Kind liegen. Wenn Sie angespannt und nervös sind, werden auch bei Ihrem Kind Stresshormone freigesetzt.

Auch Fünfjährige wollen geknuddelt werden

Die erstaunliche Wirkung von Berührungen auf das Gehirn ist bei älteren Kindern gleichermaßen gegeben. Wenn Sie Ihre Kinder auch während des Heranwachsens liebevoll knuddeln (natürlich nur, solange Ihr Kind es möchte), wird das Oxytocin die Opioid-Bande zu Ihrem Kind weitaus länger aufrechterhalten und es kommt zu viel weniger Spannungen zwischen Ihnen, wenn Ihr Kind das Teenageralter erreicht. [9]

Alles über die Liebe

In jedem von uns ist ein System genetisch verankert, das uns befähigt zu lieben – die FÜRSORGE. Es wirkt jedoch »erfahrungsabhängig«. Der Ausprägungsgrad des FÜRSORGE-Systems hängt also von unseren Erfahrungen ab – und zwar besonders von denen, die wir in der Kindheit machen.

UNTERSCHIEDLICHE ARTEN ZU LIEBEN

Wir können in Frieden oder in Qualen lieben. In Frieden zu lieben bedeutet, Liebe mit tiefem Wohlbefinden zu assoziieren. Der geliebte Mensch bringt Sicherheit, Trost und Sinn in unser Leben, ihm bringen wir ein natürliches Grundvertrauen entgegen. Unter Qualen zu lieben bedeutet höchste Erregung, die immer wieder durch Streit, Eifersucht, zerstörerische Wut und wechselnde Ängste, abhängig zu sein oder verstoßen zu werden, getrübt wird. Wir misstrauen dem anderen

Gut zu wissen

Die Fähigkeit, liebevolle Beziehungen aufzubauen, entwickelt sich sehr früh im Leben. Durch Ihr Beispiel lernt Ihr Kind, Liebe und Zuneigung für andere zu empfinden und zu äußern. Wenn es so aufwächst, dass es fähig ist, harmonisch zu lieben, wird es im späteren Leben

- die richtigen Partner auswählen, indem es auf Menschen zugeht, die ihm guttun
- erfüllte intime Langzeitbeziehungen aufbauen
- fähig sein, Zärtlichkeit, Freundlichkeit, Mitgefühl und Leidenschaft zu empfinden und zu geben
- dem Partner zuhören, ihn beruhigen, trösten und ihm emotional beistehen
- spontan Opfer bringen für den Menschen, den es liebt
- Liebe und Sex verbinden können
- eine intime Beziehung durch Komplimente und Wertschätzung nähren und seine Gedanken und Gefühle auch in schwierigen Situationen mit dem Partner teilen.

grundsätzlich, müssen deshalb ständig beruhigt werden und beginnen zu klammern. Dadurch zerstören wir die Liebe möglicherweise. Ob Ihr Kind in Frieden lieben kann oder später in der Liebe Qualen leidet, wird maßgeblich dadurch beeinflusst, auf welche Art Sie es jetzt lieben und welche Botenstoffe und Systeme dadurch im Gehirn aktiviert werden.

Dieses Kapitel betrachtet die Wissenschaft der Liebe zwischen Eltern und Kindern und ihren Einfluss auf die Fähigkeiten eines Kindes, im späteren Leben bereichernde Beziehungen einzugehen. In Deutschland wird eine von drei Ehen geschieden und die Hälfte der unverheirateten Paare trennt sich vor dem fünften Geburtstag ihres Kindes. Die Hälfte aller Kinder hat bis zum 16. Lebensjahr geschiedene Eltern.[10] Millionen Menschen erfahren also, wie es ist, unter Qualen zu lieben, oder sie sind in ihrer Beziehung emotional ausgehungert. Dieses Kapitel soll Ihnen zeigen, wie Sie vermeiden können, dass Ihr Kind später auf diese Weise leiden muss. Die ersten Erfahrungen mit Ihnen haben enormen Einfluss darauf, wie sich seine genetisch angelegten Systeme für Liebe und menschliche Wärme entfalten.

HARMONISCH LIEBEN – WISSENSCHAFT UND PSYCHOLOGIE

Für ein Kind und seine Eltern oder zwei erwachsene Partner bedeutet harmonisch zu lieben, dass die geliebte Person Sicherheit, Trost und Sinn in unser Leben bringt. Wir vertrauen darauf, dass uns der geliebte Mensch nicht bedrohlich oder respektlos entgegentritt und im Falle eines Streits auch unseren Standpunkt hören wird, um sich dann wieder mit uns zu versöhnen. Wenn wir tiefe Liebe empfinden, fühlen wir uns richtig lebendig. Aber was geschieht im Gehirn, wenn wir dieses Glück erleben, und was hat die Erziehung damit zu tun?

Aktivierung des FÜRSORGE-Systems

Dieses System erstreckt sich über das untere Gehirn. Hier wirken vor allem Substanzen wie Opioide, die von vielen Teilen des Gehirns freigesetzt werden, auch dem vorderen Teil des Gyrus cinguli (siehe S. 21), sowie Prolaktin und Oxytocin (siehe S. 90), die die Hypophyse freisetzt. Wenn wir starke Liebe empfinden, stimuliert das ventrale tegmentale Areal (VTA) durch Dopaminausschüttung ein neuronales Netz im unteren Gehirn und in den Frontallappen. Man denkt, dass das VTA liebevolles Verhalten aktivieren kann.

Wenn die Erziehung ein Kind dazu befähigt, harmonisch zu lieben, wurde die FÜRSORGE tief im unteren Gehirn dauerhaft und regelmäßig aktiviert. Seine Eltern halfen ihm, wenn es wütend oder ängstlich war, nahmen es tröstend in den Arm und hörten ihm zu, statt seine Nöte mit einem simplen »Reiß dich zusammen« abzutun. Nur so bekommt ein Kind die Gewissheit, dass seine Eltern eine »sichere Basis« sind, und egal, ob es verletzend, ängstlich oder unglücklich ist, gefühlvoll und angemessen reagieren. Kinder, die eine sichere Bindung zu ihren Eltern haben, vertrauen darauf, dass ihre Eltern mit den richtigen Worten, der richtigen Energie und der passenden Stimmlage auf sie eingehen, wenn sie glücklich, aufgeregt oder stolz sind. Kurz gesagt, bedeutet eine sichere Bindung, »einem Kind in seinem Schmerz und in seiner Freude zu begegnen«.[11]

Harmonisch zu lieben bedeutet die Aktivierung zahlreicher Glückshormone im Gehirn, einschließlich körpereigener Opioide (siehe S. 90). Es sind diese wiederholt ausgelösten Kaskaden von Glückshormonen, die uns Gefühle der Wärme geben, dafür sorgen, dass wir aus uns herausgehen und uns stark fühlen. Diese Gefühle werden durch Körperkontakt mit unseren Liebsten verstärkt. Berührung in diesem Zusammenhang löst die Ausschüttung von Oxytocin (siehe S. 93) aus, das das Opioidsystem sensibilisiert. Oxytocin und Opioide sind Antiaggressions- und Antifurcht-Substanzen. Wird ihre Ausschüttung ausgelöst, verspüren wir weder Angst noch Wut. Durch ihre Aktivierung entwickelt Ihr Kind die Fähigkeit, mit Stress und den unvermeidlichen schmerzlichen Momenten im späteren Leben fertig zu werden.[12]

Bessere Lebensqualität

Die Aktivierung des FÜRSORGE- (Bindungs-) Systems kann Ihrem Kind auf vielerlei Weise die Sicherheit geben, die es benötigt, um ein gutes, erfülltes und bereicherndes Leben zu führen.

- **Die Fähigkeit zu staunen und den Moment zu genießen** Erlebt Ihr Kind regelmäßig einen neurochemischen »Wohlfühlzustand«, wird es der Welt mit Interesse und Staunen gegenüberstehen, statt ihr mit Misstrauen und Furcht zu begegnen. Die Aktivierung der FÜRSORGE im Kontext einer Eltern-Kind-Beziehung befähigt uns dazu, Momente

Tipp **Besondere Momente**

Die Art, wie Sie Ihr Kind lieben, die emotionale Energie und Qualität Ihrer Liebe, überträgt sich auf die Beziehungen Ihres Kindes zu anderen. Lieben Sie Ihr Kind mit spontaner Zuneigung, befähigen Sie es, mit anderen auf dieselbe Weise umzugehen. Wenn Sie an Ihrem Kind Freude haben und das auch offen zeigen, wird es selbst fähig sein, an anderen Freude zu haben. Wenn Sie Ihre Wärme durch Spaß und Spiel ausdrücken, wird es die Fähigkeit ausbilden, Spaß in seine eigenen Beziehungen zu bringen.

des Staunens und der Faszination zu genießen und emotional aufzutanken.

- **Die Fähigkeit zu Zärtlichkeit und Mitgefühl** Wenn das FÜRSORGE-System im oberen Gehirn koordiniert arbeitet, sind wir großzügig und empathiefähig. Durch eine herzliche, sichere Aufzucht priorisieren manche Primaten wie auch wir Menschen, anderen in Not zu helfen. So fand der Neurowissenschaftler Jean Decety beispielsweise heraus, dass eine sorglose Ratte es vorzog, eine gefangene Ratte zu befreien, statt ein Stück Schokolade zu essen. Und nicht nur das: Die Ratte teilte die Schokolade sogar mit dem befreiten Freund.[13]
- **Psychische Stärke** Forscher haben herausgefunden, dass Opioide auch zu psychischer Stärke beitragen. Kinder, die in Geborgenheit aufwachsen, sind widerstandsfähiger. Sie können sich vom Schock einer schlechten Nachricht – auch wenn sie, wie jeder, anfangs aus der Bahn geworfen werden – schneller davon erholen und klar denken. Eine sichere Bindung bedeutet auch die Fähigkeit, Hilfe bei anderen zu suchen, statt sich durch Drogen, Alkohol, Essen, Zigaretten oder Selbstverletzung zu beruhigen.
- **Beliebtheit und soziales Vertrauen** Studien zeigen, dass Menschen und Tiere mehr Zeit in Gesellschaft von Artgenossen verbringen, bei denen die Glückshormone aktiviert sind. Menschen, die Opioide in unserem Gehirn aktivieren, geben uns Geborgenheit – sie lassen für uns die Sonne scheinen.[14]
- **Bessere körperliche Gesundheit** Ihr Kind hat mit hoher Wahrscheinlichkeit einen besseren körperlichen Allgemeinzustand, weil auch das Immunsystem von einem hohen Niveau der Glückshormone profitiert.[15]

IN QUALEN LIEBEN – WISSENSCHAFT UND PSYCHOLOGIE

Liebt man in Qualen, ob in einer Beziehung zwischen Eltern und Kind oder zwischen zwei Erwachsenen, geht man immer wieder Beziehungen ein, die von psychischem Schmerz geprägt sind. Die Gehirnsysteme WUT, FURCHT und PANIK/TRAUER (siehe S. 35) werden aktiviert. Häufige Vorgänge sind Kritik, Befehle, Herabsetzungen, kaltes Schweigen und manchmal Drohungen, den anderen zu verlassen. Der Schmerz wird noch verschlimmert durch das verbreitete Unvermögen, eine Beziehung zu reparieren, sich zu entschuldigen, die eigene Schuld zuzugeben, Mitgefühl zu zeigen und wieder auf den anderen zuzugehen. Die Forschung zeigt, dass eine gequälte Liebe dazu führt, dass sich die Betroffenen selbst in Stresszustände versetzen, die körperliche und psychische Erkrankungen und oft ein kürzeres Leben zur Folge haben.[16]

Eine solche Eltern-Kind-Beziehung macht das Kind sehr anfällig dafür, später ebenfalls unter Qualen zu lieben. Es kann als Erwachsener:

- Liebe mit Macht und Kontrolle verwechseln
- in destruktiven Beziehungen bleiben
- anderen vor allem mit Kritik, Verachtung, Abwiegeln (kaltes Schweigen) und Abwehr begegnen (Forschungen haben gezeigt, dass dies ein sicherer Weg zu Trennung und Scheidung ist)[17]
- nur kurzfristige intime Beziehungen führen, die nach der Flitterwochenphase scheitern
- so bedürftig nach Liebe sein und sie so verzweifelt haben wollen, dass es andere Menschen, einschließlich der eigenen Kinder, damit vertreibt
- unfähig sein, überhaupt zu lieben.

Auf den folgenden Seiten erfahren Sie, wie Sie auf die emotionalen Bedürfnisse Ihres Kindes eingehen und sicherstellen, dass es in Frieden lieben lernt.

Erziehung zu harmonischer Liebe

Wie können Sie sicherstellen, dass Ihr Kind harmonisch liebt? Manche Eltern glauben fälschlicherweise, dass es genügt, ein Kind zu lieben, um eine sichere Bindung herzustellen. Dem ist aber nicht so. Eine sichere Bindung bedeutet, dass ein Kind darauf vertrauen kann, dass sich der Erwachsene emotional auf all seine emotionalen Bedürfnisse einstimmt.

Die Anpassung emotionaler Reaktionen

Die angepasste emotionale Reaktion, auch bekannt als mütterliche Synchronizität, findet statt, wenn Eltern die Signale ihres Kindes genau und empathisch lesen – sie sind im Einklang. Untersuchungen zeigen, dass Eltern und Kinder sich gegenseitig durch Interaktion von Gesicht zu Gesicht in Intervallen von nur einer Drittelsekunde beeinflussen![18] Ein Kind erfährt dies als tiefe Bindung zu den Eltern.

Um eine angepasste emotionale Reaktion bieten zu können, müssen Sie immer überlegen, wie Sie auf Ihr Kind wirken – und bedenken, dass es Empathie braucht. Sind Sie zu schroff, zu aufdringlich oder zu ängstlich? Klingt Ihre Stimme barsch, gereizt oder zu tief, wenn Ihr Kind gerade einen Moment des Stolzes erlebt? Machen Sie sich dies in jeder Situation klar, egal ob Sie Ihr Kind ankleiden, seine Windeln wechseln oder mit ihm spielen. Denken Sie bei einem älteren Kind darüber nach, wie Sie es disziplinieren, loben und ihm bei Problemen mit Spielkameraden helfen. Es ist wichtig, dass Sie die Bedürfnisse Ihres Kindes in diesen frühen Jahren als Verlangen nach Bindung (das emotional reguliert werden muss) und nicht als Verlangen nach Aufmerksamkeit (das manchmal bestraft wird) betrachten.

Beziehungen zu reparieren ist wichtig

All das klingt, als müssten Eltern in Sachen sensibles Bewusstsein und Empathie Übermenschen sein, und das trotz des Drucks, unter dem sie heutzutage ohenhin stehen. In einer wichtigen Studie zu diesem Thema hat der Entwicklungspsychologe Ed Tronick eine Gruppe Eltern befragt, die eine sichere Bindung zu ihren Kindern hatte, wie oft sie sich emotional an ihr Kind anpassen mussten. Die Eltern gaben an, zu einem Drittel der Zeit sehr gut angepasst und zu einem Drittel nicht gut angepasst gewesen zu sein. Sie hätten dies aber bemerkt und behoben. Während der restlichen Zeit waren sie weniger gut angepasst. Die ersten zwei Drittel waren jedoch ausreichend für das Kind, eine sichere Bindung aufzubauen und in all den zuvor dargelegten Aspekten prächtig zu gedeihen.[19]

Fallstudie **Mit Essen spielen**

Ein Vater und sein dreijähriger Sohn Eric sitzen im Restaurant. Eric fährt seinen Spielzeugzug in seine Spaghetti. Der Vater hebt die Stimme und verbietet ihm das ein wenig zu scharf. Eric erschrickt. Da er aber eine sichere Bindung zu seinem Vater hat, läuft er um den Tisch, um sich vom Vater trösten zu lassen. Der Vater entschuldigt sich: »Es tut mir leid. Ich wollte, dass du damit aufhörst, aber ich hätte dich nicht erschrecken sollen.« Eric hört auf zu weinen und setzt sich glücklich wieder an seinen Platz.

Was passiert, wenn wir den mentalen Zustand des Kindes erfassen

Untersuchungen haben gezeigt, dass bei diesen Eltern in Teilen des Gehirns, dem Nucleus accumbens und dem ventralen tegmentalen Areal (siehe S. 96), Belohnungssysteme aktiviert werden.[20] Das Kind begreift, wie sehr es seine Eltern erfreut, was wiederum die Belohnungssysteme in den gleichen Teilen seines Gehirns aktiviert. So entsteht ein wechselseitiger Kreislauf der Belohnung.[21]

Eltern, die ihre Kinder zu sicheren Bindungen befähigen, setzen die meiste Zeit in ihrem Gehirn optimale Mengen Glückshormone frei und beruhigen ihr Kind so. Es findet auch eine Aktivität in den Teilen ihres eigenen Gehirns (dem präfrontalen Cortex) statt, die im Zusammenhang mit der Theory of Mind (der Fähigkeit, Bewusstseinsvorgänge in anderen wahrzunehmen) mit emotionaler Regulation und Empathie stehen. Wir haben also einen messbaren Beleg dafür, dass Eltern den mentalen Zustand ihres Kindes erfassen.[22] Bei Eltern, die nicht angepasst reagieren, dominieren in Gegenwart ihrer Kinder die Stresshormone.[23] Das ist besonders bei zu hohem Erregungszustand (intrusive Eltern) und zu niedrigem Erregungszustand (depressive Mutter) der Fall.

Wenn die Harmonie fehlt

Was geschieht, wenn es Ihnen einmal nicht gelingt, sich auf die Emotionen Ihres Kindes einzustimmen? Eins vorweg: Es gibt keine Eltern, die zu jeder Zeit emotional perfekt angepasst sind. Auch die erwähnten Studien des US-amerikanischen Psychiaters Ed Tronick und des Kinderpsychologen Donald Winnicott bestätigen: »So etwas wie perfekte Eltern gibt es nicht.«

DAS LEBEN KANN »DAZWISCHENFUNKEN«

Die Realität ist, dass manchmal schlimme Ereignisse das Leben von Eltern oder werdenden Eltern aus der Bahn werfen. In diesen Fällen ist es absolut verständlich, wenn das Gefühl für eine freud- und liebevolle Erziehung eine Zeit lang verloren geht. Wenn Ihre Lebensumstände sehr schwierig sind, können Ihr FURCHT- und PANIK-/TRAUER-System dauerhaft aktiviert werden. Dann blockiert Ihr hoher Stresshormonspiegel die opioidvermittelnden Gefühle (aus dem SPIELTRIEB- und dem FÜRSORGE-System) für Ihr Kind. Deshalb ist Ihr Umgang mit dem Kind dann weder herzlich und liebevoll noch spielerisch oder empathisch. Zudem versuchen Sie vermutlich verzweifelt, Ihre eigenen Gefühle der Furcht, Wut oder Trauer in den Griff zu bekommen, und können deshalb nicht zu jeder Zeit emotional angepasst auf Ihr Kind eingehen. Niemand trägt die Schuld, wenn solche Dinge geschehen. Wenn Mütter unter prä- oder postnataler Depression leiden, ist die Situation ähnlich. Das ist ganz schlicht die biochemische Realität Ihres Gehirns. Sie können sich dann nicht einfach »zusammenreißen«. Sie brauchen Hilfe.

Gut zu wissen

Kinder lieben Spielzeug mit Funktionen. Drückt man einen Knopf, kommt ein Geräusch. Besonders mögen sie es, wenn das Geräusch lauter wird. Wenn Ihr Kind Sie zum Schimpfen bringt, sind Sie das perfekte Spielzeug! Schenken Sie ihm jetzt einen positiven Beziehungsmoment, wiegt die Aktivierung von Opioiden in seinem Gehirn den schnellen Adrenalinkick auf, den es bekam, indem es Sie ärgerte.

Ihre eigene Erziehung kann Ihre Empathiefähigkeit beeinflussen

Manche Eltern sind nicht in der Lage, sich emotional auf ihre Kinder einzulassen, weil sie Methoden anwenden, mit denen sie selbst erzogen wurden.

Fest entschlossen, die Fehler ihrer Eltern nicht zu wiederholen, fallen sie oft ins andere Extrem. Waren Ihre Eltern zu streng, sind Sie vielleicht zu nachsichtig und umgekehrt. Oder Sie folgen dem Muster Ihrer Eltern, sind aber emotional unbeteiligt oder intrusiv.

Gut zu wissen

Spannender Freizeitspaß mit Kindern sorgt zwar für Dopamin, aktiviert aber nicht die lebenswichtige Opioidausschüttung in ihrem Gehirn, durch das sie emotionalen Schmerz mit Empathie und Körperkontakt lindern können. Wenn Sie gern mit Ihrem Kind etwas unternehmen, aber nicht gut auf seinen emotionalen Schmerz eingehen, ist es unwahrscheinlich, dass Sie die Beziehung zu ihm dadurch stärken.

WENN SIE SICH NICHT AUF IHR KIND EINSTELLEN KÖNNEN

Akzeptieren Sie die Tatsache, dass es Ihnen aus unverschuldeten Gründen einmal nicht gelingt, sich emotional auf Ihr Kind einzuschwingen. Stellen Sie sich dann folgende Fragen:

- **Ziehe ich mich zurück,** wenn mein Kind in Nöten ist, statt es zu trösten?
- **Empfinde ich die Zeit** mit meinem Kind zunehmend als anstrengend, sodass ich mich zurückziehe oder im Gegenteil oft ärgerlich und gereizt reagiere?
- **Versuche ich verzweifelt,** eine Beziehung zu meinem Kind aufzubauen, habe aber das Gefühl, dass es das nicht möchte?
- **Vermeidet mein Baby/Kind** absichtlich Augenkontakt?
- **Zeigt mir mein Kind nicht,** wenn es Probleme hat?
- **Hat mein Kind** zu einem anderen Familienmitglied eine tiefere Bindung als zu mir? Vermeidet es mich aktiv – verbringt es lieber Zeit mit Computer oder Tablet statt mit mir?

Wie Sie erkennen, wann Sie intrusiv sind

Eine intrusive Erziehung findet statt, wenn man die Signale eines Kindes nicht erkennt und ihm stattdessen die eigenen Bedürfnisse aufzwingt. Anzeichen dafür sind, wenn man einem Baby bei den Mahlzeiten übertrieben oft den Mund abwischt oder es hochnimmt, wenn es sich gerade beruhigt hat. Oder man gibt einem Kind ständig Anweisungen wie: »Mach das«, »Setz dich da hin«, »Nimm dieses Spielzeug« usw. Das Kind wird dann durch Zwang geführt. Eltern halten dabei eher Vorträge, statt dem Kind wirklich zuzuhören. Manche Eltern bemerken es nicht, wenn sie zu angespannt, intrusiv, fordernd oder herrisch mit ihrem Kind umgehen. Sie können sich nicht in die Gefühle und Bedürfnisse ihres Kindes hineinversetzen. Aufgrund eigener unerfüllter Bedürfnisse in der Kindheit erwarten manche Eltern unbewusst, dass ihr Kind auf sie eingeht statt umgekehrt.

Die Forschung zeigt, dass bei intrusiver Erziehung eine stärkere Amygdala der Eltern aktiviert wird, was zu Übererregung führt, die Beunruhigung beim Kind auslösen kann. Das Kind kann darauf reagieren und sich zurückziehen. Stresssysteme werden im Gehirn der Eltern und des Kindes aktiviert, wenn sie zusammen sind. Bei Säuglingen und Kleinkindern steigt der Cortisolspiegel und dieser kann wiederum zu noch intrusiverem Verhalten der Mutter führen. Ohne Mienenspiel des Babys sinkt der Dopamin- und Oxytocinspiegel im Gehirn der Eltern, was beim Baby die Vermeidung von Augenkontakt zur Folge haben kann.[24]

Depression oder emotionaler Rückzug

Studien mit depressiven Müttern haben ergeben, dass sie oft leise und wenig mit ihrem Baby sprechen und weniger spielerisch und fürsorglich sind.[25] Die Säuglinge sind oft lethargisch, unglücklich und zeigen selbstberuhigendes Verhalten. Wenn Sie sich darin wiedererkennen, machen Sie sich keine Vorwürfe. Wie wir sehen werden, können Sie noch eine enge Beziehung zu Ihrem Baby aufbauen, wenn Sie sich Hilfe holen. Suchen Sie sich so lange jemanden, der emotional freier ist als Sie und sich mit Ihrem Baby spielerisch beschäftigen kann.

- **Was im Gehirn der Eltern geschieht.** Gehirnscans depressiver Mütter zeigen einen relativ reaktionsarmen präfrontalen Cortex, wenn ihr Baby weint. Sehen sie positive Bilder ihres Babys, ist die Aktivierung der Amygdala gering – das bedeutet eine geringe emotionale Erregung beim Anblick ihres Babys.[26] Durch unzureichende Stressregulationssysteme im Gehirn haben betroffene Eltern Schwierigkeiten, mit ihrem eigenen Stress umzugehen, und reagieren entweder über oder unter, wenn ihr Kind unglücklich ist.[27] Mütter mit posttraumatischem Stress haben ein erregtes FURCHT-System. Sie neigen dazu, sich von einem verzweifelten Baby zurückzuziehen und sind weniger »verfügbar«.[28]

• **Was im Gehirn des Kindes geschieht.** Babys spüren es, wenn ihre Mutter unglücklich ist. Sie erfassen die Atmosphäre über Stimme und Gesichtsausdruck der Mutter in Millisekunden. Veränderungen der Physiologie, der Herzfrequenz, des Vagotonus (siehe S. 49) und der Cortisolwerte beeinträchtigen Schlaf, Nahrungsaufnahme, Stuhlgang und sogar das Immunsystem des Babys.[29] Der Teil des Gehirns, der für den Wunsch, mit anderen Personen Kontakt aufzunehmen, verantwortlich ist, wird bei elf bis 17 Monate alten Babys mit depressiven Müttern nicht durch spielerische Interaktion angeregt. Wissenschaftler fanden heraus, dass bei Babys, deren Mütter sie mit ausdruckslosem Gesicht ansahen, das Stressniveau in die Höhe schoss.[30] Selbst das Gehirn eines vier- bis siebenjährigen Kindes kann dadurch hohe Cortisolwerte aufweisen und erhöht das Risiko für spätere psychische Erkrankungen.[31] Fehlende emotionale Interaktion mit der Mutter besonders in den frühen Lebensmonaten kann sich noch bei Teenagern in erhöhten Cortisolwerten niederschlagen. In manchen Fällen führt das zu geringerer Sozialkompetenz und psychischen Störungen. Kinder von Müttern mit postnataler Depression neigen später selbst zu Depressionen.[32]

Fallstudie **Konkurrenz um Liebe**

Mein Kind liebt das Kindermädchen mehr als mich! Die Opioidaktivierung im Gehirn reguliert die emotionale Bindung. Wenig emotionale Eltern können nicht mit einem liebevollen Kindermädchen mithalten, das das weinende Kind in den Arm nimmt, es in die Luft wirft und in gemeinsamer Freude durchkitzelt. Ein solches Kindermädchen ist ein Geschenk für Ihr Kind. Es legt die Grundlagen für seine zukünftige Gesundheit und aktiviert regelmäßig das FÜRSORGE-System und den SPIELTRIEB.

WIE SIE EMOTIONEN KORRIGIEREN KÖNNEN

Es ist nie zu spät, seine negativen biochemischen Systeme durch eine gute Therapie oder Beratung zu verändern. Auch bei einem Erwachsenen können die Stirnlappen und Stressregulationssysteme beeinflusst werden. Eine Therapie ist ein Geschenk für Ihr Kind, und Sie haben jemanden, der Ihnen bei Ihren schmerzlichen Erfahrungen helfen kann. Studien zufolge wirkt sich eine erfolgreiche Therapie der Eltern sehr positiv auf ihre Kinder aus.[33] Zwischenzeitlich können andere Familienmitglieder für eine sichere Bindung sorgen. Solange Ihr Kind regelmäßig eine herzliche Bezugsperson hat, geht es ihm emotional gut.

Wenn Kinderherzen brechen

Was passiert, wenn ein Kind seelische Schmerzen leidet, etwa durch das Auseinanderbrechen der Familie oder einen Todesfall, oder wenn es einen Elternteil an Drogen, wegen einer Krankheit oder an ein neues Baby verliert? Dieses Kapitel erklärt, wie Sie der Trauer oder dem Schmerz Ihres Kindes mit Liebe begegnen.

Wie wir gesehen haben, können die Opioide, die durch das Zusammensein mit einem geliebten Menschen freigesetzt werden, das Gefühl in uns hervorrufen, dass in unserer Welt alles in Ordnung ist. Wenn wir diese Liebe verlieren oder sie in irgendeiner Art bedroht ist, verflüchtigt sich unser Wohlbefinden vollends.

Wie sich Trauer und Verlust auf das kindliche Gehirn auswirken
Trauer kann in Schlüsselbereichen des Gehirns zusammen mit einer Verminderung der Bindungshormone Oxytocin und Prolaktin einen Opioidabfall verursachen. Das bewirkt eine spürbare Zunahme von negativen sowie einen Rückgang von positiven Gefühlen.[34] Sind die Bindungshormone optimal im Gehirn aktiviert, können sie auf natürliche Weise unsere Anspannungen, Ängste und Stressreaktionen verringern. Sinkt der Opioidspiegel, werden Angst und Stress nicht mehr in gleicher Weise reguliert und können mit Vehemenz zurückkehren.

Bei einem Kind mit gebrochenem Herzen ist das PANIK-/TRAUER-System im primitiven Säugerhirn stark aktiviert (siehe S. 31). Es erlebt Trauer, Trostlosigkeit, Einsamkeit und oft auch Panik. Der Schlüssel zum PANIK-/TRAUER-System ist der Botenstoff Glutamat, der eine wichtige Rolle für unsere Fähigkeit spielt, Gedanken zu formen. Trauer kann das Glutamat zu stark aktivieren. Das kann heftiges Weinen verursachen und uns für die tröstende Wirkung z. B. von Musik oder die Gesellschaft von Freunden blockieren.[35]

Wir kennen den Schmerz eines gebrochenen Herzens in der Kindheit aus Beobachtungen an verwaisten Primaten wie Schimpansen, die innerhalb weniger Wochen nach dem Verlust ihrer Mutter aus Trauer sterben, obwohl sie körperlich in der Lage wären zu überleben.[36]

Wenn Kinder große Trauer spüren, können sie ihren Lebenswillen verlieren. Statistiken zufolge haben rund 5 Prozent der Kinder von 5–16 Jahren den Tod eines Elternteils, Geschwisters oder engen Freundes erlebt.[37] Ein Todesfall ist einer der Hauptgründe, warum ein junger Mensch Selbstmord begeht. Hinzu kommt, dass Menschen, die den plötzlichen Tod eines Familienmitglieds oder Freundes erlebt haben, eine um 65 Prozent höhere Wahrscheinlichkeit haben, selbst einen Suizidversuch zu unternehmen, wenn dieser geliebte Mensch sich das Leben genommen hat.[39]

»Meine Welt liegt in Trümmern.«

Ein Kind kann auch leiden, ohne eine Bezugsperson durch Tod oder Scheidung zu verlieren, wenn Eltern körperlich anwesend, aber unfähig sind, Liebe zu zeigen. Unzuverlässige elterliche Liebe (ständiger Wechsel zwischen liebevoll und emotional abwesend) ist eine Achterbahnfahrt für den Opioidspiegel im kindlichen Gehirn. Ein Kind kann zwischen starker Opioidaktivierung und plötzlichem schmerzlichem Opioidabfall gefangen sein. Dieser Zyklus weckt Sehnsucht und kann zu Abhängigkeit von diesem Elternteil führen, sodass ein Kind im späteren Leben nur unter Qualen lieben kann.[38]

Gut zu wissen

Ob sich ein trauerndes Kind wieder fängt oder nicht, kann in hohem Maße davon abhängen, ob eine mitfühlende Lehrkraft sich die Zeit nimmt, einem trauernden Kind zu helfen. Manchmal ist es einfacher für ein Kind, mit einer Lehrkraft oder einem Therapeuten zu sprechen als mit einem Elternteil, aus Furcht, dass »sich Mama aufregt, wenn ich darüber spreche, dass Papa uns verlassen hat«.

Wenn Verlustgefühl an die Stelle der Trauer rückt

Die Nachrichten berichten oft von Kindern und Jugendlichen, die nach einem Verlust zu kriminellem oder asozialem Verhalten neigen. Früher sprach man von zerrütteten Familienverhältnissen, doch dieser Ausdruck hat einen beschämenden Beigeschmack. In Wahrheit wehren sich Kinder, die einen traumatischen Verlust erlitten haben, gegen den Schmerz, indem sie wütend werden, denn Wut ist leichter zu ertragen als Trauer. Angesichts der Biochemie im Gehirn wundert das nicht. Wir haben bereits gesehen, dass Trauer zu einem Opioidabfall führen kann. Da Opioidsysteme an der Regulierung emotionaler Zustände beteiligt sind, bedeutet ein Opioidabfall, dass wir wütend und angespannt sind, ohne diese Gefühle regulieren zu können. Opioide und Oxytocin sind auch wirksame Anti-Aggressionsstoffe, deshalb führt ihr Abfall zu noch größerer Wut. Zusätzlich aktiviert Liebesschmerz CRF.

- **CRF (Corticotropin-Releasing Factor)** Ein hoher Spiegel dieses Stresshormons blockiert Dopamin, Serotonin und Noradrenalin und verstärkt die Neigung zu Ausbrüchen von Gereiztheit, Wut oder Zorn.
- **Acetylcholin** Fallen die Opioidwerte ab, werden im Gehirn »gegnerische Kräfte« freigesetzt, u. a. große Mengen Acetylcholin. Bei optimalen Acetylcholinwerten sind wir aufmerksam und konzentriert, erhöhte Werte jedoch machen uns wütend, feindselig und häufig gereizt.

Veränderte chemische Prozesse im Gehirn

Wenn ein Kind aus dem Verlust der Liebe heraus in Wut verfällt oder in Trauer stecken bleibt, kann dies schwerwiegende Folgen in Gestalt langfristiger Verhaltensprobleme und Lernschwierigkeiten haben. Untersuchungen zeigen, dass Häftlinge viel häufiger als die Allgemeinbevölkerung einen Trauerfall erlebt und die meisten einen traumatischen Verlust erlitten haben, der zu unbewältigter Trauer führte.[40]

Viele unglückliche Kinder verhalten sich aufgrund der veränderten Chemie in ihrem Gehirn wütend und aggressiv. Tragischerweise fällt es der Gesellschaft nur allzu leicht, Kinder zu hassen, die aufgrund erlebten Unglücks zornig geworden sind. Sie würde sie am liebsten ausschließen – aus Schulen und dem Gesellschaftsleben generell. Solche Kinder brauchen Hilfe und Mitgefühl, keine Bestrafung. Es ist zu hoffen, dass die wachsende Kenntnis um die Veränderungen im Gehirn eines Kindes, welche durch den Verlust eines geliebten Elternteils oder seiner Liebe entstehen, in der Gesellschaft die Bereitschaft weckt, verstärkt Therapiemöglichkeiten bereitzustellen.

Die Bedeutung von liebevoller Zuwendung

Kinder mit gebrochenem Herzen müssen nicht zu zornigen oder gewalttätigen Erwachsenen werden. Wenn ein trauerndes Kind einen Menschen an seiner Seite hat, der seinen Schmerz erkennt (auch wenn es ihn gut verbirgt) und ihm Trost bietet, hat es alle Chancen, ein emotional stabiler Erwachsener zu werden. Die chemische Situation in seinem Gehirn, die den Weg für Feindseligkeit und Gewalt im späteren Leben bereitet, kann verändert werden. Körperlicher Trost bei Trauer setzt Opioide und Oxytocin frei, die wiederum die toxischen Substanzen, die im Gehirn Schaden anrichten, deaktivieren.

Deshalb ist es so wichtig für ein Kind, das unter einem Verlust leidet, liebevolle Zuwendung zu erhalten – auch wenn es sich nichts anmerken lässt. Besonders Schulen sollten verstärkt ein Augenmerk auf Kinder haben, die eine Bezugsperson verloren haben oder zu Hause an einem Mangel an Liebe zu leiden scheinen. Rechtzeitige Hilfe kann solchen Kindern oft jahrelanges Leid ersparen.

Geschwisterrivalität

Einem älteren Kind mit neugeborenem Geschwisterchen sieht man den Kummer darüber an, dass alles, was ihm bisher zuteilwurde, nun dem neuen Baby geschenkt wird. Unterschätzen Sie die Belastung der Geschwisterrivalität nicht. Die Annahme »Ich bin für meine Mutter nicht so liebenswert wie meine kleine Schwester« kann das Wohlergehen des älteren Kindes nachhaltig beeinträchtigen.

Zur Rivalität unter Geschwistern gehört oft der Schmerz über die liebevolle Zweisamkeit der Mutter mit einem Rivalen, der den gleichen Anspruch auf ihre Zuneigung hat. Der Psychotherapeut Otto Weininger beschreibt den Kern dieses Liebesschmerzes so: »Es gibt zwei Menschen, die das haben, was ich möchte, und sie geben es sich nur gegenseitig, aber nicht mir.«[41] Hirnscans bestätigen, dass das Gefühl, »außen« zu stehen, Schmerzzentren im Gehirn aktivieren kann.[42] Aggressives Verhalten und Impulsivität durch den Schmerz der Eifersucht werden meist durch einen Opioidabfall und einen erhöhten Glutamatspiegel im Gehirn verursacht, die durch die Wahrnehmung als Außenseiter entstehen (siehe S. 106). Deshalb treten nach der Geburt eines neuen Babys bei einem älteren Geschwister oft Verhaltensprobleme auf, die von Rückentwicklung, Bettnässen und Angststörungen über Aggression bis zu Problemen in der Schule oder mit Freundschaften reichen können.

HELFEN SIE IHREM GRÖSSEREN KIND

Ihr Kind wird nicht zu Ihnen kommen und sagen: »Ich glaube, du magst meinen Bruder lieber als mich, und das tut mir weh.« Eher zeigt es Ihnen seinen Schmerz durch sein Verhalten.[43] Es kann dem Geschwisterchen wehtun oder trotzig und launisch sein.

Um Ihren Kindern beizustehen, beobachten Sie sie sorgfältig. Seien Sie besonders wachsam, wenn ein Kind Sie bei einem liebevollen intimen Moment mit Ihrem anderen Kind beobachtet. Wenn die Eifersucht auf ein Geschwisterchen in Streit ausartet, sprechen Sie mit Ihrem Kind. Vielleicht haben Sie eine Puppenfamilie im Haus, die Ihrem älteren Kind helfen kann, schwierige Gefühle auszudrücken.

Hier ist das Beispiel einer Mutter, die einen Ausweg für dieses Problem gefunden hat. Mithilfe von Handpuppen brachte sie ihre Tochter Laura dazu, ihren kleinen Bruder Georgie nicht mehr zu drangsalieren. Laura sollte eine Puppe für sich und eine für ihre Mutter aussuchen. Laura wählte für sich eine Robbe, für ihre Mutter einen Braunbären. Die Mutter forderte Laura auf, mit dem Daumen nach oben zu zeigen, wenn die Robbe ihre Gefühle richtig beschrieb, und nach unten, wenn das nicht der Fall war. Lauras Mutter hatte in jeder Hand eine Puppe und spielte ein Gespräch. Sie ließ die Robbe sprechen: »He, Braunbär, es war viel besser, bevor Baby Georgie da war. Ich hatte dich ganz für mich allein. Jetzt ist Georgie da und mein Herz tut mir weh.«

Laura zeigte sehr entschieden mit dem Daumen nach oben. Der Bär antwortete: »Es tut mir leid, dass du solche Herzschmerzen hast, kleine Robbe. Wie mutig du bist, mir das zu sagen. Aber du bist meine ganz besondere Robbe und Baby Georgie kann niemals den ganz besonderen Platz in meinem Herzen einnehmen, der ganz allein dir gehört. Ich hab dich so lieb und es tut mir leid, dass ich manchmal vergesse, es dir zu zeigen.« Der Bär umarmte die Robbe und küsste sie.

Solches Mitgefühl aktiviert Opioide im Gehirn und gibt dem Kind große Sicherheit. Laura war zu ihrem Bruder nicht mehr aggressiv.

Gut zu wissen

Wenn die Aufregung und der Reiz des Neuen nachlassen, können beim älteren Kind schmerzliche Gefühle an die Oberfläche treten:

- das Gefühl, das fünfte Rad am Wagen zu sein
- das Gefühl, dass das Geschwisterchen bevorzugt wird
- das Gefühl, im direkten Vergleich mit seinem Rivalen der Mutterliebe nicht wert zu sein
- das Gefühl, unsichtbar zu sein
- das Gefühl, dass nicht genug Liebe für alle da ist
- das Gefühl: »Mein Platz im Herzen meiner Mutter ist unsicher. Meine Bindung zu ihr ist zerbrechlich.«

Mit Hass umgehen

Es ist wichtig, als Eltern die Rivalität unter Geschwistern ernst zu nehmen. Weigern sie sich, diese wahrzunehmen, birgt das Risiken für die Entwicklung des Gehirns eines Geschwisterchens, wenn es mit unbegründetem Hass konfrontiert wird. Das menschliche Gehirn ist sehr anpassungsfähig, besonders in den ersten Lebensjahren. Ist ein Kind häufig Angriffen ausgesetzt, stellt sich sein Gehirn schnell auf den Überlebenskampf in einer tyrannischen Welt ein (siehe S. 148-149).

SIE KÖNNEN SICH AUCH SPÄTER NOCH IN IHR KIND VERLIEBEN

Eltern lieben nicht alle ihre Kinder gleich, sondern unterschiedlich stark und auf verschiedene Weise. Wenn Sie einem Kind mehr Liebe geben, sollten Sie aktiv werden, um die Bindung zum anderen Kind zu stärken. Planen Sie jede Woche gute »Eins-zu-eins«-Zeiten mit jedem Kind ein, z. B. kindgeführtes Spiel oder einen Zoobesuch.

Manchmal ist es schwierig, ein Kind zu lieben. Vielleicht sind Sie blockiert und begegnen Ihrem Kind mit Wut oder sehen es als Feind. Möglicherweise waren Sie das benachteiligte Kind in Ihrer Familie und wiederholen das jetzt unbewusst mit einem Ihrer eigenen Kinder. In diesem Fall brauchen Sie Hilfe, keine Kritik. Werden nicht ausreichend Bindungshormone in Gegenwart Ihres Kindes aktiviert, können Sie für es auch keine Liebe empfinden. Zuallererst gilt es herauszufinden, was Ihr FÜRSORGE-System blockiert. Wenn die Ursache dafür in Ihrer Kindheit liegt, sollten Sie eine Eltern-Kind-Therapie erwägen oder sich psychologisch beraten lassen. Sie können sich immer noch in Ihr Kind verlieben, auch nach einem holprigen Start.

Fallstudie **Der magische Stein**

Wenn Joe so wütend wird, dass er am liebsten um sich schlagen würde, weil seine kleine Schwester seine Mutter ganz in Anspruch nimmt, steckt er seiner Mutter einen besonderen Stein in die Tasche. Sie schlug ihm das vor, weil er zu seiner Schwester immer aggressiver wurde und seine Gefühle nicht ausdrücken konnte. Der Stein ist ein Hinweis für die Mutter, Joe ein ganz besonderes Lächeln oder eine Umarmung zu schenken und mehr innige Momente mit ihm zu verbringen. Sie lobt Joe, weil er sie auf seinen Schmerz aufmerksam macht, und reagiert sehr liebevoll, sodass Opioide, Oxytocin und Prolaktin in seinem Gehirn aktiviert werden. Tiere mit hohen Opioid- und Oxytocinwerten wollen nicht kämpfen, und sicherlich wird auch Joe seine kleine Schwester nicht mehr drangsalieren.

Auf den Punkt gebracht

- **Um ein Leben lang** friedvoll lieben zu können, müssen sich Kinder der bedingungslosen Liebe ihrer Eltern sicher sein.

- **Wenn Kinder unter Qualen lieben,** kann sich das auf ihre Fähigkeit auswirken, dauerhafte Beziehungen einzugehen.

- **Intensive »Eins-zu-eins«-Momente** mit Ihnen sind der Grundstein für das Selbstwertgefühl Ihres Kindes.

- **Lernen Sie, emotionale Dissonanzen** zu erkennen und zu reparieren – erkennen Sie, wann Sie sich entschuldigen müssen.

- **Nehmen Sie sich Zeit,** die schmerzlichen Gefühle Ihres Kindes zu verstehen. Das stärkt die Beziehung zwischen Ihnen.

- **Kinder mit gebrochenem Herzen** brauchen besonders viel Mitgefühl und Verständnis.

Die Chemie *von Antrieb & Willen*

Das folgende Kapitel stellt den ENTDECKERDRANG in den Mittelpunkt. Dieses System im (Säuger-) Gehirn Ihres Kindes reguliert seinen Wunsch, voller Begeisterung die Welt zu erkunden – jetzt und in Zukunft. Als Eltern haben Sie auch auf dieses System entscheidenden Einfluss. Ist der ENTDECKERDRANG optimal aktiviert, entwickelt Ihr Kind im späteren Leben den nötigen Antrieb und den Willen, seine Pläne in die Tat umzusetzen, Interessen mit Hingabe zu verfolgen und langfristig tiefe Befriedigung in Beruf und Leben zu finden.

Der ENTDECKERDRANG

Im unteren oder primitiven Säugerhirn liegt der ENTDECKERDRANG, eines der sieben genetisch verankerten Systeme. Wenn es gut arbeitet, ist es ein wunderbar effizientes System, um voller Energie neue Dinge zu erforschen und herauszufinden, was die Welt zu bieten hat.[1] Es stimuliert unsere Neugier und unser Interesse und fördert nachhaltig unsere Motivation, Ziele zu erreichen.

Um seine Träume und Ambitionen mit dem notwendigen Nachdruck und der Ausdauer zu verfolgen, braucht Ihr Kind diese wichtigen Fähigkeiten. Es überrascht daher nicht, dass »ein hoher Grad an Antrieb und Energie« die Liste der laut Harvard Business Review unabdingbaren Eigenschaften für beruflichen Erfolg anführt.

Alle Säuger haben einen ENTDECKERDRANG, und wenn sie emotional gesund sind, zeigen sie im Leben Engagement, Forschergeist, Neugier und den Wunsch, die Welt zu erkunden. Arbeiten die Stirnlappen des oberen Gehirns beim Menschen gut koordiniert mit dem ENTDECKERDRANG zusammen, können Menschen unglaublich

Tipp **Sprechen Sie mit Ihrem Kind**

Sie können das ENTDECKERDRANG-System ihres Kindes optimal anregen, indem Sie mit ihm über neue und spannende Dinge sprechen. So aktivieren Ihr Interesse, Ihre Neugier und Ihr eigener, hochaktiver ENTDECKERDRANG einen optimalen Dopaminspiegel im Gehirn Ihres Kindes. Nehmen Sie sich Zeit, mit ihm über die Dinge zu sprechen, die Sie z. B. bei Ausflügen gesehen haben. Erzählen Sie ihm von Ihren Interessen. Sie werden erstaunt sein, wie viel Ihr Kind davon aufnimmt.

kreativ sein und tiefe, langfristige Erfüllung finden. Die kreative Union zwischen unterem und oberem menschlichen Gehirn ist für viele Aktivitäten verantwortlich: vom Wunsch eines Kindes, eine prächtige Sandburg zu bauen, bis hin zum Erwachsenen, der aus einer im Restaurant diskutierten Idee ein erfolgreiches Unternehmen macht.

Ein in der Kindheit optimal aktivierter ENTDECKERDRANG vervielfacht die Chancen eines Erwachsenen,

- seinen Träumen und Ideen nachzugehen und sie zu realisieren
- ein Ziel zu verfolgen, das weit über den persönlichen Gewinn hinausgeht
- tiefe Befriedigung aus dem Wissen zu ziehen, durch seine Talente und Fähigkeiten die Welt positiv zu beeinflussen
- Ideen zu entwickeln und den Antrieb zu haben, sie zu verfolgen. Kann er andere dafür gewinnen, hat er die sozialen Fähigkeiten zu kreativen Gemeinschaftsunternehmen.[2]

DOPAMIN IST DER GROSSE »LICHTSCHALTER«

Der ENTDECKERDRANG wird von vielen Botenstoffen bestimmt, aber Dopamin (siehe S. 95) ist der Stoff, der die Dinge ins Rollen bringt. Es ergießt sich vom Nucleus accumbens über den Stirnlappen und schürt aufregende Ideen, Neugier, Antrieb und Willen. Demzufolge regt der ENTDECKERDRANG besonders die kognitiven Bereiche der Stirnlappen an und deshalb haben wir Vorstellungen von unseren Möglichkeiten und davon, was wir jetzt und in Zukunft machen wollen. Das ist das genaue Gegenteil von Depression!

Zum Erfolg angefeuert

Wie Jaak Panksepp sagt: »Wenn viele Dopaminsynapsen feuern, fühlt sich ein Mensch in der Lage, alles zu erreichen.«[3] Mit Dopamin ist Ihr Kind nicht nur in der Lage, eine großartige Idee zu haben, sondern auch, diese zielgerichtet in die Realität umzusetzen. Sein Gehirn gewöhnt sich an einen optimalen Spiegel von Dopamin in Kombination mit Opioiden und weiteren wichtigen Antifurcht- und Antiaggressionssubstanzen (siehe S. 90–91) des ENTDECKERDRANGS, wenn Sie ihn in der Interaktion mit Ihrem Kind regelmäßig aktivieren.

Den ENTDECKERDRANG fördern

Der ENTDECKERDRANG ist wie ein Muskel. Je mehr Sie ihn besonders in der Kindheit aktivieren, desto stärker wird er und desto mehr wird er Teil der Persönlichkeit. Dieses Kapitel erklärt, wie Sie den ENTDECKERDRANG Ihres Kindes optimal fördern. Sehen wir aber zuerst, was passiert, wenn man ihn nicht »trainiert«.

EIN UNTERBEANSPRUCHTES ENTDECKERDRANG-SYSTEM

Wenn Kinder stundenlang vor dem Fernseher herumhängen, verkümmert ihr ENTDECKERDRANG. Statistiken belegen einen durchschnittlichen Fernsehkonsum bei Kindern in europäischen Ländern von rund 26 Stunden pro Woche. Der daraus resultierende niedrige Dopaminspiegel kann zu Aufschiebeverhalten, unkreativem Denken und Lethargie führen. In Deutschland beispielsweise waren von September 2022 bis 2023 über 240 000 junge Menschen zwischen 15 und 24 Jahren weder in Ausbildung noch in Arbeit.[4] Es ist schockierend, dass bei so vielen der Entdeckerdrang nicht gefördert wurde und sie damit nicht in der Lage sind, ihre Träume und Pläne zu verfolgen – oder sie von vornherein gar keine hatten.

Durch Furcht blockiert

Was ist mit diesen desillusionierten jungen Menschen geschehen? Leider blockieren manche Eltern unabsichtlich den ENTDECKERDRANG ihrer Kinder, weil sie nicht wissen, wie verletzlich er ist. Er sollte jedoch mit größtem Respekt und mit der größten Vorsicht behandelt werden.

Sind Eltern zu kritisch oder perfektionistisch, blockiert das FURCHTSYSTEM des Kindes den ENTDECKERDRANG. Die Unterdrücker und Entmutiger im Leben eines Kindes – zu Hause oder in der Schule – haben eine immense Macht. Das können jedoch nicht immer nur Eltern und Lehrer sein, sondern auch Geschwister und

Verwandte. Der ENTDECKERDRANG eines Kindes reagiert sehr empfindlich auf Kritik oder gereizte Reaktionen. Hier sind einige Beispiele:

- **Befehle:** »Mach das nicht!«
- **Negatives Lehren:** »Du hast den Tintenfisch falsch gezeichnet. Siehst du, du hast einen Arm vergessen. Zeichne ihn noch einmal richtig.«
- **Zu viele »Neins«:** »Nein, hör auf damit, die Farbe läuft auf den Boden!«
- **Kritik:** »Du schmierst überall herum. Versuche sauber zu arbeiten.«

Die Scham darüber, getadelt worden zu sein, löst das FURCHT-System im Gehirn aus. Die Forschung zeigt, dass Gehirn und Körper eines Kindes, das sich beschämt fühlt, auf die gleiche Weise reagieren, wie wenn sie geschlagen wurden. Der Körper aktiviert entzündungsfördernde Zytokine, genau wie bei einer körperlichen Wunde. Das ist schlimm genug, aber eine Zytokine-Überproduktion kann z. B. zu Arthritis, Hautkrankheiten und Autoimmunerkrankungen führen.[5]

Fehlende Motivation

Erwachsene und Kinder mit niedrigem Dopaminspiegel können unter Depressionen, Interesselosigkeit und Motivation leiden und zu Aufschiebeverhalten neigen. Konzentrationsprobleme, fehlender Wille, Angefangenes zu Ende zu bringen, und Unentschlossenheit können ebenfalls die Folge sein. Die mangelnde natürliche Erregungsfähigkeit gleichen diese Menschen oft durch einen »Kick« mithilfe von Drogen oder riskanten Extremsportarten aus. Teenager nehmen Psychostimulanzien, die ihnen das Gefühl geben, »ihre Ziele mit derselben Energie zu verfolgen, wie sie es mit einem gut entwickelten ENTDECKERDRANG täten«. Kokain versetzt sie in »einen energiegeladenen Zustand psychischer Stärke und Verbundenheit mit ihrer Umgebung«.[6]

Eltern mit einem niedrigen Dopaminspiegel, besonders jene, deren FURCHT-, WUT- oder PANIK-/TRAUER-System ihren ENTDECKERDRANG blockieren, können unbeabsichtigt den ENTDECKERDRANG ihres Kindes hemmen. Solche Eltern sind oft zu gestresst oder zu depressiv, um mit ihrem Kind zu spielen.

Wie beeinflussen Computerspiele und Fernsehen das Gehirn meines Kindes?

Die Ergebnisse von über 4000 Studien zeigen bei Kindern einen Zusammenhang zwischen einem hohem Konsum von Gewalt im Fernsehen und aggressivem Verhalten, schlechten schulischen Leistungen und stereotypem Verhalten im Hinblick auf Geschlecht, Herkunft und Alter. Das Anschauen von Gewalt im Fernsehen führt häufig zu motorischen Programmierungen im Gehirn: Das Kind übt Gewalttaten, die es sieht, in Gedanken ein. Die Erinnerung an einen verstörenden Film kann im Gehirn ebenso abgespeichert werden wie ein reales traumatisches Erlebnis.[7] Das Spielen gewalttätiger Videospiele, bei denen es Ziel ist, Figuren zu verletzen, wurde ebenfalls mit Aggression in Verbindung gebracht. [8] Im Gegensatz dazu zeigt die Forschung, dass die positive Erfahrung, mit anderen kreativ zu sein, durch die Aktivierung von Dopamin im Gehirn ein Gefühl der Erheiterung hervorruft.[9]

Lässt sich der ENTDECKERDRANG auch später noch aktivieren?
Vielen Menschen fällt es schwer, im Erwachsenenalter Antrieb zu entwickeln, wenn er in der Kindheit nicht geweckt wurde. Dennoch kann eine Krise oder ein Schock, wie eine schwere Erkrankung oder der Verlust eines »sicheren« Arbeitsplatzes, ein Weckruf sein, ebenso wie das Kennenlernen eines lebenslustigen Menschen. Viele Menschen benutzen diesen »Muskel« dann zum ersten Mal. Manchen Erwachsenen bleibt dies aber verwehrt. Sie profitieren niemals richtig von ihrem ENTDECKERDRANG.

DURCH ERZIEHUNG DEN ENTDECKERDRANG AKTIVIEREN

Um den ENTDECKERDRANG in der Kindheit optimal zu aktivieren, braucht es die bestmögliche Umgebung (siehe auch S. 138–143). In der Vergangenheit war vielen Eltern nicht klar, wie wichtig die bewusste Förderung des ENTDECKERDRANGS ist – und die, die es wussten, hielten es oft für ausreichend, das Thema den Schulen zu überlassen. Aber in den Lehrplänen besonders der weiterführenden Schulen sind »Eins-zu-eins«-Aktivitäten, die für Antrieb, Leidenschaft und Beharrlichkeit wichtig sind, nicht vorgesehen.

Bei der optimalen Aktivierung des ENTDECKERDRANGS geht es darum, auf das Kind individuell einzugehen – als kommentierende, lobende Eltern, die positive Gefühle teilen. So bleibt das Kind mit Begeisterung bei der Sache (siehe nächste Seite).

Fallstudie **Anregungen am Strand**

Wenn Ted seinen Sohn Jake mit an den Strand nimmt, beginnt er sofort Zeitung zu lesen und sagt zu Jake, er solle sich amüsieren. Jake lässt den Sand durch seine Finger rinnen, hebt ein paar Steine auf, schlägt sie gegeneinander und stellt sich ins Wasser. Nach 15 Minuten möchte er nach Hause gehen. Ohne Anregungen von seinem Vater, was man am Strand alles machen kann, wird der Entdeckerdrang in Jakes Gehirn nur sehr spärlich aktiviert. Er benötigt eine »Starthilfe«.

Ein anderes Mal kommt Sally, eine Bekannte der Familie, mit zum Strand. Sally hat eine Schaufel und einen Eimer mitgebracht und zeigt Jake, wie man ein Loch in den Sand gräbt und ein Sandauto baut, in dem man sitzen kann, oder eine Sandburg. Sie hat auch an ein paar Spielzeugautos gedacht, die Jake sich sofort nimmt und um seine Burg fahren lässt. Wenn Jake in sein Spiel vertieft ist, kann auch Sally für eine Weile Zeitung lesen.

Gut zu wissen

Kinder mit einem starken Entdeckerdrang finden Spielmöglichkeiten, wo sie auch hinsehen! Eltern, Aufsichtspersonen und Lehrer können dies durch ein inspirierendes Umfeld fördern, das Platz, Spielsachen, verschiedene Gegenstände und vor allem Ideen bereithält.

Viele Eltern spielen nicht so mit ihren Kindern, mit dem Ergebnis, dass zu viele Kinder später ein »normales« Leben führen und nicht das außergewöhnliche, zu dem sie vielleicht fähig wären.

Der ENTDECKERDRANG der Erwachsenen

Ermutigen Sie es von Anfang an, zu experimentieren und Dinge zu erforschen, Sie wecken damit die Neugier Ihres Kindes. Machen Sie es auf die Wunder der Welt aufmerksam: »Schau mal, da!« Reden Sie mit ihm, wenn Sie im Park, beim Einkaufen oder zu Hause beim Spielen sind.

Aufgrund eigener Kindheitserfahrungen sind manche Eltern jedoch nicht sehr gut darin, den Dopaminspiegel ihres Kindes zu erhöhen (vielleicht haben sie selbst wenig Unterstützung ihrer eigenen Kreativität oder zu viele entmutigende Situationen erfahren). Ist das bei Ihnen der Fall, überlassen Sie diese Aufgabe einem anderen Erwachsenen, der ein guter Dopaminaktivator ist und regelmäßig mit Ihrem Kind spielen kann. Auch Teenager profitieren bis zum Alter von 30 Jahren davon. Sie sind weniger depressiv, alleinstehend, getrennt oder geschieden, leben seltener in Sozialwohnungen, sind seltener arbeitslos oder haben seltener ein geringes Einkommen.[10]

Es ist wichtig, für spontane Aktivitäten offen zu sein

Durch sich spontan ergebende, intensive Aktivitäten mit Ihrem Kind fördern Sie auch seine Fähigkeit, an gemeinschaftlichen Unternehmungen Spaß zu haben. Machen Sie Vorschläge wie:

- »Lass uns mal was ausprobieren und eine Sandburg bauen!«
- »Lass uns mal aus der Bettdecke ein Zelt bauen!«

Helfen Sie Ihrem Kind, im »Fluss« zu bleiben

Im »Fluss« zu sein bedeutet, sich in einem unbeschwerten und dabei hoch konzentrierten Bewusstseinszustand zu befinden. Dieser Zustand wird erreicht, wenn man in eine Sache so vertieft ist, dass alles andere, auch das Zeitgefühl und die Angst vor Fehlern, ausgeblendet ist. Es entsteht ein Zustand höchster Euphorie, in dem man eine Aufgabe mit Spaß und Freude ohne Anstrengung ausführt.[11] Unterstützen Sie Ihr Kind, in diesem Zustand zu bleiben. Am besten steigen Sie in dieses vertiefte Tun ein, indem Sie es kommentieren, loben und Vorschläge machen. Wenn Ihr Kind z. B. einen Zaubertrank aus Mehl und Wasser auf dem Küchenboden macht, sagen Sie nicht: »Was soll die Sauerei, mach das sofort sauber!«, sondern legen eine Zeitung aus und unterstützen es, indem Sie Requisiten wie Krüge, Schüsseln und Löffel oder weitere »Zutaten« für den Zaubertrank bereitstellen.

Begleitetes Spiel

»Warum braucht mich mein Kind? Es scheint wunderbar allein zu spielen.« Natürlich ist es auch wichtig, dass Ihr Kind einige Zeit allein spielt. Das verschafft ihm eine Auszeit und die Möglichkeit, Dinge »sensorisch« im eigenen Tempo zu erfassen, eigene Ideen zu entwickeln sowie die Gewissheit zu bekommen, bestimmte Aufgaben allein lösen zu können. Kinder brauchen beides, das Spiel für sich

Tipp **Spaß im Freien**

Kinder jeden Alters lieben das Gefühl von Platz und Freiheit, wenn sie draußen spielen. Zeigen Sie ihnen, was es alles zu entdecken gibt und was Spaß machen könnte.

Manchmal brauchen Kinder kleine Anregungen wie »Ob du es wohl schaffst, auf diesen Hügel zu klettern?«, um mit dem Spiel zu beginnen. Sind sie aber einmal inspiriert, können sie stundenlang beschäftigt sein und ganz vertieft.

und das Spiel mit Erwachsenen. Beim Spiel mit Erwachsenen geht es um die Aufmerksamkeitsspanne. Auf die Botenstoffe im Gehirn bezogen bedeutet das, den Dopaminfluss aufrechtzuerhalten, damit der Zustand von Aufmerksamkeit, Kreativität und Vorstellungskraft zum Persönlichkeitsmerkmal wird. Die Aufmerksamkeitsspanne eines zweijährigen Kindes liegt zwischen 15 Sekunden und zwei Minuten, wenn es allein spielt. Jüngere Kinder können eine Aktivität oft nur beginnen oder sich nur dann länger darauf konzentrieren, wenn man mit Anregungen und Kommentaren auf sie eingeht – mit anderen Worten, Kinder müssen Ihr Dopaminsystem für sich nutzbar machen. Setzen Sie einen Zweijährigen mit tollem Sandspielzeug in einen Sandkasten, wird er vermutlich einfach nur dasitzen. Wenn Sie ihm aber zeigen, was er damit alles anstellen kann, wird er sich damit beschäftigen.

Denken Sie an einen Dreijährigen, dessen Eltern ihn beim Spielen in seiner ganz eigenen Miniwelt beobachten. Der kleine Junge lässt einen Dialog zwischen einer Zahnbürste, einer Banane und einem Frosch entstehen. Das ist fabelhaft! Dennoch würde das Spiel nach einer Minute enden. Wenn Sie Ihrem Kind zuhören, seine Ideen durch Beobachtungen und Kommentare weiterentwickeln und in sein

Tipp **Kommentieren**

Kommentieren Sie die Aktivitäten Ihres Kindes. Es hilft ihm, mit Interesse bei der Sache zu bleiben, und schenkt ihm das positive Gefühl, etwas Interessantes in der Welt bewegen zu können. Es fühlt sich wichtig und lernt, dass seine Tätigkeit es wert ist, fortgesetzt zu werden.

Rollenspiel respektvoll und mit Interesse einsteigen, wird es dieses wunderbare Gefühl kennenlernen, in eine fantastische Welt einzutauchen, weil Sie mit ihm »gereist« sind. Welch ein Schub für sein Selbstbewusstsein! Es hat sich auch gezeigt, dass verbal aufmerksames Verhalten der Eltern die exploratorischen, sprachlichen und sozialen Fähigkeiten ihres Kindes fördert.[12]

In diesen frühen Jahren machen Kinder von Ihren entwickelten Stirnlappen Gebrauch, »leihen« sich das Dopamin von Ihnen aus, um eigene Ideen zu entwickeln und ihre Aufmerksamkeitsspanne und Aufnahmefähigkeit zu erhöhen. Das Spiel mit Erwachsenen kann ein Kind zu ausgeprägter Fantasie, Kreativität und zur Entwicklung von Spielthemen anregen. Umgekehrt hemmt Isolation den ENTDECKER-DRANG erwiesenermaßen.[13] Die Vorteile einer anregenden Spielumgebung (siehe S. 126–130) versiegen, wenn ein Kind allein spielt.

Die Bedeutung des »Kommentierens«

Statt an Ihrem Kind vorüberzugehen, wenn es beschäftigt ist (und zu denken: »Zum Glück beschäftigt es sich selbst.«), unterstützen Sie es in seiner Tätigkeit durch eine wichtige Kommunikationsstrategie, das »Kommentieren« (siehe S. 182–183). Beschreiben Sie, was Ihr Kind macht: »Ah, du spürst das Wasser an deiner Hand, plitsch, platsch!«, oder: »Einen tollen Steinberg hast du gebaut.« Stellen Sie keine Fragen (»Was machst du da?«). Wenn es antworten muss, wird sein Spielfluss unterbrochen. Die Funktion der Stirnlappen ist bei Ihrem Kind noch unausgereift. Deshalb ist es kein schlechtes Benehmen, wenn es nicht antwortet. Es kann einfach noch nicht so schnell »umschalten«. Ihr Kommentieren hilft, das Interesse eines Kindes aufrechtzuerhalten, und fördert sein Selbstwertgefühl.

Eltern sollten witzig und aufregend sein

Gibt es einen Konflikt, lösen Sie ihn mit spielerischem Humor. Seien Sie ein wenig surreal und nutzen Sie Ihre Kreativität. Wenn Ihr Kind z. B. sagt: »Ich gehe nicht ins Bett!«, können Sie antworten: »Möchtest du auf meinem Rücken mit dem Raumschiff ins Bett fliegen?« Statt sein Verhalten zu bestrafen, lenken Sie es in eine andere Aktivität um.

Die beste Umgebung

In der Hirnforschung gibt es einen Bereich, der sich speziell mit den Auswirkungen einer anregenden Umgebung auf das Gehirn befasst. Studien haben gezeigt, dass Situationen, die ein Kind auf vielfältige Weise beschäftigen (siehe unten), nicht nur den ENTDECKERDRANG aktivieren, sondern auch unglaublich positive Veränderungen des Gehirns mit sich bringen.

WAS IST EINE ANREGENDE UMGEBUNG?

Eine anregende Umgebung beschäftigt ein Kind zeitgleich auf die folgenden Arten:

- kognitiv (das Kind denkt)
- physisch (das Kind bewegt sich)
- sozial (das Kind interagiert mit Ihnen und/oder anderen)
- sensorisch (alle Sinne werden angesprochen: Tast-, Gesichts-, Hör-, Geruchs- und Geschmacksinn).

Aktivitäten wie freies kreatives Spiel oder das Gestalten eigener Miniwelten schaffen eine anregende Umgebung für Ihr Kind. Durch Ihr Kommentieren und Nachahmen bleibt Ihr Kind »im Fluss«. Mit Ihrer Unterstützung ist Ihr Kind auf alle vier Arten aktiv.

Was geschieht im Gehirn?

Versuche, bei denen ein oder mehrere der vier oben aufgeführten Faktoren weggelassen wurden, bewirkten nicht die gewünschte positive Veränderung im kindlichen Gehirn. Ist die Umgebung aber optimal anregend wie oben beschrieben, wirkt sie sich auf folgende Weise auf das Kind aus:

- Sie senkt den Stresshormonspiegel.
- Sie macht ängstliche Kinder aufgeschlossener (und wirkt den negativen Auswirkungen von erlebtem Stress entgegen).[14]
- Sie regt das Wachstum neuer Gehirnzellen an (Neurogenese).[15] In einer faszinierenden Studie wurden Ratten in eine anregende Umgebung mit »Röhren, Laufrädern, neuem Futter und sozialer Interaktion«

»Wir fliegen zum Mond.«

Ermutigen Sie Kinder zum Kreativspiel, indem Sie Ideen und Gegenstände mit Kreativpotenzial zum Spielen anbieten. Zeigen Sie ihnen, wie sie auf einem Besen zum Mond fliegen können, suchen Sie Elfen oder bauen Sie ein Schloss. Die Kinder werden schnell begeistert sein. Einfache »Spielsachen« wie Töpfe und Pfannen, eine Schüssel mit Wasser oder ein Behälter mit Sand genügen normalerweise jedem Kind, um mit dem Spiel zu beginnen. Es ist nicht notwendig, jede Menge teuer hergestelltes Spielzeug zu kaufen. Kinder lieben es, eigene Spielmöglichkeiten zu entdecken, wenn sie erst einmal begonnen haben.

Tipp **Miniwelten**

Kinder lieben es, Miniwelten zu erkunden. Wählen Sie Spielzeug, das die Fantasie anregt und freies kreatives Spiel vereinfacht. Schaffen Sie eine Spielwelt auf einem Tisch oder einem Tablett mit ausklappbaren Beinen, so können mehrere Kinder damit spielen.

gesetzt. Zwei Monate später hatten sie 50 000 Gehirnzellen mehr auf beiden Seiten des Hippocampus.[16]

- Sie sorgt für einen starken Ausstoß des erstaunlichen »Gehirndüngers« BDNF (Brain-derived Neurotrophic Factor).

Langzeitvorteile

Der Hippocampus ist ein Schlüsselsystem im Gehirn Ihres Kindes, der mit dem Gedächtnis zusammenhängt (siehe S. 21) und sehr wichtig für die Lernfähigkeit Ihres Kindes ist. Wir wissen aus Tierversuchen, dass der Hippocampus nach dem Spiel in einer anregenden Umgebung höhere Werte des »Gehirndüngers« und die Bildung neuer synaptischer Verbindungen zeigt.[17]

Untersuchungen bestätigen, dass vernachlässigte Kinder, die von drei bis fünf Jahren im Kindergarten eine anregende Umgebung hatten, als Erwachsene sozial, emotional sowie akademisch besser gestellt waren als Kinder, die keine anregende Umgebung hatten. Im Alter von elf Jahren wurden mit diesen Kindern EEG-Tests (Messung der Gehirnströme) und Hautleitungstests (Messung des körperlichen Erregungsgrades) durchgeführt. Sie waren aufmerksamer und ihre Körperfunktionen waren ausgeglichener – der Schlüssel für gute Entscheidungsfähigkeit, Gefühlsverarbeitung und Kontaktfreude.[18]

SCHAFFEN SIE EINE ANREGENDE UMGEBUNG

Damit eine Umgebung, eine Aktivität oder ein Spielzeug anregend sind, müssen sie neu für das Kind sein. Wenn es Tag für Tag dasselbe Spielzeug bekommt, wird die oben beschriebene vorteilhafte Wirkung verfehlt, wie Versuche mit Schimpansen zeigten: Gibt man ihnen eine Banane, werden die Dopaminsysteme aktiviert. Gibt man ihnen noch eine und noch eine, wird die Dopaminausschüttung immer schwächer, bis sie sich schließlich von den Bananen abwenden. Sie werden dieses Phänomen auch beim Spielzeug Ihres Kindes bemerkt haben. Sie bringen freudig ein neues Spielzeug nach Hause und Ihr Kind spielt begeistert damit. Nach zwei Tagen verliert es das Interesse daran und Sie ärgern sich: Sie haben sich Gedanken gemacht und Geld ausgegeben und Ihr Kind scheint das nicht zu schätzen.

Das bedeutet aber nicht, dass Sie ständig Spielzeug kaufen sollten. Es gibt zahllose Möglichkeiten, mit geringem Aufwand anregende Spielsituationen und Miniwelten zu schaffen. Schaffen Sie ein großes schwarzes Plastiktablett an. Setzen Sie darauf kleine Spielzeugtiere, Selbstgesammeltes – Holzstücke, Steine, Blätter – oder sogar Nahrungsmittel. Kreieren Sie jede Woche eine neue »Welt«. Sie müssen dafür nicht viel Geld ausgeben. Kinder spielen z. B. liebend gern mit Wasser. Oder erschaffen Sie mit Lebensmittelfarben eine essbare Welt wie bunten Reis oder Spaghetti. Hier sind einige Anregungen:

- Schneewelt (verwenden Sie Dekoschnee oder Schaumstoff)
- Bauernhof (verwenden Sie Frühstücksflocken als Heu)
- Strandwelt mit Sand und Tieren
- lustige Badewelten mit buntem Schaum oder ein Glibberbad mit Käfern und anderen Plastiktieren darin.

Können Kinder nicht einfach mit anderen Kindern spielen?

Manche vier- bis fünfjährigen Kinder (besonders jene, die viel Eltern-Kind-Spiel genießen konnten) können manchmal mehr als 20 Minuten lang zusammen an einer Miniwelt spielen, bevor einer den anderen angreift, sie sich um ein Spielzeug streiten oder einer das Interesse verliert. Das Spiel mit anderen Kindern ist großartig, um soziale Fähigkeiten wie Geben und Nehmen oder das Eingehen auf die Ideen anderer zu erlernen. Bei Kindern über fünf Jahren klappt das noch besser. Sie können bei ihren Fantasiespielen »im Fluss« bleiben und entwickeln das Spiel über eine beträchtliche Zeit ohne Ihre Hilfe weiter (umso mehr, wenn Sie in den frühen Jahren viele Eltern-Kind-Spiele gemacht haben). Trotzdem: Auch wenn sich Kinder miteinander gut in ein Spiel vertiefen können, bleibt das Eltern-Kind-Spiel ein unverzichtbarer Eckpfeiler zur Entwicklung von Antrieb, Willen und Kreativität.

Kinder haben einfach nicht die hochentwickelten Stirnlappen eines Erwachsenen. Durch das Spiel mit einem sozial intelligenten Erwachsenen erlernen Kinder die »Feinabstimmung« (hinsichtlich Gebrauch von Stimme, Worten, Tonlage und Bewegung) und durch sensibles Kommentieren erhalten sie die Bestätigung ihrer Ideen und Spielfantasien. So gesehen sind Eltern auch natürliche Spieltherapeuten. Eine bedeutende Untersuchung befasste sich mit 93 verschiedenen Studien zur Spieltherapie. Die besten Ergebnisse wurden nicht beim Spielen eines Kindes mit dem Therapeuten im Therapieraum erzielt, sondern dann, wenn Eltern in der häuslichen Umgebung im kindgeführten Spiel unterwiesen wurden (Kommentieren, Mitspielen, dem Kind folgen, Rollenspiele, Kinder durch adäquates Loben engagiert bei der Sache halten).[19] Mit anderen Worten: Eltern unterstützen den ENTDECKERDRANG ihres Kindes am besten.

Zudem unterstützen Sie durch Eltern-Kind-Spiel in der Zeit von der Geburt bis zum fünften Lebensjahr die Entwicklung der Fantasie Ihres Kindes als eine Kernkompetenz.

Tipp **Schatzkisten**

»Schatzkisten« sind perfekt für Babys zwischen sechs und 18 Monaten. Die Kinderpsychologin Elinor Goldschmied prägte den Ausdruck »heuristisches Spiel«. Damit ist gemeint, dass man einem Baby natürliches »Spielzeug« anbieten sollte, denn sie befand, dass Objekte aus Plastik die Sinne eines Kleinkinds nicht so gut stimulieren wie natürliche.

Stellen Sie für Ihr Kleinkind also eine Schatzkiste zusammen. Legen Sie interessant geformte Stücke aus Pappe, Holz, Gummi, Kunstfell und Watte in einen Korb. Legen Sie Wäscheklammern, Küchenutensilien, Sandtiere, Muscheln, Bänder, Wolle, Tannenzapfen, Bürsten oder Türstopper hinzu – alles, nur keine Plastikteile. Setzen Sie sich zu Ihrem Baby und folgen Sie ruhig seinem Spiel. Kommentieren und loben Sie Ihr Kind, wenn es eines der Dinge herausnimmt.

Auf den Punkt gebracht

- **Sorgen Sie in den frühen Jahren** beim Eltern-Kind-Spiel für viele fantasievolle Aktivitäten, um den ENTDECKERDRANG Ihres Kindes optimal zu entwickeln. Arbeitet dieses System gut, wird Ihr Kind Appetit aufs Leben haben sowie die nötige Neugier und den Antrieb, seine kreativen Ideen in die Realität umzusetzen.

- **Als Eltern können wir** durch Entmutigung, zu viele Befehle und »Neins« sowie verängstigende oder beschämende Disziplinierung leicht den Willen eines Kindes brechen und seinen Forscherdrang ersticken.

- **Schaffen Sie jede Woche** ein neues anregendes Umfeld für kreatives freies Spiel oder eine Miniwelt mit natürlichen Objekten sowie Tieren und Menschen als Spielfiguren. Das wird Ihr Kind kognitiv, physisch, sozial und sensorisch stimulieren – ohne dass Sie ständig neues Spielzeug besorgen müssen.

Die soziale *Intelligenz Ihres Kindes*

Die Fähigkeit, tiefe menschliche Beziehungen aufzubauen, ist die Grundlage unserer mentalen Gesundheit und Zufriedenheit. Die Qualität des Kontakts, den wir zu anderen Menschen herstellen, ist vermutlich ausschlaggebend für unsere Lebensqualität. Wir können uns nur durch Beziehungen zu anderen gut entwickeln. Dieses Kapitel zeigt aus Sicht von Neurowissenschaft und Psychologie, was Ihr Kind in die Lage versetzt, später langwährende Liebesbeziehungen zu führen, die nicht in Zerstörung und Schmerz münden.

Soziale Intelligenz entwickeln

Mit anderen Menschen auszukommen erfordert soziale Intelligenz – was allerdings nichts mit dem Intellekt zu tun hat. Es gibt viele kluge Menschen, die über eine geringe soziale Intelligenz verfügen und denen es daher schwerfällt tiefe, befriedigende, innige und dauerhafte Beziehungen zu führen.

Zudem sind die Kontakte dieser Menschen zu anderen meist flach, von Trägheit und Humorlosigkeit geprägt. Sie interessieren sich einfach nicht wirklich für die Personen, mit denen sie zu tun haben. Sie mögen im Beruf erfolgreich sein, versagen jedoch im Privatleben. Studien aus der Geschäftswelt zeigen jedoch, dass nicht die Entschlossensten am erfolgreichsten sind, sondern jene, die das größte Gespür für die Gefühle und Bedürfnisse anderer haben. Für soziale Intelligenz gibt es aber kein Gen. Um soziale Fähigkeiten zu entwickeln, braucht Ihr Kind Ihre Unterstützung.

Viele Kinder erhalten nicht die nötige Unterstützung

Beziehungsfähigkeit und soziale Intelligenz sind notwendig, um langfristig tiefgehende, liebevolle Beziehungen zu führen, zu nähren und weiterzuentwickeln. Millionen Menschen gelingt das nicht, weil das, was sie von ihren Eltern im Hinblick auf soziale Intelligenz und Beziehungsfähigkeit gelernt haben, sie nicht dazu befähigt. In Deutschland endet eine von drei Ehen mit der Scheidung[1] und 50 Prozent der zusammenlebenden Paare trennt sich, bevor ihr Kind das fünfte Lebensjahr erreicht. Ein Viertel aller Kinder leidet unter der Trennung der Eltern[2] und ebenso viele Kinder müssen miterleben, wie sich ihre Eltern ständig streiten und anschreien.[3] Untersuchungen zeigen außerdem, dass qualitativ schlechte Paarbeziehungen sich negativ auf die körperliche Gesundheit auswirken, sie sogar schädigen.[4] Aber allein zu leben ist oft auch keine gute Lösung, denn Einsamkeit ist genauso

schlecht fürs Immunsystem wie Fettsucht oder das tägliche Rauchen von 15 Zigaretten.[5]

Kinder brauchen die Hilfe ihrer Eltern

Auf die emotionalen Signale anderer zu reagieren, ist der Schlüssel zur sozialen Intelligenz. Studien zeigen, dass 11-jährige Kinder, die gut auf die Gefühle eines anderen Kindes reagierten, eine signifikant höhere Wahrscheinlichkeit hatten, dass ihre Eltern gut auf ihre eigenen Gefühle reagierten.[6] Damit Kinder Beziehungsfähigkeit entwickeln können, müssen wir Eltern sie ihnen vorleben. Sie müssen Ihrem Kind zeigen, dass Sie folgende Fähigkeiten haben:

- Sie nehmen Anteil am Leid anderer Menschen.
- Sie sind fähig zu reflektieren und nicht nur zu reagieren, wenn Sie auf jemanden böse sind.
- Sie können eine Beziehung bei Problemen reparieren.
- Sie können Ärger und Verletztsein auf eine respektvolle Art deutlich machen, die den anderen nicht beschämt oder kritisiert.
- Sie hören anderen mit echtem Interesse zu.
- Sie können andere Menschen trösten und emotional regulieren.

Manche Wege zu sozialer Intelligenz können Kindern durch das Lehren spezifischer Fähigkeiten geebnet werden, andere nicht. Das liegt daran, dass soziale Interaktionen sehr subtil und hochkomplex

Fallstudie **Verletzungen heilen**

Als Sarah ein Kind war, wurde sie von ihrer depressiven Mutter ständig angeschrien. Ihr Vater konnte mit Kindern nicht gut umgehen, weshalb er wenig Kontakt zu Sarah hatte. Der Austausch mit seiner Tochter drehte sich die meiste Zeit darum, sie »auf Linie« zu bringen. Weder ihre Mutter noch ihr Vater konnten einfühlsam auf Sarahs Gefühle reagieren, weil ihre eigenen Eltern nicht einfühlsam auf deren Gefühle reagiert hatten.

Dadurch lernte Sarah, dass Beziehungen Macht, Verletzung und Zurückweisung bedeuten. Wenn Sarah im Laufe ihres Lebens nette Leute kennenlernte, wollte sie sie daher immer kontrollieren, sodass diese sich von ihr zurückzogen. Sie konnte mit Menschen nicht anders umgehen. Als Sarah ihren Arbeitsplatz verlor, weil sie ihre Kollegen mobbte, wurde ihr klar, dass sie eine Therapie benötigte. Mit ihrem Therapeuten konnte sie über ihre einsame Kindheit sprechen. Sarah lernte mit der Zeit, herzlicher und sanfter mit anderen umzugehen. Jetzt ist sie glücklich verheiratet und ihre Kinder fühlen sich von ihr geliebt und bei ihr geborgen.

sind. Sie können Ihrem Kind grundlegende soziale Regeln beibringen, z. B. wie es ein anderes Kind fragt, ob es sein Freund sein möchte, über Gefühle zu sprechen, Nein zu sagen und jemanden höflich um etwas zu bitten. Aber soziale Intelligenz ist weit mehr als das. Sie können Ihr Kind nicht lehren, vom Schicksal anderer ergriffen oder emotional warm zu sein – entweder es besitzt diese Fähigkeit oder nicht. Sie können Ihrem Kind weder beibringen, neugierig auf andere Menschen zu sein, noch ihm die Gabe verschaffen, dies so auszudrücken, dass sich die andere Person geschätzt und interessant fühlt. Ebenso wenig können Sie Ihr Kind lehren, einen Menschen zu beruhigen und zu trösten, wenn er in Nöten ist. All diese menschlichen Begabungen können sich nur entwickeln, wenn Ihr Kind in seinem Gehirn die dafür notwendigen Bahnen und biochemischen Reaktionssysteme zusammen mit einer wirklich verinnerlichten Reaktion angelegt hat. Dies wiederum kann nur mithilfe besonderer Beziehungserfahrungen erfolgen, die mit den Eltern beginnen. Es gibt Erwachsene, die in der Kindheit niemals diese notwendigen »Eins-zu-eins«-Momente erlebt haben und deshalb der Entwicklung ihrer sozialen Intelligenz im Stadium eines Kleinkinds stehen geblieben sind.

DIE WISSENSCHAFT SOZIALER INTELLIGENZ

Soziale Intelligenz beinhaltet die koordinierte Zusammenarbeit der Bahnen zwischen oberem und unterem Gehirn. Sie als Eltern haben starken Einfluss darauf, wie gut sich die Netzwerke im Gehirn Ihres Kindes entwickeln. Hat ein Kind hauptsächlich oberflächliche emotionale Bindungen in der Familie erlebt, wird es vermutlich aufwachsen, ohne zu wissen, wie man tiefergehende Beziehungen zu anderen Menschen aufbaut. Waren die Eltern-Kind-Interaktionen oft beängstigend, beschämend oder verletzend, wird es später anderen gegenüber misstrauisch und Freundschaftsangebote, Freundlichkeit oder Mitgefühl zurückweisen, weil diese gefährlich erscheinen. Ist ein Kind oft Zeuge elterlicher Auseinandersetzungen, wird es lernen, dass Beziehungen durch Macht und Kontrolle definiert sind, oder es wird auf die Verletzungen und Wut anderer mit Macht und Kontrolle reagieren.

Warum hat die Erziehung so starken Einfluss auf das soziale Gehirn eines Kindes?

Auch im Erwachsenenalter können starke Beziehungen noch die soziale Intelligenz unterstützen, das geschieht nicht nur in der Kindheit. Aber wir müssen offen für Veränderungen sein. Das Problem ist, dass negative Bindungserfahrungen in der Kindheit sehr leicht prägend für das gesamte Leben sein können. Erleben Kinder zu Hause hauptsächlich oberflächliche emotionale Bindungen, werden ihnen tiefere Bindungen im späteren Leben vermutlich verschlossen bleiben, weil sie es in der Kindheit nicht erlernt haben. Ein Kind wird Freundschaftsangeboten, Freundlichkeit und Mitgefühl offener gegenüberstehen, wenn die Beziehung zu den Eltern von Empathie geprägt ist. Andernfalls wird es eher misstrauisch sein. Erlebt ein Kind nur von Ärger und Dissonanz geprägte Eltern-Kind- oder Mutter-Vater-Interaktionen, wird das den Glauben, dass Beziehungen von Macht und Kontrolle geprägt sind, lebenslang verankern.

Das sensible Gehirn und soziale Intelligenz

Im Gehirn Ihres Kindes spielen verschiedene Bereiche für seine soziale Intelligenz eine zentrale Rolle: die Stirnlappen, das Kleinhirn (Cerebellum), das Corpus callosum und der vordere Teil des Gyrus cinguli. Durch einen einfühlsamen Erziehungsstil können sich in diesen Gehirnregionen neue Bahnen ausbilden.

Die wichtigen Stirnlappen

Hier ist ein Schlüsselbereich der sogenannte Orbitofrontalbereich. Die Bildung neuer Bahnen in dieser Region wird Ihr Kind mit der Zeit dazu befähigen, die sozialen und emotionalen Signale einer Person genau zu lesen und sensibel darauf zu reagieren. Interessanterweise ist dieser Teil des Gehirns bei depressiven Kindern und Erwachsenen weniger aktiv, was ihre soziale Empfindsamkeit beeinträchtigt. Neue Bahnen, die den Orbitofrontalbereich mit dem unteren Säugerhirn verbinden, können Ihr Kind befähigen, seine primitiven Furcht- und Wutimpulse im Zaum zu halten und starke körperliche Erregungszustände zu regulieren. Diese Verbindungen, sogenannte »Top-down-Pfade«[7], spielen eine zentrale Rolle für die Fähigkeit, Beziehungen zu kitten.

Eine weitere wichtige Region des höheren Gehirns ist der ventromediale Bereich (siehe S. 20) des präfrontalen Cortex. Die hier angelegten Bahnen sind wichtig für die Entwicklung des Selbstbewusstseins Ihres Kindes und seiner Fähigkeiten zu verhandeln, Entscheidungen zu treffen, Konflikte zu lösen und ein guter Teamplayer zu sein. Starke Verbindungen vom ventromedialen Bereich zum unteren Gehirn können auch intensive Gefühle beruhigen und Ihr Kind befähigen, über diese nachzudenken, statt sie in Wutausbrüchen, Agitation oder Angst zu entladen.[8]

Die Rolle des Kleinhirns

Diese Struktur befindet sich hinter dem Hirnstamm, am untersten Teil des Gehirns (siehe S. 18). Gute Elternarbeit kann die Bahnen zwischen den Frontallappen (siehe oben) und dem Kleinhirn legen. Diese Bahnen ermöglichen es Ihrem Kind, zu lernen, seine Reaktion auf das, was eine andere Person sagt, genau abzustimmen und ihr einen angemessenen emotionalen Ausdruck zu geben. Sie können Ihrem Kind auch helfen zu lernen, seine Aufmerksamkeit von einem Aspekt eines Gesprächs zu einem anderen zu wechseln. Wissenschaftler haben erst kürzlich erkannt, dass das Kleinhirn am Sozialverhalten beteiligt ist. Untersuchungen an Kindern mit Autismus zeigen fast immer Fehlbildungen in diesem Teil des Gehirns.[9]

Tipp **Teilen lehren**

Es ist eine wahre Kunst, wenn Eltern Kindern, in deren Gehirn viele primitive Instinkte aktiviert wurden, bei schmerzvollen Auseinandersetzungen helfen können. Anstatt zu schreien, wenn sie sich um ein Spielzeug streiten, sollte man sich als Elternteil auf die Ebene der Kinder begeben und anerkennen, wie schmerzhaft es ist, zu teilen, und ihnen dann helfen, sich zu versöhnen. Welch ein Geschenk für die Eltern, ihren Kindern erfolgreich gezeigt zu haben, dass auch die schmerzlichsten Konflikte gelöst werden können.

Verbindung von rechter und linker Gehirnhälfte

Die linke Hirnhälfte beherbergt unsere Sprachzentren für das Verstehen und die Bildung der Sprache, die rechte Hälfte registriert hauptsächlich Gefühle. Arbeitet das Corpus callosum richtig, hilft es uns, unsere Gefühle in Worte zu fassen. Während die linke Hirnhälfte nur schwache Verbindungen zum unteren, emotionalen Gehirn und zur Rückkopplung von körperlicher Erregung hat, ist die rechte Hälfte ein stark emotionaler Bereich mit ausgeprägten Verbindungen zu Emotionssystemen und »Bauchgefühlen«. Es erfasst eine emotionale Atmosphäre sehr schnell. Bei Säuglingen und Kleinkindern ist diese Struktur noch in der Entwicklung, daher ist die Kommunikation zwischen den Hirnhälften sehr schwach und sie reagieren eher unreflektiert auf stressreiche Ereignisse.

- **Sie können die Kommunikation zwischen den Hirnhälften unterstützen.** Man könnte annehmen, Kinder könnten Gefühle gut in Worte fassen. Das ist jedoch nicht der Fall, weil das Corpus callosum noch nicht voll entwickelt ist. Kinder neigen also dazu, ihre Gefühle auszuagieren, weil sie aus dem Gefühl und nicht aus der Reflexion heraus handeln. Wenn Sie Ihrem Kind helfen, seine Gefühle in Worte zu fassen, entwickelt sich sein Corpus callosum. Hatten Erwachsene diese Hilfe in ihrer Kindheit nicht, werden sie unter Stress immer noch unreflektiert reagieren. Die Expertinnen für Eltern-Kind-Kommunikation

Adele Faber und Elaine Mazlish empfehlen Eltern, ihrem Kind Worte für seine Wut auf seine Geschwister zur Verfügung zu stellen, statt die Wut zu bestrafen.[9] Wenn also der vierjährige Toby seinen kleinen Bruder Joey haut, weil der ihm seinen neuen Laster weggenommen hat, sagen Sie vielleicht zu Toby: »Hör sofort auf damit. Dein Bruder hat ihn nur angeschaut.« Fassen Sie stattdessen Tobys Gefühle in Worte: »Stopp, Toby. Es ist nicht in Ordnung, jemanden zu schlagen. Sag deinem Bruder, wie wütend du bist. Sag zu ihm: ›Joey, ich mag es nicht, wenn du mit meinem Lastwagen spielst. Ich möchte, dass du mich zuerst fragst.‹« Schlagen Sie dann vor, zusammen mit Toby mit Joey zu sprechen. So könnten Sie Toby helfen.

- **Wenn Sie Ihrem Kind bei einem Konflikt** helfen, seine Gefühle in Worte zu fassen, entwickelt es die Fähigkeit, zu reflektieren, statt zu reagieren. Auf diese Weise beruhigen sich die Alarmsysteme im Gehirn, der Puls verlangsamt sich und der Stresshormonspiegel sinkt.[10] Das Gleiche gilt für Schmollen. Geben Sie Ihrem Kind Worte dafür.[11] Wenn wir Schmollen ignorieren oder kritisieren, verpassen wir eine wichtige Gelegenheit für die Entwicklung sozialer Intelligenz.

Schmollt Ihr Kind, können Sie sagen: »Willst du weiterhin alleine bleiben oder möchtest du, dass ich dich in den Arm nehmen oder dir bei deinen Gefühlen helfe?« Wenn es nicht antwortet, sagen Sie etwas wie: »Na gut, ich lege dir den Kuschelhund und den Frosch hierher« (oder welche zwei Dinge sich auch immer gerade anbieten). »Ich schaue immer mal wieder bei dir vorbei. Wenn du möchtest, dass ich dir bei deinen Gefühlen helfe, lege den Frosch auf den Kuschelhund.« Wahrscheinlich wird der Frosch ein paar Male nicht auf dem Hund liegen, wenn Sie bei Ihrem Kind vorbeischauen, es schließlich aber doch tun, weil ein Kind in der Regel wirklich Hilfe braucht. Es wird sich allmählich sehr allein fühlen und emotionale Schmerzen verspüren, die es ohne Hilfe nicht in Worte fassen kann. Eine andere wirksame Methode ist es, ein Kind zu fragen: »Kannst du den Satz zu Ende sagen: Ich bin wütend, weil … Ich bin traurig, weil …« Wiederholen Sie jeden Satz langsam, um Ihrem Kind Zeit zum Nachdenken zu geben.

Empathisch und mitfühlend sein

Das Corpus callosum (siehe S. 21) ist Teil des limbischen Systems. Wird es angesichts der Not eines anderen aktiviert, wird man dazu befähigt, den Schmerz des anderen so stark mitzuempfinden, dass er einen zum Handeln bewegt.[12] Wenn wir unsere Kinder mit Empathie erziehen, werden auch sie empathiefähig sein (siehe auch S. 158–159). Interessanterweise ist dieser Bereich bei Tyrannen nicht aktiviert, die, statt Schwachen zu helfen, Lust verspüren, sie zu verletzen. Bei ihnen wird der Nucleus accumbens aktiviert, der Glückshormone freisetzt.

Die Bildung neuer Gehirnbahnen fördern

Die Parietallappen sind am Gefühl für Bewegung und Navigation im Raum beteiligt. Eine einfühlsame Erziehung kann auch die Bildung wichtiger Bahnen zwischen den Parietal- und den Stirnlappen fördern. Diese Pfade sind verantwortlich für die Einschätzung des angemessenen Körperabstands zu anderen Personen.

Wie sich Serotonin auf Beziehungen auswirkt

Der Botenstoff Serotonin ist ein Hauptfaktor für soziale und emotionale Intelligenz. Optimale Serotoninwerte können die Stimmung stabilisieren und Aggressionen reduzieren. Untersuchungen zeigen, dass Affen, die in ihrer Sippe großen Respekt genossen, optimale Serotoninwerte hatten.[13] Niedrige Serotoninwerte im Gehirn sind mit sehr impulsivem Verhalten verbunden. Wenn Sie ein solches Verhalten nicht kontrollieren können, ist es möglich, dass häufige Wutausbrüche Ihre Beziehung ruinieren. Häufig geht das mit schlechter Laune einher. Kinder und Erwachsene mit niedrigen Serotoninwerten können Schwierigkeiten haben, ihre negativen Gefühle ruhig auszudrücken.

Der Serotoninspiegel hat also einen starken Einfluss auf Beziehungen, positiv wie negativ. Untersuchungen zeigen, dass Stress im frühen Leben eines Kindes das Serotoninsystem im sich entwickelnden Gehirn beeinträchtigen kann, während eine liebevolle Erziehung positiven Einfluss auf den ventromedialen Cortex hat. Teilt Ihr Kind viele schöne Momente mit Ihnen, gewöhnt es sich an einen optimalen Serotoninspiegel, der dann seine Persönlichkeit prägen kann.

Bildschirmzeit

Viele Eltern nutzen den Fernseher oder andere Geräte gelegentlich als »Babysitter«, und Filme können eine tolle Auszeit für alle sein. Studien haben jedoch gezeigt dass 95 Prozent der Eltern die für ihre Kinder empfohlene Bildschirmzeit überschreiten. Ist das ein Problem?

Dieses Kapitel fasst die Erkenntnisse eines großen Forschungsgebiets zusammen, damit Sie fundiert die Bildschirmzeit Ihres Kindes regeln können. Sie erfahren die wichtigsten Vorteile und Risiken und wie wichtig es ist, die Medienzeit durch andere Aktivitäten zu kompensieren.

WIE VIEL BILDSCHIRMZEIT IST AKZEPTABEL?

Bildschirmzeit ist die Zeit, die man vor oder mit Fernseher, iPad oder Handy verbringt. Die Weltgesundheitsorganisation (WHO) empfiehlt für Kinder bis zwei Jahren gar keine Bildschirmzeit und für Kinder von zwei bis fünf Jahren maximal eine Stunde pro Tag, die dann nicht der Bildung dient.[14] Viele Länder raten, Kindern und Jugendlichen von fünf bis 17 Jahren sollten in ihrer Freizeit maximal zwei Stunden pro Tag sitzend am Bildschirm verbringen.[15]

VORTEILE DER BILDSCHIRMZEIT

Studien zufolge können Kinder auch von Computer & Co. profitieren.

- **Mit hochwertigen Lern-Apps** können sie ihre Kenntnisse in Mathematik, Deutsch, auch Rechtschreibung, und Notenlesen verbessern.
- **Mit hochkreativen Apps**, bei denen Kinder z. B. Dinge herstellen oder

Tipp **Regeln festlegen**

- Regeln Sie klar, wann und wo Geräte erlaubt sind. Lassen Sie sie nicht zu, wenn die Möglichkeit zu echter Gemeinsamkeit besteht, wie z. B. zu den Mahlzeiten, und niemals in einer anregenden Umgebung, z. B. am Strand oder beim Spielen im Freien.
- Lassen Sie Ihr Kind sich die Bildschirmzeit verdienen, z. B.: »Wenn du x getan hast« – etwa ein Kapitel in einem Buch gelesen, ein Bild gemalt, bei der Hausarbeit geholfen. Beginnen Sie damit mit unter Fünfjährigen.
- Stellen Sie klar, dass Sie das Passwort für das Gerät kennen und aktivieren Sie die elterliche Kontrolle.
- Begrenzen Sie Ihre eigene Bildschirmnutzung. Seien Sie kein schlechtes Vorbild, besonders nicht beim Essen.

Gut zu wissen

Obwohl häufiges Fernsehen besorgniserregende Nachteile birgt, wenn das Kind dabei allein ist, kann das gemeinsame Anschauen eines Films die soziale Intelligenz Ihres Kindes fördern. Studien zeigen: Wenn Eltern ihrem Kind die Motivationen und Gefühle der Akteure erklären, helfen sie ihm, psychologisch zu denken, was anspruchsvolle soziale und kognitive Fähigkeiten entwickelt. Dabei werden Bereiche im Gehirn aktiviert, die für höhere soziale Intelligenz zuständig sind.[16] Dieselben Studien ergaben zudem, dass die Hirnnetzwerke, die beim gemeinsamen Hören von Geschichten oder Sehen eines Films aktiv waren, denen entsprachen, die bei gelungenen Interaktionen mit anderen aktiv sind. Fernsehen hat nicht denselben Effekt, vielleicht, weil die Sendungen oft kürzer oder durch Werbung unterbrochen sind und Eltern Kinder oft damit allein lassen.[17]

erfinden, Geheimcodes lösen und eigene Inhalte entwickeln, können diese Kinder schnelles Denken trainieren. Solche Apps können Programmier- und Computerkenntnisse fördern. Andere Studien ergaben, dass Spiele auf einem Gerät die visuelle und die räumliche Verarbeitung von Informationen, die Aufmerksamkeit, die Problemlösung und die Kreativität verbessern können.[18]

- **Es hat sich gezeigt, dass interessante Geräusche und Figuren** in guten Lern-Apps den Spaß am Lernen fördern und das Kind motivieren, an einer Aufgabe dranzubleiben und sie zu Ende zu führen.
- **Bei moderater Bildschirmzeit** können Kinder etwas über die Welt jenseits der Grenzen ihrer unmittelbaren Umgebung lernen.[19]
- **Bildschirmzeit kann die soziale Unterstützung und die Teilnahme an Gemeinschaften fördern.**[20] Zu den Vorteilen gehören die Entwicklung sozialer Fähigkeiten, die Zusammenarbeit in einer Gruppe, um ein gemeinsames Ziel zu erreichen, und Entscheidungsfindung auf Basis von moralischen Werten.
- **Eine Langzeitstudie untersuchte, was Vorschulkinder sich ansahen** und wie es ihnen zwölf Jahre später ging. Diejenigen, die in den ersten Lebensjahren vor allem Bildungsinhalte gesehen hatten, hatten in der weiterführenden Schule bessere Noten und lasen aus eigenem Antrieb mehr Bücher als diejenigen, die keine Bildungsinhalte gesehen hatten. Nicht die Quantität des Fernsehens, sondern die Qualität war also entscheidend. Die Botschaft dieser Studie: Kein Junk-TV![21]

- **Eine andere Untersuchung ergab, dass moderate Bildschirmzeit** (ein bis zwei Stunden täglich) mit besserer psychosozialer Funktionsfähigkeit einhergeht. Eltern stellten erst dann negative Auswirkungen auf die psychosoziale Funktionsfähigkeit ihrer Kinder oder Teenager fest, wenn diese mehr als vier Stunden täglich fernsahen oder über fünf Stunden täglich vor einem Bildschirm verbrachten.[22]

RISIKEN DER BILDSCHIRMZEIT

Eine Bildschirmzeit von über 2–3 Stunden pro Tag birgt diese Risiken:

- geringeres Selbstwertgefühl und langsameres Lernen[23]
- erhöhte Wahrscheinlichkeit von Aufmerksamkeitsdefiziten, emotionalen Problemen, Leseschwierigkeiten und schlechteren Schulnoten[24]
- In einer Studie mit über 6000 Kindern von zehn bis 14 Jahren wurden schlechtere schulische Leistungen festgestellt.[25]
- multiple Risiken für das psychosoziale Wohlbefinden der Kinder[26]
- Übermäßiger Bildschirmkonsum lässt die Hirnrinde vorzeitig dünner werden, was die kognitiven Funktionen dieser sensorische Informationen verarbeitenden äußeren Hirnschicht beeinträchtigt.[27]
- verzögertes Lernen und Erreichen wichtiger Entwicklungschritte hinsichtlich Problemlösung, Sprache und Motorik bei Vorschulkindern.[28]

Sprachentwicklung

Kleinkinder lernten jede Stunde, in der sie DVDs ansahen, sechs bis acht Mal weniger neue Wörter als Kinder, die keine DVDs ansahen.[28] Wie gut Aussprache, Vokabular und Sprachverständnis eines Kindes sind, hängt vor allem davon ab, wie häufig eine Bezugsperson mit ihm spricht oder ihm etwas vorliest. Neun Monate alte Babys, die mit einem Menschen interagierten, der Mandarin sprach, zeigten eine höhere Fähigkeit, Sprachmelodien in Mandarin zu unterscheiden, als die Vergleichsgruppe. Das Experiment wurde

Tipp Nehmen Sie Anteil

- Suchen Sie im Internet nach ausgezeichneten, top bewerteten Apps für Kinder. Es gibt Listen mit den besten Lern-Apps für bestimmte Altersgruppen.
- Spielen Sie die Apps zuerst selbst und geben Sie diejenigen, die Sie begeistert und Ihre Kreativität und Fantasie angeregt haben, an Ihre Kinder weiter.
- Zeigen Sie Interesse an den Apps. Sprechen Sie über sie. Bitten Sie Ihr Kind, Ihnen zu zeigen, was ihm an seinem Spiel besonders gefällt.
- Suchen Sie Apps mit vielen interaktiven Elementen, die Lernen und strategisches Denken fördern. Alle Studien zeigen eindeutig, dass passives Scrollen oder Zuschauen mit Depressionen in Verbindung steht, im Gegensatz zu interaktiver Bildschirmzeit.
- Holen Sie die virtuellen Figuren in die »Miniwelt« (siehe S. 128). Erzählen Sie Ihrem Kind eine schöne Geschichte über die Figuren, die es liebt.
- Sehen Sie ihm zu und spielen Sie mit ihm zusammen.

mit einer anderen Gruppe wiederholt, doch nun befand sich der Sprecher im Fernsehen. Diese Babys entwickelten diese Fähigkeit nicht.[30]

WIDERSPRÜCHLICHE ERKENNTNISSE RICHTIG EINORDNEN

Die Bildschirmzeit ist aber nur ein Faktor für die Entwicklung des kindlichen Gehirns. Es gibt viele weitere Einflüsse. Es ist also sehr wichtig, was Ihr Kind tut, wenn es nicht am Bildschirm sitzt (siehe unten). Haben Sie kein schlechtes Gewissen, wenn Ihr Kind gelegentlich die empfohlene Bildschirmzeit überschreitet. Denken Sie an die Aktivitäten und sozialen Interaktionen, die die Gehirnfunktionen und die emotionale Gesundheit Ihres Kindes verbessern.

So hat eine Studie gezeigt, dass Zweijährige, die viel Zeit am Bildschirm verbrachten, mit vier Jahren schlechter kommunizierten. Aber, und das ist entscheidend, häufiges Spielen im Freien verhinderte eine Beeinträchtigung ihrer Neuroentwicklung.[31]

WAS TUT EIN KIND NICHT, WENN ES AN EINEM GERÄT SITZT?

Auf Bäume klettern, Matsch herstellen, mit Wasser spielen, backen, mit Freunden fantasievoll Verkleiden spielen, ein Blatt, einen schimmernden Käfer, einen Sonnenuntergang ansehen, dem Wind oder dem Gesang einer Amsel lauschen, die Katze kuscheln, den Hund streicheln. All diese Dinge wirken sich enorm auf die geistige und körperliche Gesundheit und die Entwicklung des Gehirns aus.

Die positiven Auswirkungen der Natur

Im Gegensatz zum stundenlangen Sitzen vor einem Bildschirm bietet der Aufenthalt in der freien Natur alle Vorteile einer anregenden Umgebung. Wie bereits erwähnt, spricht sie ein Kind auf vier spezifische Arten an: kognitiv, sozial, körperlich und sensorisch. Eine stimulierende Umgebung aktiviert die Freisetzung des »Gehirndüngeproteins« BDNF (Brain-derived Neurotrophic Factor), das die Entwicklung der höheren Gehirnfunktionen fördert (siehe S. 128).

Computer & Co. sprechen ein Kind nur kognitiv und manchmal auch sozial an, was die Vorteile einer anregenden Umgebung aber nicht annähernd ersetzen kann. Die Forschung zeigt, dass Bildschirmzeit Stress aufbaut, während ein Aufenthalt in der Natur Stress abbaut und den Cortisolspiegel senkt. »Auf Bildschirmen fordern in rasender Geschwindigkeit blinkende Lichter unsere Aufmerksamkeit. Das stimuliert unser Gehirn und unser Stresssystem, macht uns handlungsbereit und stört die Ausschüttung von Melatonin im Gehirn (dem Hormon, das uns beim Einschlafen hilft).«[32]

Untersuchungen belegen, dass schon ein kurzer Aufenthalt in der Natur, z. B. in einem Wald, Park oder Garten, depressive Symptome reduziert, positive Emotionen steigert, das Selbstwertgefühl verbessert, Körper und Psyche entspannt, Grübeln und negative Gedanken mindert sowie das Immunsystem (durch Zunahme der natürlichen Killerzellen), das Herz-Kreislauf-System und die Atemwege stärkt.

Darüber hinaus zeigen groß angelegte epidemiologische Studien, dass häufige Aufenthalte im Grünen während der Kindheit das Risiko für ein breites Spektrum von psychiatrischen Störungen im späteren Leben senken.[33] Zudem übertrumpft das Verweilen in der Natur mit ihrem natürlichen Licht, vielfältigen Sinneseindrücken, angenehmen Düften und der beruhigenden sensorischen Wirkung von Gras, Bäumen usw. die Zeit am Bildschirm, indem es den wunderbaren Wohlfühl-Neurotransmitter Oxytocin aktiviert, welcher gegen Ängste und Aggression hilft. [34]

Kreativ sein

Bedenken Sie, dass Computerzeit einem Kind die Zeit raubt, in der sich seine Kreativität entwickeln kann. Wenn wir uns kreative Kinder wünschen, geht nichts über die sinnlichen 3-D-Anregungen durch die Natur. Nach Kaplans Theorie der Wiederherstellung von Aufmerksamkeit (ART) verfügen Menschen über zwei Arten von Aufmerksamkeit: die gerichtete und die ungerichtete. Gerichtete Aufmerksamkeit ist ein mentaler Prozess, bei dem man sich auf eine bestimmte Aufgabe, z. B. am Bildschirm, konzentriert. Ungerichtete Aufmerksamkeit erleben wir bei unangestrengter Beschäftigung z. B. mit der Natur.[35] Für kreatives Denken muss das Ruhezustandsnetzwerk des Gehirns aktiv sein. Dies ist nur in Situationen der Fall, in denen die Gedanken frei und assoziativ umherschweifen können, eben wie bei einem Aufenthalt in der Natur.[36]

Für die Umwelt Sorge tragen

Wenn wir wirklich wollen, dass unsere Kinder das Klima schützen, brauchen sie eine emotionale Bindung zur Natur. Wie Sir David Attenborough in seiner Rede auf der Communicate-Konferenz von 2010 sagte: »Niemand wird schützen, was ihm egal ist, und niemand wird etwas erhalten wollen, was er nie kennengelernt hat.«

Tipp **Insektensuche**

Wecken Sie in Ihren Kindern Bewunderung und Staunen für die Natur! Erzählen Sie ihnen, dass Sie das geheime Land der kleinen Kreaturen besuchen wollen. Rüsten Sie sich und die Kinder mit Lupen aus. Informieren Sie sich vorher über Insekten, damit sie den Kindern etwas über sie erzählen können. Geben Sie ihnen Namen: »Schaut, da ist Luzie die Laus. Ist das Walter der Wurm?« Ermuntern Sie die Kinder, es Ihnen gleichzutun. Als ein Dreijähriger auf solch einer Suche einen Tausendfüßler fand, rief er überrascht: »Da, ein winziges Klavier!«

Mobbing

Manche Menschen behaupten, dass Mobbing nicht auf derselben Stufe wie Kindesmissbrauch stünde. Aber die Forschung zeigt, dass Mobbing, wenn es niemand stoppt oder ernst nimmt, die gleiche Langzeitwirkung von schwerem psychischen Stress verursacht wie schwerer körperlicher oder sexueller Missbrauch.[37]

NEGATIVE AUSWIRKUNGEN

Das Problem besteht darin, dass sich das menschliche Gehirn in den ersten Lebensjahren formt und sich dadurch an seine Umwelt anpasst. Erstaunlicher- wie tragischerweise kann sich das Gehirn eines tyrannisierten Kindes so verändern, dass es sich besser in eine tyrannische Welt einfügt. Das Resultat können übertriebene Wachsamkeit, Kampf-oder-Flucht-Verteidigungsmechanismen des Reptiliengehirns oder ein überaktives Wut- oder Furchtsystem im Säugerhirn bzw. im limbischen System sein. Mobbing kann nicht nur dazu führen, dass ein Kind eine Abneigung gegen die Schule entwickelt, sondern auch das Bett nässt oder andere körperliche Symptome zeigt.

DIE GEHIRNENTWICKLUNG TYRANNISIERTER KINDER

Bei einigen Kindern bewirkt dies emotionale Kälte und zu wenig aktive soziale und emotionale Systeme im unteren Teil des Gehirns. Wie andere Formen des Kummers auch, können häufiger starker Stress und belastende Beziehungen in der Kindheit dauerhaft überreaktive Stressreaktionen im Gehirn nach sich ziehen. Zusätzlich können sich durch die ständige Angst, in der Schule und/oder zu Hause tyrannisiert zu werden, über einen längeren Zeitraum tatsächlich Veränderungen in den Schlüsselstrukturen des Gehirns wie der Amygdala (siehe S. 21) ausbilden. Wird ein Kind tyrannisiert, kann dieser Bereich überempfindlich werden und auf kleinste Stressoren so reagieren, als wären sie starke Bedrohungen. Infolgedessen kann Furcht ein fest verankerter Bestandteil der Persönlichkeit des Kindes werden. Weitere Studien mit tyrannisierten Kindern zeigen als Folge einer mangelnden Aktivierung der Amygdala eine mangelnde Reaktion auf die Furcht anderer.[38]

Wir wissen seit Langem, dass Einschüchterung psychische Narben hervorbringen kann, hofften aber, ein tyrannisiertes Kind könnte mit Hilfe und Unterstützung seine Erfahrungen bewältigen. Doch neuere Hirnscans zeichnen ein weitaus düstereres Bild, nämlich viele dauerhafte strukturelle und biochemische Veränderungen in den Gehirnen von Kindern, die intensiven Stress durch psychischen Missbrauch erfahren haben. Es können tatsächlich irreversible Schäden im Gehirn entstehen.

»Die sind so gemein zu mir.«

Wenn die Einschüchterung subtil ist, kann sie unbemerkt bleiben. Getuschel und Schimpfnamen, Ausgrenzen und Isolation können ebenso Stress und Langzeitschäden verursachen wie körperliche Angriffe. Deshalb ist es sehr wichtig, dass Eltern und Lehrer auf Anzeichen dafür achten (siehe S. 152). Schultage sind lang und kein Kind sollte seinen Alltag in Angst durchleben.

Folgende besorgniserregende Veränderungen im Gehirn tyrannisierter Kinder haben Wissenschaftler gefunden:

- **Zelltod und/oder verminderte Aktivität im vorderen Teil des Gyrus cinguli** Dieser Bereich hilft, die Furchtreaktion im Gehirn einzudämmen, und ist der Schlüssel zur Empathie.[39]
- **Langzeitveränderungen in Verschaltung und Systemen** des Gehirns, die für Stressmanagement verantwortlich sind. Ein Kind kann ein überreaktives Stressreaktionssystem entwickeln, was häufig zu Aggressivität oder Ängstlichkeit führt.
- **Langzeitveränderungen in den Adrenalinsystemen** des Gehirns. Eine zu starke Freisetzung von Adrenalin und Noradrenalin weckt Angstgefühle und macht klares Denken unmöglich.
- **Verminderung der Durchblutung und Störungen** des »Vermis cerebelli« (Kleinhirnwurm) im Hirnstamm. Abnormitäten in diesem Bereich werden mit ADHS (siehe S. 197), Depression und gestörter Aufmerksamkeitsfähigkeit in Verbindung gebracht. Auch ist dieser Bereich an der Regulierung der elektrischen Aktivität des Gehirns beteiligt, woraus noch mehr Aggression und Reizbarkeit entstehen können.

Gut zu wissen

Wenn Sie den Verdacht haben, dass Ihr Kind gemobbt wird, beobachten Sie, ob es von Kriegs- und Kampfspielen so stark besessen ist, dass es nichts anderes mehr spielt. Viele Jungs haben Spaß an diesen Spielen, die hohe Intensität und die ständige Wiederholung dieser Spiele während des ganzen Tages ist jedoch bedenklich. Das kann ein Hinweis darauf sein, dass Ihr Kind versucht, sich gegen unkontrollierbare Angst und eine Welt zu wehren, in der es Mobbing hilflos ausgesetzt ist.

Ihr Kind kann zudem selbst zum Tyrannen werden, nach dem Motto: »Wenn du dich nicht gegen deine Tyrannen wehren kannst, verbünde dich mit ihnen.«

- **Unregelmäßigkeiten in den Frontal- und Temporallappen** des Gehirns. Diese Regionen sind entscheidend für die Stressbewältigung und die Regulierung intensiver Gefühle.
- **Verkleinerung von Hippocampus und Amygdala** durch anhaltenden Stress. Der Hippocampus ist sehr wichtig für das Gedächtnis. Misshandelte Personen schneiden bei verbalen Gedächtnistests schlechter ab. Eine verkleinerte linke Amygdala wird mit Depressionen, Reizbarkeit und Feindseligkeit in Zusammenhang gebracht.
- **Verkleinerung des Corpus callosum,** dem wichtigsten Informationsweg zwischen der rechten und der linken Gehirnhälfte (siehe S. 21). Der amerikanische Psychiater Martin Teicher fand heraus, dass das Corpus callosum bei manchen Kindern, die psychisch missbraucht wurden, 40 Prozent kleiner war. »Wir stellen fest, dass psychischer Missbrauch verheerend ist … Die Menschen verarbeiten ihn nicht und leben dann einfach normal weiter.« [40] Betroffene Kinder können unter manischen Stimmungsschwankungen leiden.
- **Ein weniger effizientes GABA-System (siehe S. 48),** das die elektrische Erregbarkeit des Gehirns beruhigt. Ist dieses System ineffizient, kann sich ein Kind unsicher fühlen und im Alarmzustand leben.[41]

ZEIT ZU HANDELN

In Großbritannien etwa wurde eines von zehn Kindern zwischen acht und elf Jahren und eines von fünf der 12- bis 15-Jährigen eigenen Angaben zufolge schon gemobbt.[42] 2019 beriet die Telefonseelsorge-Hotline Childline in 15 000 Gesprächen (persönlich oder online) Kinder, die wegen Mobbings Rat suchten. Mobbing ist der Hauptgrund für Kinder bis zu elf Jahren, Childline anzurufen.[43] Natürlich sind wir als Gesellschaft sensibilisiert und besorgt, aber angesichts der Scans, die zeigen, wie Mobbing das kindliche Gehirn verändert, wohl nicht besorgt genug. Erwachsene müssen handeln, und zwar sehr schnell, wenn ein Kind gemobbt wird.

Jede Schule hat eine Anti-Mobbing-Strategie, die Sie einsehen oder auf der Schulwebsite nachlesen können. Schulen sind gesetzlich verpflichtet, Mobbing zu verhindern. Tun sie das nicht, können Eltern rechtliche Schritte gegen sie unternehmen.

Wappnen Sie Ihr Kind

In der Schule wie zu Hause können die richtigen Maßnahmen Ihr Kind davor schützen, gemobbt oder selbst zum Tyrannen zu werden. Als Eltern können Sie den Selbstschutz Ihres Kindes fördern, indem Sie ihm helfen, emotionale Stärke und die Fähigkeit zu warmherzigen Beziehungen zu entwickeln.

STÄRKEN SIE IHR KIND

Ermutigen Sie Ihr Kind, sich Hilfe bei einem Erwachsenen zu holen. Wenn Sie dies tun und das Mobbing schnell behoben wird, kann ein Kind aus dieser Erfahrung gestärkt hervorgehen: »Ich wurde schlecht behandelt, ich habe Hilfe gesucht und bekommen, und es wurden Grenzen gesetzt. Ich kann mich also gegen schlimme Dinge wehren.«

WAS SCHULEN TUN KÖNNEN

Bei der Wahl einer Schule können Sie zwar nicht alle Mobbing-Risiken eliminieren, sich aber von bestimmten Kriterien leiten lassen. Wenn der Schulleiter warm und herzlich ist, ist das ein gutes Zeichen. Die Schule sollte auch effektiv gegen Mobbing vorgehen. Viele denken, dass wir uns fast zu intensiv mit dem Schutz unserer Kinder befassen. Ich bin der Ansicht, dass wir bei Mobbing an Schulen kläglich versagen. Wenn an allen Schulen die Auswirkungen von Mobbing auf das kindliche Gehirn bekannt wären, würden sich die Prioritäten sicher ändern. Ich würde auf Pausenhöfen, wo am häufigsten gemobbt wird, Überwachungskameras installieren. Manche werden nun einwenden, dass das ein Eingriff in die Rechte der Kinder wäre. Wir haben jedoch die Pflicht, jedes Kind vor den Schädigungen im Gehirn und oft lebenslangen psychischen Narben zu schützen, die die unerträglichen Gefühle von Machtlosigkeit, Einsamkeit und oft großer Angst bewirken. Manche Schulen erkennen die Notwendigkeit wirkungsvoller Maßnahmen gegen jegliches Mobbing. Wenn Schulen die sich entwickelnden Gehirne der Kinder vor Schäden schützen sollen, dann muss Mobbing verhindert werden, auch wenn dem Staat dadurch höhere

Ich habe entdeckt, dass mein Kind regelmäßig drangsaliert wird. Was kann ich tun?

Wenn Ihr Kind in der Schule schon seit längerer Zeit gemobbt wird, sollten Sie eine psychologische Beratung oder Therapie für Ihr Kind in Erwägung ziehen. Versuchen Sie in Ihrer Erziehung, diszipliniert zu sein, Ihr Kind nicht zu beschämen und ihm gut zuzuhören. Wann immer Sie im Begriff sind, Ihr Kind anzuschreien oder es zu beschämen, gehen Sie in einen anderen Raum, um sich zu beruhigen. Auf diese Weise wird Ihr Kind zu Ihnen kommen, wenn es verletzt oder gemobbt wurde, und sich Ihnen anvertrauen, statt diese Erfahrung in sich hineinzufressen und allein damit fertig werden zu wollen.

Kosten entstehen. Klären Sie Verwandte, Lehrer und Freunde auf, die Mobbing mit Sprüchen wie »Die hänseln sich nur« verharmlosen.

WAS SIE ZU HAUSE TUN KÖNNEN

Bei manchen Formen der Disziplinierung wie Anschreien, Bloßstellen und Schlagen (siehe S. 256) handelt es sich um Mobbing unter einem anderen Namen. Achten Sie auf Ihre eigenen Methoden im Umgang mit schwierigem Verhalten und sprechen Sie mit Ihrem Partner und Verwandten, wenn deren Behandlung Ihres Kindes an Mobbing grenzt.

Kritisieren Sie nicht und loben Sie häufig

Wenn Eltern ihr Kind ständig kritisieren und kaum loben, gewöhnt es sich an Einschüchterung. Wenn es dann noch in der Schule drangsaliert wird, denkt es schnell: »Ich verdiene es nicht anders« oder: »Das ist normal.« Einem Kind, das ein herzliches Zuhause hat, fällt es wesentlich leichter, um Hilfe zu bitten. Dieses Kind hat auch eher die Einstellung: »Ich verdiene es, gut behandelt zu werden.« Sie können sehr viel zum Bewusstsein Ihres Kindes beitragen, dass es ein Recht darauf hat, sich sicher zu fühlen, und es darin bestärken, seine Rechte geltend zu machen.

Nehmen Sie Geschwisterkampf sehr ernst

Der Beitrag des Geschwisterkampfes zum Mobbing an Schulen wird stark unterschätzt.[44] Bei einem Kleinkind ist die Fähigkeit der Stirnlappen, seine Emotionen zu reflektieren, noch nicht entwickelt. Wird es von seinen Geschwistern verletzt, kann es in Kampf-oder-Flucht-Reaktionen verfallen und andere Kinder verletzen – so entstehen Tyrannen. Die Erziehung beeinflusst die Entwicklung dieses Persönlichkeitstyps erheblich. Helfen Sie Ihren Kindern, über ihre Konflikte zu sprechen, seien Sie dabei und zeigen Sie Verständnis für beide Seiten. Ihre Anleitung ist sehr wichtig, weil Kinder nicht allein dazu in der Lage sind.

Ihr Kind in den sozialen Medien

Verbringen 12- bis 15-Jährige mehr als zehn Stunden pro Woche in den sozialen Medien, verdoppelt sich ihr Risiko, Opfer von Cybermobbing zu werden.[45]

Auf den Punkt gebracht

- **Die Fähigkeit, tiefe, bedeutsame Beziehungen** aufzubauen, ist der Schlüssel zur geistigen Gesundheit und Zufriedenheit.

- **Eine gute Erziehung** kann die soziale Intelligenz Ihres Kindes, seine Beziehungsfähigkeit und seine Empathie fördern.

- **Begrenzen Sie die Bildschirmzeit** Ihres Kindes und lassen Sie es stattdessen herumtoben. Verbringen Sie Zeit mit ihm bei fantasievollen Spielen, um seine soziale Intelligenz zu entwickeln.

- **Mobbing und Geschwisterkampf** können negative Langzeitauswirkungen haben und sollten von Eltern und Lehrern sehr ernst genommen werden.

- **Helfen Sie Ihrem Kind** Selbstvertrauen aufzubauen und schützen Sie es so vor Mobbing, egal ob als Täter oder Opfer. Kommt es dennoch dazu, handeln Sie unverzüglich.

Empathie & *psychische Gesundheit*

Die Forschung zeigt, wie bemerkenswert es sich langfristig auf die spätere psychische Gesundheit eines Kindes auswirkt, wenn man als Eltern empathisch und verständnisvoll ist. Es geht nie darum, »weich« zu sein, sondern sich die Zeit zu nehmen, sich in das Erleben und Empfinden des Kindes hineinzuversetzen und die richtigen Worte zu finden, um es auszudrücken. So fühlt sich das Kind angenommen, emotional reguliert und verstanden. Verhaltensweisen können inakzeptabel sein, aber Gefühle sind niemals falsch – nicht einmal, wenn Sie sie als schlimm empfinden, etwa wenn Ihr Kind sagt: »Ich hasse dich.«

Empathische Erziehung

Kinder, denen in hoch emotionalen Zeiten mit Empathie begegnet wird, haben es in der späteren Kindheit und in den Teenagerjahren emotional, sozial und in der Schule wesentlich leichter als solche, die kaum Empathie erfahren haben.[1] Sie sind auch körperlich ausgeglichener und können mit Stress besser umgehen.

Es ist zu einfach, zu seinem Kind »Reiß dich zusammen« oder »So schlimm ist es nicht« zu sagen, wenn es negative Gefühle erlebt. Man nennt das »emotionale Ablehnung«. Bei der empathischen Erziehung geschieht das Gegenteil – man erkennt die schmerzlichen Gefühle des Kindes an. Sie helfen auch einem wütenden Kind viel mehr, wenn Sie empathisch reagieren, statt zu sagen, es solle brav sein.

Studien zeigen, dass Kinder, die zwischen acht und fünfzehn Jahren empathisch erzogen wurden, wegen ihrer guten Stressregulation bessere Schulnoten hatten. Sie stritten seltener mit ihren besten Freunden, benahmen sich besser und waren körperlich gesünder.[2]

WELCHE METHODE IST ALSO DIE BESTE?

Empathisch zu erziehen heißt, die Schlüsselstrukturen des Gehirns zu aktivieren, die mit sozialer Intelligenz zusammenhängen. Helfen Sie Ihrem Kind, seine Gefühle in Worte zu fassen (Entwicklung des Corpus callosum). Zeigen Sie Empathie, dann wird Ihr Kind auch für andere Empathie zeigen (Aktivierung des vorderen Teils des Gyrus cinguli), und helfen Sie ihm, die Fähigkeit zu entwickeln, über schwierige Situationen nachzudenken, statt nur zu reagieren (Verbesserung der Stirnlappenfunktion).

Ändern Sie Ihre Methode

Hier ein Beispiel einer sachlichen, empathielosen Reaktion auf den Schmerz eines Kindes (was also keine positive Veränderung des Gehirns bewirkt) und wie man sie in eine empathische Reaktion ändert: Die zweijährige Annie heult auf, weil sie die Spielgruppe nicht verlassen möchte – sie hat Spaß und möchte nicht nach Hause.

Ihr Vater reagiert rein sachlich: »Annie, du musst dich beruhigen.« Annie schreit noch lauter. Ihr Vater beginnt zu schreien: »Hör auf, du weißt, dass wir nicht hierbleiben können.« Eine empathische Reaktion wäre: »Ich weiß, dass du gerne hier bist und bleiben möchtest.« Wenn ein Elternteil seine Reaktion ebenso laut und konzentriert ausdrückt wie das Kind, fühlt es sich wahrscheinlich eher verstanden. Dies nennt man »lautes Einfühlungsvermögen«. Das Kind wird sich beruhigen und in den Arm nehmen lassen.[3]

EMPATHIE KANN VERNETZUNGEN IM GEHIRN BILDEN

Die kleine Schwester des fünfjährigen Timmy hat auf die Karte gekritzelt, die er gerade für seine Oma gemalt hat. Timmy weint, schreit und wirft sich auf den Boden. Statt zu sagen: »Timmy, es reicht. Hör sofort auf. Sie hat das nicht absichtlich gemacht, sie ist doch noch ein Baby«, versuchen Sie es lieber mit der empathischen Variante: »Ich verstehe, dass du wütend bist. Du hast die Karte so schön gemacht. Natürlich bist du traurig, weil sie jetzt ruiniert ist.« Ihre einfühlsame Reaktion wird Ihrem Kind helfen, seine schmerzliche Erfahrung zu begreifen und neue neuronale Vernetzungen in seinem Gehirn zu bilden, die ihm in Zukunft ermöglichen, seine Reaktion zu reflektieren, statt ihr impulsiv Ausdruck zu geben.

Gut zu wissen

Es gibt viele Studien, in denen sogar schon bei 18 Monate alten Kleinkindern beobachtet wurde, dass sie Betroffenheit zeigten und den Wunsch verspürten, Menschen in Not zu helfen. Dennoch – die Empathiefähigkeit eines Kindes hängt davon ab, ob sie ihnen von ihren Bezugspersonen vorgelebt wurde. Traurigerweise zeigten Untersuchungen auch, dass Kinder, die ohne Empathie erzogen werden, emotionslos auf das Leiden anderer reagieren: Es ist, als betrachteten sie ein Möbelstück.[4]

Reflektiert sein

Ein zentraler Aspekt der Empathie ist die Fähigkeit, Ihre eigene Psyche und die Ihres Kindes zu reflektieren – die sogenannte Mentalisierung. Sie bedeutet, aufmerksam und voller Interesse zu registrieren, was bei Ihnen ausgelöst wird, und zu reflektieren, wie Ihre momentane Wahrnehmung durch schmerzhafte Erfahrungen der Vergangenheit gefärbt ist. Statt mit Wut zu reagieren, können Sie innehalten und überlegen, ob Ihre Emotionen durch diese Erinnerungen verstärkt werden.

So können Sie z. B. in einer schwierigen Situation mit Ihrem Kind wütend werden, aber mithilfe von Mentalisieren erkennen Sie: »Ah ja, mein Kind ist kontrollierend. Ich habe mich wohl gerade genauso triggern lassen wie mein Vater, als ich klein war.« Oder Sie stellen fest, dass etwas anderes Sie gerade belastet, etwa Probleme mit Ihrem Partner oder Stress am Arbeitsplatz. In diesem Fall zeigen Ihnen

»Danke, Mama, dass du mich verstehst.«

Wenn Sie sich in Ihr Kind einfühlen, lässt es Sie an sich heran, weil es weiß, dass Sie es verstehen und nicht belehren, seine Gefühle abtun oder Fakten vorbringen. Es wird Ihnen seinen Schmerz anvertrauen und Ihnen emotional sehr nah sein, weil sich das gut anfühlt.

Intensität und Lautstärke Ihres Ärgers, dass dessen Auslöser nicht am Verhalten des Kindes liegt, sondern woanders. Mit anderen Worten: Sie ärgern sich nicht einfach nur darüber, dass Ihr Kind Milch verschüttet hat, sondern empfinden Wut oder sogar Hass oder Verachtung. Ihre Gefühle sind viel intensiver, als es der Situation angemessen wäre.

Gut zu wissen

Studien zeigen, dass »Eltern, die die emotionalen Zustände ihrer Kinder zu mentalisieren vermögen, sie dabei unterstützen, die Fähigkeit zur emotionalen Regulierung zu entwickeln und ihre Gefühle über das bloße intellektuelle Verstehen hinaus zu erkennen. Dies ermöglicht ihren Kindern, intensive Gefühle zu verarbeiten, ohne ihnen defensiv aus dem Weg zu gehen oder sich von ihnen überwältigt zu fühlen.«[5]

SELBSTWERTGEFÜHL ENTWICKELN

Beim Mentalisieren geht es darum zu reflektieren, was in Ihnen selbst vorgeht, und echtes Interesse für die Gedanken, Gefühle und Handlungen Ihres Kindes zu zeigen. Statt sein Verhalten abzutun mit »Ach, es ist sicher müde/hungrig«, richten Sie den Blick auf seinen emotionalen Schmerz: Vielleicht fühlt es sich ausgeschlossen, verängstigt oder ignoriert. Mit anderen Worten: Sie können die Not Ihres Kindes nachempfinden.

Wenn Sie sich bemühen, die Erfahrungen Ihres Kindes aus seiner Sicht zu verstehen, fördert das sein Selbstwertgefühl enorm. Der Psychologe Michael Kahn drückt es so aus: »Wenn es [dem Erwachsenen] die Zeit und Mühe wert ist, mich zu verstehen, dann muss ich auch diese Zeit und Mühe wert sein«.[6] Durch einfühlsames Reagieren vermitteln Sie Ihrem Kind, dass Sie die Gefühle und Gedanken akzeptieren, die seinem Verhalten zugrunde liegen. Ein Verhalten kann falsch sein, niemals aber ein Gefühl. Das ist einfach da. Während Sie also eine Grenze setzen müssen, vermitteln Sie Ihrem Kind auch, dass Sie das Gefühl hinter dem Verhalten akzeptieren: »Es ist nicht in Ordnung, dass du deinen Bruder schlägst, aber ich verstehe, dass du sehr wütend auf ihn bist.«

DIE POSITIVEN EFFEKTE DES MENTALISIERENS

Kinder, deren Eltern mentalisieren können, bewältigen Stress besser, entwickeln Einfühlungsvermögen und sind viel seltener verhaltensauffällig.

- **Das Kind entwickelt die Fähigkeit, sich selbst zu mentalisieren,** d. h. über seine Gefühle nachzudenken, anstatt sie einfach nur zu »haben«. Wir wissen, dass zu reflektieren den psychischen Schmerz verringert.

- **Elterliches Sprechen über den mentalen Zustand senkt das Stressniveau.** Die Forschung zeigt einen klaren Zusammenhang zwischen der Fähigkeit der Eltern, den mentalen Zustand ihres Kindes zu reflektieren, und der Fähigkeit des Kindes, seine Emotionen zu regulieren.[7]
- **Mentalisierung ist zentral für die Entwicklung** des Selbstbilds des Kindes, da Sie es als psychisches Wesen mit Verstand behandeln.[8]
- **Mentalisierung entwickelt die Fähigkeit des Kindes, seine Emotionen zu regulieren.** Niemand wird mit dieser Fähigkeit geboren.[9]
- **Die Forschung zeigt, dass Mentalisierung** in der Pubertät ein Schutzfaktor gegen Essstörungen ist.[10]

WENN ELTERN MÜHE HABEN ZU MENTALISIEREN

Eltern, die unfähig sind zu mentalisieren, können sich kaum in die Perspektive ihres Kindes hineinversetzen und zeigen daher oft kein Interesse an dessen mentalem Zustand. Vielleicht schlagen sie impulsiv zu, statt so zu reflektieren: »Am liebsten würde ich mein Kind jetzt schlagen, werde es aber nicht tun, weil es sehr schlecht für mein Kind ist.« Ihre eigenen Eltern konnten nicht mentalisieren, sodass sie es selbst auch nie gelernt haben. Oder sie lassen als Eltern den Ausdruck schmerzhafter Gefühle nicht zu, weil sie das als Kind so erlebt haben, und sagen etwa: »Du darfst nicht so fühlen.«

Manche Eltern, denen es schwerfällt, sich in ihre Kinder hineinzuversetzen, sagen diesen, was sie fühlen, weil sie das so haben wollen. So kann eine Mutter nach der Trennung zu ihrem Kind nach einem Besuch bei Papa Dinge sagen wie: »Du wirkst sehr ängstlich nach dem Besuch bei Papa.« Ein Kind kann das beunruhigen und frustrieren. Ihm wird gesagt, was es fühlen soll. Es wird nicht gefragt. Die Mutter projiziert ihre eigenen Gefühle auf das Kind. Studien mit Gehirnscans zeigen, dass Mütter, die ihre eigene Trauer nicht verarbeiten können, auch nicht die Trauer ihres Kindes spüren.[11]

Manche Kinder erleben »On-Off-Eltern«. Sie gewöhnen sich daran, dass ihre Eltern sie verstehen und an sie denken, und werden dann von der emotionalen Unverfügbarkeit eines Elternteils vollkommen überrascht. Ursache ist ein unverarbeitetes Trauma des Elternteils. Deshalb ist es ein großes Geschenk, wenn Eltern eine Therapie machen.

Psychische Probleme

Ist ein Elternteil unfähig zu mentalisieren, wird das Kind anfällig für psychische Probleme. Ein Kind, das nicht mentalisieren, also über seine Gefühle nachdenken kann, wird bei starkem emotionalem Schmerz oder überwältigenden Emotionen reagieren und handeln. Es kann sich z. B. selbst verletzen oder zwanghafte Rituale entwickeln, um seine Gefühle zu regulieren und sich zu beruhigen. Verfügt es nicht über Worte für seine »emotionale Gefahr« (weil seine Eltern nie über Gefühle gesprochen haben), ist es sich solcher »Verschiebungen« nicht bewusst. Aus der Forschung wissen wir, dass die Fähigkeit zu mentalisieren starke Emotionen beruhigt, aber wenn man nicht mentalisieren kann, lebt man seine Emotionen aus, statt über sie nachzudenken. Wer seine Emotionen nicht regulieren kann (dazu muss man reflektieren können), neigt viel eher zu Verhalten, das gewisse Symptome herausfordert und verinnerlicht. Diese Menschen können impulsiv werden: Türen schlagen, wegrennen, anderen die Schuld geben.

Wenn Sie unfähig sind zu mentalisieren, halten Sie Ihr Selbstbild, z. B. dass Sie wertlos sind, für richtig und real. Sie werden nicht auf die Idee kommen, dies zu hinterfragen oder die Meinung anderer einzuholen. Ihre Hoffnungslosigkeit gilt als objektive Wahrheit und nicht als Gedanke, der angezweifelt werden kann.[12] Dagegen zeigt die Forschung, dass emotionales Bewusstsein und die Fähigkeit, Gefühle in Worte zu fassen, Depressionen, Ängsten und verinnerlichten Symptomen wie Selbstverletzung oder Grübeln vorbeugt und Körper und Geist beruhigt.

Mangelndes Mentalisieren kann Beziehungen schaden: Unfähig, Ungewissheit zu ertragen, zieht man Schlussfolgerungen, die man fraglos glaubt, z. B. »Mein Baby hasst mich.« Beim Mentalisieren zieht man verschiedene Absichten und Gefühle anderer in Betracht, reflektiert sie und prüft seine Mutmaßungen.

Kurz & knapp

Eltern mit einem unverarbeiteten Trauma können ihrem Kind kein schöneres Geschenk machen, als eine Beratung oder Psychotherapie in Anspruch zu nehmen, um in Frieden und nicht in Qualen lieben zu können. Therapie und Beratung beruhen auf Mentalisierung, sodass Sie allmählich lernen, sich in Ihr Kind hineinzuversetzen, da Sie dann den Kopf dafür frei haben. Studien zeigen, dass Eltern, die ein Trauma erlebt haben, aber mentalisieren – die Gefühle ihrer Kinder in Worte fassen – konnten, ihr Trauma nicht an ihre Kinder weitergaben.[13]

Die richtigen Worte finden

Zum Mentalisieren gehört die Fähigkeit, dem Kind in verständlichen Worten zu vermitteln, wie Sie sein psychisches Befinden verstanden haben. Dadurch lernt das Kind, Gefühle in Worte zu fassen (»Affect Labeling«), was nachweislich die Stressreaktionssysteme des Gehirns beruhigt und vor Depressionen im späteren Leben schützt.[14]

Finden Sie in Reaktion auf Ihr Kind die richtigen Worte für seine Gefühle, spürt es, wie wertvoll es ist, dass Sie seine schmerzhaften Gefühle ernst nehmen und begleiten, statt es damit allein zu lassen, sie zu regulieren, zu kontrollieren, abzutun oder zu lindern.

KINDERN HELFEN, PSYCHOLOGISCH ZU DENKEN

Kindern beizubringen, psychologisch zu denken, ist wichtig, um sie vor psychischen Erkrankungen im späteren Leben zu schützen, denn sie lernen dadurch, sich von namenlosen Gefühlen zu lösen und über diese *nachzudenken*, statt sie nur zu *fühlen*. Wenn ein Kind seine Gefühle nicht reflektieren kann, versteht es auch nicht, was mit ihm geschieht. Gesunde Emotionen sind »Wegweiser für Handlungen« – sie geben uns wichtige Informationen darüber, was wir tun müssen, um eine schmerzliche Situation im Hinblick auf unsere Beziehung zu uns selbst oder zu anderen aufzulösen. Die Fähigkeit, Gefühle zu benennen, entwickeln wir jedoch nur in entsprechenden Gesprächen mit einem für uns wichtigen Erwachsenen.

Neugierig sein

»Hilfst du mir zu verstehen, was du fühlst?« Mit dieser wichtigen Frage – urteilsfrei und interessiert – helfen wir Kindern, sich ihres Innenlebens bewusst zu werden, psychologisch zu denken und ihre Gefühle zu begreifen. Neugierde ist hier Ausdruck von tiefem Interesse und der Wunsch, die Innenwelt des Kindes zu verstehen. Fragen Sie nie: »Warum fühlst du das?«, denn das kann wie eine Anklage oder eine Aufforderung klingen, sich zu erklären. Fragen Sie lieber: »Hilfst du mir zu verstehen, wie es für dich war, als Joshua das über deine Haare gesagt hat?« So können Sie erfahren, was ein Ereignis für Ihr Kind bedeutet.

»Lass mich in Ruhe!«

Ihr Kind sitzt zusammengekauert unter einem Tisch. Sie fragen, was los ist. Es weint und sagt: »Geh weg«. Ihre erste Reaktion könnte Kritik sein: »Das ist lächerlich. Ich will dir doch helfen! Sei vernünftig.« Doch sagen Sie lieber etwas wie: »Gut, aber wenn du deine Meinung änderst und reden willst, setze den Teddy auf den Stuhl.«

Das gibt dem Kind emotionalen Freiraum. Mit meinen Kindern hat es jedes Mal funktioniert. Wenn der Teddy auf dem Stuhl sitzt, können Sie sagen: »Wie toll, dass du mir zeigst, dass du bereit bist, meine Hilfe anzunehmen.«

Sie können sich zu Ihrem Kind setzen, es in den Arm nehmen und nach einer Weile Folgendes versuchen: »Na, möchtest du ein paar Sätze zu Ende sagen?«
Sie: »Ich bin wütend, weil ...«
Ihr Kind: »... sie mir mein Spielzeug weggenommen hat.«
Sie: »Ich bin traurig, weil ... »
Ihr Kind: »... es mein Lieblingsspielzeug war.«
Sie: »Ach, du meine Güte, kein Wunder, dass du traurig und wütend bist. Kein Wunder, dass du innerlich so sehr leidest.«

Vielleicht sagt es: »Du magst das neue Baby mehr als mich.« Die Frage »Hilfst du mir zu verstehen, warum du das denkst?« lässt Sie herausfinden, wie das Kind zu dieser Ansicht gekommen ist, statt es beruhigen zu wollen, was oft nicht gelingt. Zur Neugierde gehört ein ruhiger, akzeptierender Ton, der den einfachen Wunsch vermittelt, das Kind zu verstehen. Darauf sollte immer Empathie folgen. Andernfalls kann Ihr Kind sich öffnen, seine Gefühle aber nicht verstanden fühlen.

Für das Kind sprechen

Als eine meiner Töchter sieben Jahre alt wurde, gab sie eine Geburtstags-Osterparty. Sie hatte mühevoll blaue und gelbe Körbe für das Küken- und das Enten-Team gebastelt. Sie wollte, dass sich die zehn Kinder zur Eiersuche in zwei Reihen aufstellten und sich erst einmal ihre Anweisungen anhörten. Aber die Kinder rannten einfach los. Meine Tochter war beschämt und rannte schluchzend in ihr Zimmer. Ich sah das als Aufforderung zu mentalisieren, und stellte mir ihre große Enttäuschung über den gescheiterten Plan nach all den Überlegungen vor. Jeder Erwachsene wäre in einer solchen Lage unglücklich. Ich stellte mir vor, wie wütend meine Tochter wahrscheinlich war, weil sie etwas Wichtiges sagen wollte und die Kinder einfach davonliefen. Und das an ihrem Geburtstag! Ich ging zu ihr. Sie hatte

Tipp **Wortschatz variieren**

Beschreiben Sie Gefühle nicht nur mit Worten wie traurig oder wütend, sondern auch subtiler, z. B.: »Du bist erschrocken, als das passierte.«/»Das muss dich sehr verletzt haben.«/»Enttäuschung kann sehr weh tun.«/»Als ich x getan habe, hattest du das Gefühl, dass ich mich nicht mehr um dich kümmere – es tut mir leid, dass sich das so angefühlt hat.«/»Du wolltest unbedingt den Schokoladenkeks und bist sauer, dass ich nein gesagt habe, weil wir gleich zu Mittag essen.« Selbst wenn das Kind noch zu jung ist, um alle Worte zu verstehen, wird es sich durch Ihren Tonfall verstanden fühlen.

sich zusammengerollt. Ich sagte: »Ich versuche, kurz mal du zu sein und zu verstehen, warum du dich so schrecklich fühlst.« Diese mentalisierende Intervention, das »Sprechen für das Kind«, weckt die Aufmerksamkeit des Kindes weitaus effektiver als bloßes Hinsetzen und Einfühlen, das über das Kind hinweggehen kann.

Ich sprach mit einer anderen Stimme, um zu zeigen, dass ich meine Tochter war: »Mama, es war furchtbar. Ich hatte mir so viel Mühe mit der Vorbereitung gegeben. Ich hatte so tolle Ideen, und sie sind einfach losgerannt. Ich fühle mich so verletzt, wütend und enttäuscht. Es tut so weh, Mama.« Das bedeutet nicht, dass man dem Kind Worte in den Mund legt. Jeder Mensch, dessen kreative Pläne so zunichte gemacht werden, wäre auf diese Weise verletzt. Wenn Sie so für ein Kind sprechen, wird es natürlich niemals sagen: »Danke. Deine tolle Intervention hat mir geholfen, meine Gefühle zu verarbeiten«. Aber wenn Sie richtig liegen, wird es spürbar ruhiger und erleichtert, so wie meine Tochter, die nun sagte: »Ich will ein Kind hier haben.« Ich wusste sofort, wen ich holen würde! Sam, acht Jahre alt, zeigte bereits das Potenzial zu einem großartigen Psychotherapeuten. Er ging bereitwillig zu meiner Tochter, und nach ein paar Minuten kamen beide lächelnd aus dem Zimmer. Die Party wurde noch ein großer Erfolg.

Über das Kind sprechen

Meine 10-jährige Tochter kam eines Morgens um 7:30 Uhr die Treppe herunter und sagte, sie wolle das Frühstück nicht essen. Das hat mich geärgert, denn ich hatte es liebevoll zubereitet. Ich wollte Macht und Kontrolle ausüben und befehlen. Aber das ist fatal und das Kind lernt dabei nichts. Doch es gelang mir, mich emotional so weit zu regulieren, dass ich die Mentalisierungsmethode »Über das Kind sprechen« des klinischen Psychologen Dan Hughes anwenden konnte.

Über das anwesende Kind zu sprechen ist eine sehr geeignete Intervention, besonders wenn das Kind schweigt oder mürrisch ist. Sie ist das Gegenteil von »Sprich mit mir«, worauf ein Kind sich oft noch mehr verschließt. Beim »Sprechen über« spricht man mit sich, einem anderen Erwachsenen oder einem Spielzeug, während das Kind dabei ist. An jenem Morgen war meine Freundin da, und ich sagte zu ihr: »Weißt du,

Kurz & knapp

Eltern, die Schwierigkeiten haben zu mentalisieren, reagieren häufig damit, dass sie ihrem Kind in Not Fragen stellen und Fakten nennen, statt Interesse und Einfühlungsvermögen zu zeigen. Ein Beispiel: Abdul ist unglücklich, weil es kein Toastbrot mehr gibt. Die Mutter sagt: »Es ist keins mehr da. Du hattest schon fünf Scheiben.« Abdul fühlt sich mit seinem Schmerz allein. Hätte Mama mental gedacht, hätte sie vielleicht gesagt: »Ich sehe an deinen Tränen, wie traurig du bist. Ich weiß, dass du Toastbrot liebst. Es tut dir weh, dass es alle ist.« Abdul wird geholfen, das Konzept von Schmerz zu verstehen, er begreift, dass sein Schmerz wichtig ist und es Worte dafür gibt. Unpassende Fragen und Fakten aktivieren bei einem verzweifelten Kind Stresshormone und nicht die beruhigenden Neurochemikalien, die ausgeschüttet werden, wenn man in seinem Schmerz verstanden wird.

Mary, ich verstehe, wie sie sich fühlt. Wenn ich um 9 Uhr eine Vorlesung halte, muss ich um 7:30 Uhr frühstücken. Ich habe dann nie Appetit, es ist zu früh und ich bin nicht hungrig. Aber Untersuchungen zeigen, dass das Gehirn ohne Eiweiß zum Frühstück den Botenstoff Dopamin nicht bilden kann. Ihn braucht man, um sich konzentrieren zu können und Energie fürs Lernen zu haben. Nicht zu frühstücken ist, als würde man ein Auto ohne Benzin fahren wollen, nur noch schlimmer! Man ist lethargisch und depressiv. Also zwinge ich mich, etwas Eiweiß zu essen. Denn ich habe auf die harte Tour gelernt, was passiert, wenn ich das nicht tue.« Meine Tochter hat das sehr wohl gehört und von da an stets gefrühstückt. Hätte ich meine Tochter belehrt: »Das ist doch lächerlich, iss jetzt dein Frühstück. Du brauchst das!«, dann wäre ich sozial defensiv gewesen. Sozial defensives Verhalten der Eltern führt zu ebensolchem Verhalten der Kinder, die dann kämpfen (zurückschlagen), fliehen (den Raum verlassen) oder erstarren (verschlossen und still sein) und den psychologischen Schmerz eines Bindungsabbruchs mit sich herumtragen.

Auch der Vater der kleinen Maisie wendete diese Technik an, als diese sich ignoriert fühlte. Er sagte zu Maisies Stoffhasen: »Maisie ist sauer auf mich: Sie hat mir von ihrer neuen Freundin erzählt und ich habe das übergangen und sie gefragt, ob sie Hausaufgaben auf hat. Ich war unsensibel und abgelenkt. Ich hoffe, dass Maisie mir wieder von ihrer Freundin erzählt, wenn sie so weit ist. Ich möchte wirklich mehr über sie wissen.«

MIT KONFLIKTEN UND WUT UMGEHEN

Konflikte sind in Eltern-Kind-Beziehungen unvermeidlich. Wir wollen sie nicht verhindern, aber wenn unsere Kinder sozial intelligent werden sollen, müssen wir ihnen in diesen Situationen zeigen, wie man damit gut umgeht. Eltern müssen Konflikte mit ihren Kindern auf sanfte, positive Weise austragen und die Beziehung nach dem Streit reparieren.

Mit Wutausbrüchen und Konflikten sanft und positiv umgehen

Ein Kind wird nicht sozial intelligent, wenn seine Eltern Wut als etwas behandeln, das bestraft statt angenommen werden muss. Üblicherweise gehen Eltern mit Trauer und Angst eines Kindes gut um, kritisieren oder strafen es aber, wenn es wütend ist. Auf Beschämung reagieren Körper und Gehirn des Kindes jedoch genauso, als wenn es geschlagen und körperlich verletzt worden wäre, nur handelt es sich um eine psychische Wunde, keine physische. Bei dieser Form des »Angriffs« machen Körper und Gehirn keinen Unterschied.

Wir brauchen unsere Wut – sie ist Teil der menschlichen Natur und zeigt uns, was gut oder schlecht für uns ist. Die Fähigkeit zu angemessener Wut ist ein wichtiger Aspekt der sozialen Intelligenz eines Kindes.

Tipp **Gefühlsbild malen**

Da kleine Kinder ihre Gefühle oft noch nicht in Worte fassen können, können Sie Ihrem Kind mit einem Bild helfen. Erklären Sie ihm, dass Sie malen oder schreiben werden, was Sie sich als Grund für seine Wut vorstellen. Fertigen Sie ein großes Gefühlsbild an – mit Sätzen oder Bildern (Schnörkel und Strichmännchen sind ausreichend), die zeigen, was seinem emotionalen Schmerz zugrunde liegt. Bitten Sie dann Ihr Kind, die Bilder, die sich falsch anfühlen, auszumalen oder durchzustreichen, und jene anzukreuzen, die sich richtig anfühlen. Danken Sie ihm dann dafür, dass es mutig war und Ihnen gesagt hat, was nicht stimmt.

Wenn ein Kind Emotionen wie Wut unterdrückt, werden seine Beziehungen im Erwachsenenalter wahrscheinlich nicht vollständig authentisch sein. Wenn sie glauben, bei einem Elternteil nie ganz sie selbst sein zu können, können sie diese »Angst, ich selbst zu sein, falls ich zu intensiv bin«, bis ins Erwachsenenalter mitnehmen.

Kurz & knapp

Die Forschung zeigt, dass Alexithymie (die Unfähigkeit, Gefühle/Gemütszustände in Worte zu fassen und bei emotionaler Erregung zwischen Gefühlen und dem körperlichen Empfinden zu unterscheiden) ein Schlüsselfaktor für Depressionen, Angstzustände, Essstörungen, Selbstverletzung und psychosomatische Erkrankungen ist.[15] Studien zeigen auch, dass Kinder, die sich unglücklich fühlten, aber nicht sagen konnten, warum, viel eher depressiv wurden als Kinder, die ihre schmerzhaften Gefühle genau benennen konnten.[16]

Nicht mit Wut disziplinieren

Stecken Sie ein wütendes Kind nicht in die Auszeit, weil es respektlos ist und sagt, dass es Sie hasst. Bestrafen Sie es nicht für seine Gefühle. Regulieren Sie vielmehr seine Wut, indem Sie sie anerkennen. Bedenken Sie: Gefühle können nie falsch sein, nur Verhalten. Dennoch darf das Kind Sie nicht beschimpfen!

Zeigen Sie Verständnis, wenn Ihr Kind wütend ist, dass Sie ihm eine Grenze gesetzt haben: »Ich verstehe, dass du wütend auf mich bist, weil ich dich den Film nicht sehen lasse. Du bist verletzt und enttäuscht, aber du musst lernen, dass gemeine Worte anderen wehtun.« Ihr Kind wird Sie eher verstehen, wenn Sie seine Wut auf diese Weise anerkennen. Wenn Ihr Kind sagt: »Du bist gemein«, erkennen Sie an, dass dieses Gefühl für Ihr Kind gerade real ist. Beginnen Sie Ihre Antwort mit: »Du erlebst mich also als ...«, »Du siehst mich also als ...« oder »Es fühlt sich also an wie ...«. So sagen Sie nicht: »Ich bin x oder y«, sondern akzeptieren Sie die Wahrnehmung Ihres Kindes als die seine.

Beziehungen reparieren

Zu lernen, wie man sich entschuldigt, und es vorgelebt zu bekommen, ist für Ihr Kind ein Geschenk. Es wird diese Fähigkeit entwickeln und in sein Erwachsenenleben mitnehmen. Nach einem Konflikt können Sie sagen: »Es tut mir leid, dass ich dich angeschrien habe. Ich wollte, dass du mit xy aufhörst, aber ich hätte es dir anders sagen sollen.« Oder: »Es tut mir leid, dass ich laut geworden bin. Ich hatte einen harten Tag und habe das an dir ausgelassen. Ich entschuldige mich dafür.«

Auf den Punkt gebracht

- **Kinder, deren Eltern in Zeiten von Stress** und Kummer einfühlsam reagieren, entwickeln sich sozial und emotional besser und werden in ihrem Selbstwertgefühl gestärkt.

- **Überlegen Sie stets, welche Gefühle** hinter dem problematischen Verhalten stehen. Nehmen Sie diese gemeinsam mit dem Kind zur Kenntnis.

- **Sagen Sie Ihrem Kind niemals, was es fühlt.** Fragen Sie es: »Hilfst du mir zu verstehen, was du gerade fühlst?«

- **Einfühlsam zu sein bedeutet nicht,** zu nachgiebig zu sein – Einfühlsames Handeln ist eine komplexe menschliche Interaktion, die eine sichere Bindung auf bemerkenswerte Weise unterstützt.

- **Erkennen Sie, wenn Sie getriggert werden.** Statt zu schreien, überlegen Sie, wie Ihre gegenwärtige Wahrnehmung durch schmerzhafte vergangene Erfahrungen getrübt ist.

- **Wenn Kinder emotionalen Schmerz** empfinden, wollen sie keinen Rat, sondern Verständnis.

- **Über das psychische Befinden des Kindes** zu sprechen lehrt Ihr Kind, psychologisch zu denken und zu reflektieren, statt nur zu reagieren.

Empathisch reagieren

In unserem hektischen Leben passiert es uns Eltern nur allzu leicht, dass wir den emotionalen Schmerz unseres Kindes abtun, statt uns Zeit zu nehmen, ihm in seiner Not beizustehen, ihm wirklich zuzuhören und Mitgefühl zu zeigen. Das Kind lernt dann,

Szenario	Unempathische Reaktionen	Verdeckte Botschaften an das Kind
Missbilligen (Wenn das Kind Kummer hat oder wütend ist)	• »Hör auf zu weinen!« • »Jetzt mach nicht so ein Theater!« • »Werd nicht gleich wütend!« • »Hör damit sofort auf!«	• Die Gefühle, die du gerade empfindest, sind falsch. • Ich mag mich mit deinen Gefühlen nicht auseinandersetzen. • Deine Gefühle sind für mich inakzeptabel. Sei ein braves Kind.
Abtun (Wenn das Kind Kummer oder Angst hat)	• »Komm schon, sei wieder fröhlich.« • »Sei nicht dumm.« • »Mach dir keine Sorgen.« • »Lächle doch mal.« • »Vergiss es einfach/Denk einfach nicht mehr dran.«	• Du sollst diese Gefühle nicht haben, sondern lieber angenehmere. • Deine Gefühle sind nicht wichtig. • Du bist eine Last. Du musst deine Gefühle so ändern, dass sie mir passen. • Du bist es nicht wert, gehört zu werden.
Defensive Reaktion (Wenn das Kind »Ich hasse dich« sagt oder Ihnen gegenüber ein anderes negatives Gefühl ausdrückt)	• »Wage es ja nicht, ...!« • »Sprich gefälligst nicht so mit mir!« • Schuldgefühle hervorrufende Reaktion: »Ich habe mich den ganzen Vormittag mit dir beschäftigt, und nun sagst du das. Nach allem, was ich für dich getan habe.«	• Wegen dir fühlen andere sich schlecht. • Schäm dich! • Du solltest dich schuldig fühlen! • Es ist deine Schuld! • Fühl dich schlecht, dass du so bist, wie du bist.
Ablenkende Reaktion/ Themenwechsel (Wenn das Kind Kummer hat)	• »Ist doch alles gut. Lass uns lieber das Buch anschauen.« • »Wollen wir im Sand spielen?« • »Sei tapfer.«	• Höre auf zu fühlen, was du gerade fühlst.
Das Empfinden des Kindes durch Vergleich schmälern (Wenn das Kind Kummer hat)	• »Das ist nicht so schlimm. Bei Bobby war es viel schlimmer, und ihm geht es gut.« • »Ich weiß, wie du dich fühlst, weil ich es auch erlebt habe.«	• Du übertreibst. • Du solltest dich nicht so fühlen. • Deine schmerzhaften Gefühle sind nicht wirklich so schmerzhaft.

schmerzhafte Gefühle in sich hineinzufressen, was seiner psychischen und körperlichen Gesundheit schadet. Diese Tabelle soll Ihnen helfen, Ihre Reaktionen zu erkennen, ggf. anzupassen und einen einfühlsameren Umgang mit Ihrem Kind einzuüben.

	Empathische Reaktionen
	• »Ich sehe, dass du deswegen wirklich wütend/aufgebracht/enttäuscht bist.« • »Es ist vollkommen in Ordnung, dass du dich so fühlst. • [Wenn sein Verhalten das Kind gefährdet:] »Es ist wirklich in Ordnung, dass du das fühlst, aber du darfst dir nicht wehtun, deswegen musst du aufhören, x zu tun.«
	• »Ich sehe, dass du wirklich wütend auf mich bist, weil ich x getan habe.« • »Ich sehe, dass x dir wirklich wehtut.« • »x macht dich also wütend.« • »Kein Wunder, dass du dich x fühlst. Es tut weh, wenn y das macht.«
	• »Ich höre genau, wie wütend du auf mich bist.« • »Hilfst du mir zu verstehen, warum du nicht bei mir sein/mit mir sprechen willst?« (Fühlen Sie sich auch in die Antwort ein.) • »Du siehst mich also als jemanden, der echt unfair/grausam/gemein ... ist. Dann kann ich mir vorstellen, dass du gerade ziemlich wütend auf mich bist.« • Entschuldigen Sie sich, wenn angebracht: »Es tut mir leid, dass ich laut geworden bin. Du musst aufhören, x zu verletzen, aber ich hätte es dir anders sagen sollen.« • »Ich gehe für fünf Minuten raus und überlege, wie wir dieses Problem lösen können.« (Wichtige Auszeit zur Selbstregulation)
	• Wertschätzende Empathie: »Kein Wunder, dass du x fühlst. Es tut weh, wenn y passiert.”
	• »Danke, dass du den Mut hast, mir zu sagen, was du gerade fühlst.« • »Du erzählst mir, dass du dich gerade wirklich schlecht fühlst. Ich kann das gut verstehen ...«

Szenario	Unempathische Reaktionen	Verdeckte Botschaften an das Kind
Bevormunden (Wenn das Kind intensive Gefühle hat)	• »Schau, wenn wir wütend sind, müssen wir x tun.« • »Du bist nur müde.« • »Na los, reiß dich zusammen.«	• Ich weiß es besser als du. • Deine Gefühle sind nicht wichtig. • Deine Gefühle sind der Situation nicht angemessen.
Ratschläge geben, belehren, das Verhalten des Kindes verbessern wollen	• »Was du jetzt tun musst, ist …« • »Du hättest x tun sollen/müssen …« • »Denk einfach nicht mehr daran.«	• Hör auf zu fühlen, was du fühlst. Stattdessen mach/denke lieber x. • Du machst es wieder falsch – andere Kinder können das besser.
Klischees	• »Das Leben ist hart und unfair.« • »Sei ein Mann.« • »Große Jungs weinen nicht.« • »Willkommen in der Realität.« • »Du musst jetzt der Mann im Haus sein.«	• Du darfst keine Verletzlichkeit zeigen. • Du solltest dich dafür schämen, zu weinen und deinen emotionalen Schmerz zu zeigen.
Befragen	• »Warum hast du das getan?« • »Warum fühlst du so?« • »Warum bist du verärgert?« • »Bist du jetzt wütend?« (Erfordert eine Ja-/Nein-Antwort) • »Bist du jetzt traurig?« (Erfordert eine Ja-/Nein-Antwort)	• Denke über deine Gefühle nach und höre auf, sie zu haben. • »Warum«-Fragen lenken das Kind weg von dem, was es fühlt, und bringen es stattdessen zum Denken. Fragen ohne Empathie sind niemals therapeutisch.
Überwältigt/Übermäßig betroffen reagieren, mit dem Kind verschmelzen	• »Oh, das ist schrecklich! Da muss ich jetzt auch weinen.« • »Was du sagst, erschreckt mich!«	• Sorge dich um meine Gefühle sowie um deine eigenen. • Kümmere dich jetzt um mich.
Ignorieren (wenn etwas beim Kind starke Gefühle hervorruft, ob schmerzhafte oder positive)	• Keine oder nur eine mininale Reaktion	• Deine Gefühle sind nicht wichtig. • Ich höre dir nur zu, wenn du aufhörst zu fühlen, was du gerade fühlst. • Bei Kindern, die keine einfühlsamen Reaktionen auf emotionale Erfahrungen erhalten haben, bleiben unbenannte, unverarbeitete Gefühle zurück. Diese werden leicht psychosomatisch, weil sie nie von körperlichen Empfindungen in Worte umgewandelt werden konnten.

	Empathische Reaktionen
	• »Ich verstehe wirklich, dass x bei dir so starke Gefühle hervorruft.« • »Hilfst du mir zu verstehen, wie sich das gerade für dich angefühlt hat?« • »Kannst du mir sagen, was dir jetzt gerade helfen würde?«
	• [Wenn das Kind sich beruhigt hat:] »Lass uns zusammen überlegen, was wir jetzt am besten machen.« • »Vielleicht können wir zusammen überlegen, wie wir mit x besser umgehen können, weil es nicht in Ordnung ist, x zu machen.«
	• Benennen das ganze Spektrum der Gefühle entsprechend der Intensität der Gefühle Ihres Kindes. »Ich glaube, du hast dich gefühlt, als würde dir das Herz brechen« (statt »etwas traurig«). • »Das klingt, als wärst du sehr wütend auf mich« (statt »ein bisschen ärgerlich«).
	• Zeigen Sie Ihr Interesse, indem Sie fragen: »Hilfst du mir zu verstehen, was du in dem Moment gefühlt hast?/wie es sich angefühlt hat, als x passiert ist?«
	• Es ist in Ordnung, wenn Sie zeigen, dass Sie gerührt sind, lenken Sie dabei aber nicht den Fokus auf sich, sonst glaubt Ihr Kind, es müsse sich jetzt um Sie kümmern. • Sagen Sie nicht, dass die Worte Ihres Kindes Ihnen Angst machen, sonst muss Ihr Kind sich nicht nur mit den eigenen Gefühlen auseinandersetzen, sondern auch noch mit Ihren.
	• »Ich kann sehen, wie viel Schmerz du deswegen empfindest.« • »Das schmerzt dich so sehr, ich verstehe das wirklich.« • »Du hast das wirklich gewollt. Du bist so wütend darüber, dass ich nein gesagt habe/Es ist echt hart für dich, wenn ich nein sage.« • »Ich freue mich, dass dies dich glücklich macht.« • »Ja, das macht Spaß!« • »Wie toll! Das finde ich auch!«

Die beste Beziehung *zu Ihrem Kind*

Studien zeigen, dass besondere Beziehungsmomente für ein achtjähriges Kind ebenso wichtig sind wie für ein acht Monate altes. Wie können Eltern also das Verhältnis zu ihren Kindern bestmöglich gestalten? In diesem Kapitel zeigen wir Ihnen, wie Sie die wertvolle Zeit, die Sie mit Ihren Kindern haben, am besten nutzen können. Es gibt viele praktische, wissenschaftlich gestützte Anregungen, die nicht nur Spaß bereiten und die Eltern-Kind-Beziehung bereichern, sondern auch eine echte Investition ins Leben Ihres Kindes sind.

Die beste Bindung herstellen

Die besten Beziehungen entstehen, wenn Bindung und Kommunikation von Anfang an optimal gestaltet werden. Wie erreichen Sie das? Nachweislich widmen sich Mütter ihren Kindern im Durchschnitt täglich eine Stunde intensiv, Väter eine gute halbe Stunde. Eine gute Kommunikation ist nicht nur für die Bindung, sondern auch für die Entwicklung des kindlichen Gehirns wichtig. Sie können damit bereits vor der Geburt beginnen.

BEGINNEN SIE IN DER SCHWANGERSCHAFT

Werdende Mütter reiben gerne sanft ihren Bauch, um einen tretenden Fötus zu beruhigen. Viele werdende Eltern sprechen mit ihrem Ungeborenen oder singen ihm sogar vor. Sie werden sich fragen, ob diese Arten der Kommunikation sinnvoll und für Ihr Kind gut sind. Die Antwort lautet Ja. Wir wissen, dass sogar Föten von Anfang an soziales Interesse und soziale Bedürfnisse haben. Untersuchungen zeigen, dass Zwillinge bereits ab etwa der 14. Schwangerschaftswoche durch zielgerichtete Bewegungen im Mutterleib miteinander kommunizieren.[1]

Stimme und Berührung der Mutter (durch Reiben des Bauches) sind kraftvolle Stimuli, die beim Fötus deutliche Reaktionen hervorrufen, wie man an Arm-, Kopf-, und Mundbewegungen erkennen kann. Diese Reaktionen sind im dritten Trimester deutlicher als im zweiten.

Das Gehör ist ab der 25. Schwangerschaftswoche aktiv, wenn auch nur für bestimmte Frequenzen. Scans zeigen, dass Föten bei beruhigenden Melodien lächeln und bei wilder, lauter Musik Grimassen ziehen. Eindeutig bevorzugen sie beruhigende Musik.[2] Es hat sich gezeigt, dass Babys nach der Geburt eine Melodie wiedererkennen, die sie im letzten Trimester oft gehört haben.[3]

Gut zu wissen

- In den meisten Familien verbringen Mütter täglich rund eine Stunde und Väter 35 Minuten intensive Beziehungszeit mit ihrem Kind.
- Mehr als ein Drittel der Eltern sind der Ansicht, zu wenig Zeit mit ihren Kindern zu verbringen.
- 65 Prozent der Eltern sagen, sie spielten nur gelegentlich mit ihren Kindern.
- Einer von sechs Vätern sagt, er wisse nicht, wie er mit seinem Kind spielen solle.
- Ein Drittel der Väter sagt, sie hätten keine Zeit zum Spielen.
- Zwei Drittel der Gespräche zwischen Eltern und Kindern drehen sich um die tägliche Routine.[4]

Gut zu wissen

Bei einer Entbindung per Kaiserschnitt wird in der Mutter kein Oxytocin (das Bindungshormon) gebildet, anders als bei einer vaginalen Geburt, wo der Kopf des Babys gegen den Muttermund drückt. Zudem blockiert eine Epiduralanästhesie die Nerven, die die Oxytocinfreisetzung auslösen, wodurch Mütter nach der Entbindung einen niedrigeren Oxytocinspiegel haben.[5] Manche verlieben sich deshalb nicht Hals über Kopf in ihr Baby. Doch keine Sorge! Sobald Sie mit dem Stillen beginnen, wird Oxytocin freigesetzt, und bald wird Ihr Oxytocinspiegel so hoch sein wie nach einer natürlichen Geburt. Studien zeigen auch, dass früher Hautkontakt nach einem Kaiserschnitt das Stillen erleichtert. Frühes Stillen fördert die Zufriedenheit der Mutter und verringert Stress beim Neugeborenen.[6]

Von der Kommunikation profitiert auch die Mutter

Mit Ihrem Baby durch sanftes Streicheln des Bauches zu kommunizieren tut auch Ihnen gut.[7] Sanfte Massage in der Schwangerschaft und während der Wehen – vorzugsweise vom Partner – hat viele Vorteile. Die Wehen dauerten durchschnittlich drei Stunden weniger, wenn der Partner Rücken und Beine während der ersten fünfzehn Minuten jeder Wehe massierte. Wurden Mütter massiert, zeigten die Neugeborenen niedrigere Cortisolwerte als ohne Massage[8] und die Häufigkeit von niedrigem Geburtsgewicht war um 80 Prozent niedriger.[9]

DIE BINDUNG ZU EINEM NEUGEBORENEN

Untersuchungen zufolge ist Hautkontakt zwischen Mutter und Kind unmittelbar nach der Geburt die beste erste Begegnung. Er stimuliert die sensorischen Nerven der Haut, wodurch das Hormon Oxytocin (siehe S. 90) freigesetzt wird, sodass:

- Mutter und Kind tiefes Wohlbefinden erleben
- die Bindung zwischen Mutter und Kind gestärkt wird
- Babys weniger weinen
- Mütter die Bedürfnisse des Babys besser wahrnehmen
- Babys leichter atmen
- Mutter und Kind die Klinik früher verlassen können
- die Qualität der Milch besser ist.[10]

Säuglinge, die in den ersten beiden Stunden nach der Geburt Hautkontakt zur Mutter hatten, waren ruhiger, emotional ausgeglichener und im Alter von einem Jahr kontaktfreudiger als diejenigen, die keinen Hautkontakt hatten. Erstaunlicherweise zeigten Zehnjährige, die als Frühgeborene nach der Geburt Hautkontakt zur Mutter hatten, immer noch geringere Stresshormonwerte, ein ausgeglicheneres körperliches Erregungssystem (ANS), schliefen besser, hatten eine bessere Wahrnehmung und eine bessere Beziehung zu ihren Müttern als Babys, die im Brutkasten versorgt worden waren.[11]

Es gibt also ein wichtiges, aber sehr kurzes Entwicklungsfenster nach der Entbindung.[12] Wird ein reifes Neugeborenes ein bis zwei Stunden nach der Geburt auf die Brust der Mutter gelegt, findet es die Brust von alleine und beginnt instinktiv zu saugen.[13] Leider wissen das zu wenige Frauen. Sie haben später Probleme, das Baby anzulegen.

Gespräche mit Neugeborenen

Je mehr Sie mit Ihrem neuen Baby sprechen, desto besser ist es. Natürlich ist es allzu leicht, den technologischen Verlockungen zum Opfer zu fallen und beim Stillen Musik über Kopfhörer zu hören oder sich mit Smartphone und Tablet zu beschäftigen. Doch gerade jetzt benötigen die Stirnlappen Ihres Babys optimale Stimulation durch Beziehungsinteraktionen, um die bestmöglichen sozialen, emotionalen und kognitiven Funktionen auszubilden. Nach der Geburt sehen Babys nur 20–30 cm weit – das ist der Abstand zwischen Ihrer Brust und Ihrem Gesicht. Doch sie hören gut. Sprechen Sie mit Ihrem Baby, wann immer es wach ist, ob es in Ihren Armen oder im Kinderwagen liegt.

Tipp **Baby-Zeichensprache**

Sie sagen ein Wort und machen dazu ein Zeichen. Ihr Baby wird Ihre Gebärden beobachten und beginnen, sie zu verwenden. Die Forschung zeigt, dass Säuglinge, die solch eine Zeichensprache beherrschen, früher in Sätzen sprechen und über bessere sprachliche und kognitive Fähigkeiten verfügen als Babys, die dies nicht tun. Im Alter von drei Jahren sprachen diese Kleinkinder genauso gut wie ein Jahr ältere Kinder und schnitten mit acht Jahren in IQ-Tests deutlich besser ab.[14]

Gut zu wissen

Studien zum Transport im Kinderwagen ergaben eindeutige Ergebnisse.[15] Schaut das Baby die Eltern an,

- sind die körperlichen Erregungssysteme des Babys ausgeglichener
- entsteht eine tiefere Bindung zwischen Eltern und Kind (Augenkontakt/Lächeln)
- sprechen Eltern mehr als doppelt so viel mit ihm wie Eltern, deren Baby im Kinderwagen nach vorne blickt.
- ist das Baby ruhiger
- ist die Wahrscheinlichkeit, dass es »antwortet«, wenn die Eltern mit ihm sprechen, höher.

Ist das Baby von den Eltern abgewandt

- sprechen Eltern um die Hälfte und Kinder ein Drittel weniger
- kann es oft nicht die Aufmerksamkeit der Eltern durch Umdrehen oder Weinen auf sich ziehen
- beschäftigen sich viele Eltern mit ihren Smartphones!

»FREUDENSÄFTE« DURCH SPRECHEN MIT DEM BABY

Manche Eltern glauben, mit ihrem Baby erst in einen Dialog treten zu können, wenn es laufen und sprechen kann, doch die ersten sechs Monate gehören zu den kommunikativsten im Leben eines Kindes.[16] Anfangs interessieren sich Babys mehr für Gesichter als für Spielzeug, und ab etwa drei Monaten kann man mit ihnen fabelhaft kommunizieren, über Laute, Gesichtsausdrücke und Bewegungen. Leider verpassen manche Eltern diese lebenswichtige Kommunikation, weil sie nichts über die Fähigkeiten ihres Babys wissen. So verpasst das Kind eine wichtige frühe Entwicklung in seinem Gehirn und die regelmäßige Aktivierung der »Freudensäfte« (Opioide und Dopamin).[17] Die Interaktionen mit einem Baby unterscheidet sich von Gesprächen mit Erwachsenen. Wählen Sie eine Zeit, zu der Ihr Baby wach und satt ist. Suchen Sie seinen Augenkontakt, sagen Sie dann ein- oder zweimal »Ahh«- oder »Ohh«, langsam und mit einer Pause. Wiederholen Sie dies und geben Sie Ihrem Baby Zeit zu reagieren. Es braucht dafür viel länger als wir. Wenn es wegschaut, warten Sie, bis es zurückschaut. In Studien verstanden manche Eltern diese Signale nicht und wollten den Augenkontakt erzwingen. Die Babys entzogen sich, drehten den Kopf hin und her, wurden still und starrten ins Leere. Das deaktiviert nicht nur die positiven Chemikalien im Gehirn, sondern schüttet auch Stresshormone aus.[18]

Sprechen Sie auch im Beisein anderer mit Ihrem Baby. Es wird gerne »mitreden«. Die frühe Sprachförderung ist auch deshalb wichtig, weil Sprach- mit Verhaltensproblemen zusammenhängen: Zwei Drittel aller Dreijährigen mit Sprachverzögerung zeigen Verhaltensauffälligkeiten.[19]

Kommunikationsstrategien

Wie in »Die Chemie von Liebe & Freude« (siehe S. 88–113) beschrieben, kann man in der Interaktion mit Kindern schnell zu intrusiv oder zu teilnahmslos sein. Als Ergebnis vermeiden Kinder oft den Augenkontakt. Es kann schwierig sein, die Verbindung wieder herzustellen, wenn ein Baby das Vertrauen in Ihre Fähigkeit angemessen zu reagieren verloren hat. Untersuchungen zufolge kann eine frühe Fehlanpassung noch bis zu zwölf Jahre danach zu hohen Cortisolwerten, besonders bei Jungen, führen.[20]

SCHLÜSSELWEGE ZUR BINDUNG

Es gibt verschiedene Strategien, Verbindung zu Kleinkindern bis zu fünf Jahren aufzunehmen – oder wieder aufzunehmen, wenn nötig. Jede einzelne zielt darauf ab, die bestmögliche Kommunikation mit ihnen zu ermöglichen und sich optimal auf sie einzustellen.[21] »Beobachten, warten und zuhören« (siehe gegenüber) ist eine sehr geeignete Schlüsseltechnik.[22] »Nachahmen und kommentieren« ist eine weitere wirkungsvolle Methode, bei der Sie in das Spiel Ihres Kindes einsteigen und es kommentieren.

Nachahmen und Kommentieren

Lassen Sie Ihr Kind aus einer Reihe von Ihnen angebotenen Spielzeugen eins auswählen. Dann beobachten Sie, warten und hören zu. Wenn es nach einem Gegenstand greift, teilen Sie seine Freude (siehe gegenüber). Wenn es malt, sagen Sie: »Kann ich mitmachen? Was soll ich tun?« Wenn es Ihnen einen Pinsel gibt, berühren Sie beim Spiel gelegentlich seinen Rücken oder Fuß. Sie könnten auch kommentieren: »Oh, du nimmst die rote Farbe und malst schöne Linien auf das Papier.« Loben Sie stets: »Was für ein tolles Bild. Vielen Dank.«

• **Nachahmen** bedeutet, Geräusche und Spielabläufe während des Spiels zu imitieren. Schlägt Ihr Kind zwei Spielzeugenten gegeneinander, nehmen auch Sie zwei Enten und machen auf dieselbe Weise dasselbe Geräusch.

- **Kommentieren Sie das Spiel Ihres Kindes.** Stellen Sie keine Fragen, aber plappern Sie auch nicht einfach nach, sondern bauen Sie die Sätze langsam auf. Folgen Sie seinem Spiel und stellen Sie nichts infrage. Nutzen Sie das Spiel zur Sprachentwicklung. Sagt Ihr Kind einzelne Wörter, z. B. »Wasser«, antworten Sie mit zwei bis drei Wörtern: »Wasser im Eimer.« Benutzt Ihr Kind zwei Wörter, z. B. »Wasser tropft«, bilden Sie längere Sätze: »Ja, Wasser tropft auf die Hände.« Wenn Ihr Kind etwas anderes macht, folgen Sie ihm und kommentieren Sie weiter. So behält es das Interesse an seiner Tätigkeit und Sie fördern sein Selbstwertgefühl, weil Sie ihm das Gefühl geben: »Ich kann gute Dinge bewirken. Was ich mache, ist so wichtig, dass Mama es kommentiert.«

Studien zeigen, dass die verbale Aufmerksamkeit der Eltern beim Spiel das Interesse des Kindes wachhält und exploratorische, soziale, sprachliche Fähigkeiten und die symbolische Spielkompetenz fördert.[23]

Tipp **Beobachten, warten und zuhören**

Mama bietet Sarah (sechs Monate) einen Holzlöffel zum Spielen an und legt ihn vor ihr auf den Tisch. Seine Mama sitzt ihr gegenüber und beobachtet, wartet und hört zu.

Sarah denkt darüber nach – bedenken Sie, dass Denk- und Entscheidungsprozesse bei Kleinkindern wesentlich langsamer vor sich gehen als bei Erwachsenen. Die Mutter wartet ab. Lass dir Zeit, Sarah.

Als Sarah nach dem Löffel greift, setzt seine Mutter ihr Beobachten, Warten und Zuhören fort. Als sie sich damit beschäftigt, lobt sie ihr Kind und geht mit ihrer Stimme auf seinen Erregungszustand ein.

Wege zum richtigen Gespräch

Fachleute nutzen oft ein Eltern-Kind-Spiel-Programm, um den emotionalen Status einer Eltern-Kind-Beziehung zu bestimmen. Untersuchungen zeigen, dass in problematischen Beziehungen die übliche Form der Interaktion oft Befehle sind. Damit ist gemeint, das ihre »Gespräche« regelmäßig Befehle enthalten – »Mach das«, »Mach das nicht« und sehr häufig »Nein« und »Hör auf«. Befehle aktivieren die WUT-, FURCHT- und PANIK-/TRAUER-Systeme eines Kindes. Viele sind auch beschämend und steigern die Cortisolwerte.

VERMEIDEN SIE BEFEHLE

Wird in einer Familie vor allem über Anweisungen kommuniziert, trübt das die Beziehungen, denn Befehle führen biochemisch zu Not und Unglück. Wahlfreiheit und spielerische, kommentierende Interaktionen erzeugen dagegen eine fröhliche Atmosphäre. Je mehr Befehle ein Kind erhält, desto häufiger wird es sich widersetzen und trotzig sein.[24]

Kommentieren Sie und machen Sie Vorschläge

Eltern, die ständig Befehle erteilen, tun dies oft, weil sie diese Form der Interaktion aus ihrer eigenen Kindheit kennen. Werden ihnen andere Möglichkeiten zu interagieren gezeigt, z. B. mit »Kommentaren« oder »Vorschlägen«, kann das die biochemische Basis der ganzen Familienkultur verändern und harmonische Beziehungen möglich machen.

- **Der Unterschied zwischen Befehlen und Kommentaren** Die dreijährige Maisy kommt mit ihrer geliebten Froschpuppe an den Tisch und möchte, dass auch der Frosch gefüttert wird. Eine befehlende Reaktion wäre: »Leg den Frosch weg, Maisy. Wir wollen essen«, woraufhin Maisy weint. Eine kommentierende Reaktion wäre hingegen: »Oh, du hast deinen Frosch mitgebracht. Hallo Frosch! Wie geht es dir? Du bist auch hungrig, habe ich gehört!«
- **Genießen Sie kindgeführtes Spiel.** Befehle können auch das Eltern-Kind-Spiel verderben. Beim elterngeführten Spiel spielen Befehle, Kontrolle und Kritik eine große

Gut zu wissen

Wenn Sie Ihrem Kind jeden Tag wertvolle Beziehungsmomente durch Lob und Spiel schenken und Befehle und Kritik auf ein Minimum reduzieren, wird sich sein Gehirn an optimale Glückshormonspiegel gewöhnen. Disziplinierungen werden selten nötig sein, weil es kein Interesse daran haben wird, mit Ihnen zu streiten.

Fallstudie **Im Restaurant**

Der fünfjährige Dara ist mit seinem Vater in einem Restaurant. Dieser schafft es, Dara in nur 20 Minuten 25 Befehle zu erteilen (»Spiel nicht mit dem Besteck!«; »Sitz still!«), ohne einen Kommentar oder ein Lob. Dara beginnt zögerlich zu sprechen. Der Vater sagt: »Sag einfach, was du sagen willst!«, woraufhin Dara verstummt. Unter Tränen sagt Dara: »Aber Daddy, ich mache doch nichts falsch«. Und er hat völlig recht! Wäre der Vater auf sein Kind eingegangen, hätte er ein Spielzeug mitgebracht, um Daras Bedürfnis nach Stimulation (siehe S. 213) zu stillen. Langeweile löst bei Kindern Stresshormone aus, die sie ohne körperliche Reaktion (Zappeln, auf den Stuhl oder unter den Tisch klettern) nicht bewältigen können. Zum Schluss lobt man das Kind, weil es beim Essen stillgesessen und gut gegessen hat.

Rolle. Dadurch werden die Opioide im kindlichen Gehirn deaktiviert und es ist unglücklich. Das kann zu problematischem Verhalten führen, das oft in jenen Familien beobachtet wird, in denen Befehle und Kritik vorherrschen. Kindgeführtes Spiel (siehe S. 182–183) dagegen bedeutet, dem Kind ohne Vorgaben zu folgen. Ihre Aufmerksamkeit setzt in seinem Gehirn Glückshormone frei.

- **Achten Sie auf das Verhältnis von Befehlen und Kritik zu Kommentaren und Lob.** Sue Jenner fand heraus, dass Kinder von Familien, in denen sechs Befehlen/kritischen Äußerungen nur ein Lob gegenübersteht, sich häufig widersetzen und auf psychische Probleme zusteuern. Wenn sich bei Ihnen alles angespannt und viel zu ernst anfühlt, beobachten Sie, wie oft Sie Anweisungen erteilen. Achten Sie auch darauf, wie andere Personen mit Ihrem Kind umgehen. Befehlen sie zu viel, machen Sie sie darauf aufmerksam.
- **Machen Sie Alternativvorschläge, wenn möglich.** Ein Nein kann sehr beschämend für ein Kind sein. Es ist nur im Notfall wichtig, z. B. wenn ein Kind im Begriff ist, auf die Straße zu laufen. Denken Sie daran, dass der wunderbare Botenstoff Dopamin (der Entfaltung, Neugier und Spontaneität ermöglicht) sehr leicht durch Stresshormone blockiert wird, die bei Zurechtweisung des Kindes freigesetzt werden. Durch Anbieten von Alternativen können Sie Grenzen setzen, ohne den ENTDECKERDRANG des Kindes zunichte zu machen oder es zu beschämen (siehe S. 126–130). Versuchen Sie es statt mit »Nein« hiermit: »Du kannst das nicht tun … aber du kannst …« Genau das macht den Unterschied.

Die Rolle der spielerischen Erziehung

Es gibt Menschen auf dieser Erde, mit denen man einfach gerne zusammen ist. Ihre Lebensfreude und Herzlichkeit sind ansteckend, man lebt in ihrer Gegenwart auf. Andere wirken dagegen verschlossen und in der Enge sicherer Gefühle gefangen. Auch sie können sympathisch sein, aber himmelhoch jauchzende, intensive Momente der Freude, in denen man sich unglaublich lebendig fühlt, erlebt man mit ihnen nicht.

ERSTE LIEBE

Es ist ein wunderbares Geschenk, sich in sein Baby zu verlieben, und noch wunderbarer ist es, wenn sich das Baby auch in seine Eltern verliebt. Ab etwa zweieinhalb Monaten erwacht der Gesichtssinn des Babys, und Sie tauschen lange Blicke mit Ihrem Säugling aus. Babys lieben es, Gesichter zu betrachten. Objekte sehen sie nicht so lange an. Ihr entzückter Gesichtsausdruck spiegelt Ihrem Baby wider, wie wundervoll es ist.

Manche Eltern verlieben sich in ihr Baby gleich bei seiner Geburt. Bei anderen dauert es etwas länger, weil sie glauben, ein Baby sei erst dann interessant, wenn es zu sprechen beginnt. Dabei ahnen sie nicht, dass kleine Babys zu den wunderbarsten Gesprächen fähig sind (siehe S. 181). Wenn Eltern dies nicht bewusst ist, entgehen ihrem Baby großartige Gelegenheiten, sein Gehirn schon sehr früh zu entwickeln.

Selbstwertgefühl aufbauen

Diese »Eins-zu-eins«-Momente sind auch die wichtigsten für das Selbstwertgefühl eines Kindes. Kinder, die diese inniglichen Momente mit den Eltern sehr früh erleben, können sich in der

Tat glücklich schätzen. Die Fähigkeit, einen Menschen zu erfreuen, ist die wichtigste Grundlage für Ihr Baby, um sich selbst als liebenswert zu erfahren und zu spüren, dass es Spaß macht, mit ihm zusammen zu sein. Kinder, die diese frühen, intensiven und liebevollen »Eins-zu-eins«-Momente nicht erleben, haben später viel größere Probleme mit ihrem Selbstwertgefühl.

Liebe zum Leben entwickeln

Sich in eine Bezugsperson zu verlieben ist wichtig, weil diese Liebe oft zu einer Liebe zum Leben wird. Nehmen wir die vierjährige Emma – sie ist einfach verliebt in ihren Papa. Er hat gerade ein paar kleine Marmeladengläser für das Frühstück auf den Tisch gestellt. Emma sagt mit echter Begeisterung: »Oh, das sind die schönsten kleinen Gläser, die ich je gesehen habe.« Emma hat bereits begonnen, aus ihrer Liebe zum Vater eine Liebe zum Leben zu machen.

Wenn Ihr Kind größer wird

Behalten Sie die körperliche Zuwendung auch während der Teenagerjahre Ihres Kindes bei. Jeder herzliche Körperkontakt zwischen Eltern und Kind kann die Bindung zwischen ihnen fördern. Jeder »Eins-zu-eins«-Moment mit einer liebenden Bezugsperson aktiviert Glückshormone (siehe S. 90–93). In der Pubertät gibt es eine natürliche Abkehr von den Eltern, doch diese beginnt früher, wenn es an körperlicher Zuwendung mangelt.[25]

Ihrem Kind zu sagen, es sei »zu groß« für Umarmungen, wenn es kein Kleinkind mehr ist, ist ein gravierender Fehler. Manche Kinder distanzieren sich nach einer solchen Aussage von ihren Eltern und die emotionale Bindung wird schwächer. Viele dieser Kinder nehmen von diesem Zeitpunkt an eine Verteidigungshaltung ein und weisen die ohnehin seltenen Umarmungen der Eltern zurück – die Zuwendung kommt zu selten und zu spät. Werden Kinder zu wenig berührt, kann sich daraus ein gestörtes Körpergefühl entwickeln. Selbstverletzung, Rauchen, Alkohol- und Drogenmissbrauch sowie körperliche Verwahrlosung können die Folge und der Ausdruck mangelnder tröstender Berührungen und körperlicher Eltern-Kind-Spiele sein.[26]

INTENSIVE MOMENTE

Intensive Beziehungsmomente sind entscheidend, damit sich Ihr Kind geliebt und liebenswert fühlt. Sie sind Augenblicke einer sehr starken emotionalen Verbindung, ohne störende Ablenkung, ohne Konzentration auf etwas anderes wie Fernseher oder Computer. Wenn Ihr Kind plötzlich die Arme um Sie schlingt und sagt: »Ich hab dich lieb«, dann nehmen Sie es auf den Arm, wirbeln es herum und schenken ihm eine innige Umarmung. Es wird höchst verzückt lachen. Intensive Momente beinhalten das Verweilen in der Intimität des Augenblicks, das spontane Sich-Ausstrecken nach dem anderen. In diesen Momenten fühlt sich Ihr Kind zutiefst angenommen, in seiner Freude und in seinem Schmerz.

Tief im Hirnstamm liegt der Locus coeruleus, der stark aktiviert wird, wenn etwas Bedeutendes geschieht, z. B. ein intensiver Beziehungsmoment. Dann flutet diese Zellstruktur das Gehirn mit Noradrenalin, wodurch sich Ereignisse, Gedanken und Eindrücke stark festigen und für Ihr Kind im Erwachsenenalter wertvolle Erinnerungen schaffen. Ihr Kind wird sich einprägen, dass es Spaß macht, mit ihm zusammen zu sein, und dass gemeinsame schöne Momente mit anderen ihm ein positives Gefühl schenken.

Von Kindern lernen

Kinder können uns alles über emotionale Bindungen beibringen oder unsere Erinnerung daran wiederbeleben. Babys, die genug intensive Beziehungsmomente erlebt haben, werden schnell zu Experten: Viele beherrschen den intensiven Blickkontakt ganz ausgezeichnet. Sie können sogar richtig »flirten«. In einem Café fangen sie oft den Blick einer unbekannten Person ein über den Raum hinweg und tauschen Blicke aus. Wenn jedoch in Ihrer eigenen Kindheit Ihre Fähigkeit zu Nähe zerstört wurde oder sich nie richtig entwickeln konnte, können Sie Ihr Baby nicht bei dieser zentralen Art der Hirnentwicklung unterstützen.

Innige Momente schaffen

In manchen Familien gibt es viele positive, intensive Beziehungsmomente, in anderen nicht. Manche Familien haben es sich einfach

Wie viele intensive Beziehungsmomente haben Sie mit Ihrem Kind?

Testen Sie sich: Denken Sie an einen Tag in der jüngeren Vergangenheit. Hat irgendetwas des nachfolgend Beschriebenen stattgefunden?

- Sie und Ihr Kind haben sich spontan geknuddelt.
- Sie haben Ihr Kind spontan für etwas gelobt.
- Sie haben mit Ihrem Kind herumgetobt (siehe S. 195).
- Sie haben Blicke ausgetauscht oder miteinander gelacht.
- Sie haben ruhige Momente zusammen verbracht (z. B. kuschelnd auf dem Sofa gesessen oder zusammen gelesen).
- Ihre Begrüßungen und Verabschiedungen waren herzlich.
- Ihr Kind wollte Ihnen etwas erzählen oder einfach plaudern und Sie haben ihm mit voller Aufmerksamkeit zugehört.

Wenn einige oder die meisten Punkte zutreffen, können Sie sich gratulieren. Die Art, wie Sie mit Ihrem Kind umgehen, wird seine Fähigkeit in Harmonie zu lieben unterstützen.

abgewöhnt, zusammenzukommen und eine liebevolle Atmosphäre entstehen zu lassen. Manchmal braucht es nur sehr wenig, um das zum Besseren zu wenden. Sie könnten z. B. Überraschungszettel auf das Kopfkissen Ihres Kindes legen, mit dem Sie ihm sagen, was Sie an ihm schätzen, oder das Zusammensein mit der Familie (nicht an einem Geburtstag!) mit kleinen Geschenken, einem Kuchen oder mit einem dieser spektakulären Tischfeuerwerke bereichern. Oder, falls Sie das nicht schon mal getan haben, treffen Sie sich mit der ganzen Familie zu einem Filmabend, mit Popcorn und anderen Snacks. Wenn Sie mehrere Kinder haben, setzen Sie sich z. B. im Café an einen runden Tisch, der das Miteinander viel mehr fördert als ein eckiger. Es ist so traurig, Familien zu sehen, die beim Essen mit ihren Handys beschäftigt sind – eine gemeinsame Mahlzeit ist eine einmalige Gelegenheit für einen Austausch. Legen Sie also fest, dass während der Mahlzeiten zu Hause keine Handys erlaubt sind, und nehmen Sie lustige Familienspiele mit, wenn Sie ausgehen. Wenn Sie mal gut essen gehen möchten, tun Sie das möglichst ohne die Kinder, statt sie vor ein iPad zu setzen, sie zu ignorieren oder sich über ihre Köpfe hinweg zu unterhalten.

KÖRPERLICHES ELTERN-KIND-SPIEL

Tief im unteren Gehirn sitzt der SPIELTRIEB, und er ist großartig! Er ist sehr stark und spielt eine entscheidende Rolle für die geistige Gesundheit sowie die soziale und emotionale Intelligenz des Kindes (siehe S. 34). Der SPIELTRIEB ist der Schlüssel zu gemeinsamer Freude. Es gibt Menschen, mit denen man »fliegen« kann und intensive Glücksmomente erlebt. Fast immer sind diese »Flieger« Menschen, bei denen der SPIELTRIEB in der Kindheit stark aktiviert wurde.

Dieses System wird nicht durch das Spielen mit Spielzeug aktiviert, sondern durch körperliches Spiel mit anderen – Balgereien oder sanftes Herumtollen – Körper an Körper. Je mehr Sie den SPIELTRIEB Ihres Kindes durch freudvolle körperliche Interaktionen aktivieren, desto besser werden sein Gehirn und sein körperliches Erregungssystem auf »Spaß am Leben« programmiert. Das geschieht nicht automatisch. Wenn wir als Kinder keine solche Freude erlebt haben, fühlen wir uns als Erwachsene oft ängstlich, wenn wir aufgeregt oder auf

Gut zu wissen

Begrüßungen und Abschiede können intensive Beziehungsmomente sein oder schwache und fehlende Bindungen zum Ausdruck bringen. Sie könnten einem Kind ganz klar zeigen, wie stark es geliebt wird. Wurde es vermisst? Freuen Sie sich, es zu sehen? Ein führender Neurowissenschaftler hat ausführlich über mögliche negative Auswirkungen der elterlichen Gleichgültigkeit auf die Gehirn- und Körpersysteme eines Kindes bei solchen Wiedersehenserfahrungen referiert.[27]

Haben Sie genug Großmut, Liebe und Spontaneität, um Ihr Kind bei der nächsten Begrüßung mit ausgebreiteten Armen zu empfangen und mit einem herzlichen, erfreuten Gesichtsausdruck zu umarmen?

andere Weise positiv erregt sind. Das verdirbt diese schönen Erfahrungen. So bemerkte eine Frau, deren Eltern ihre gesamte Kindheit hindurch depressiv waren, dass jedes Mal, wenn sie herzhaft lachte oder mit Freunden Spaß hatte, diese Momente durch Katastrophendenken verdorben wurden wie: »Habe ich den Herd angelassen?«

Die Ausprägung des SPIELTRIEBS hängt von unseren Beziehungserfahrungen ab, besonders von denen in der Kindheit. Viele Menschen können zwar Freude empfinden, aber keinen ungebremsten Spaß genießen, weil ihr SPIELTRIEB in ihrer frühen Erwachsenen-Kind-Beziehung nicht ausreichend aktiviert wurde.

Freude aktivieren

Freude ist ein körperlicher Zustand. Wenn wir Freude empfinden, werden die »Freudensäfte« im Gehirn aktiviert (Opioide gehören zu den Schlüsselstoffen) und das autonome Nervensystem (ANS, das körperliche Erregungssystem, siehe S. 48–49) setzt optimale Mengen Adrenalin frei. Wir können diesen Adrenalinschub fühlen: Das Herz schlägt schneller, die Atmung ist beschleunigt und der Appetit unterdrückt.

Dopamin und Opioide müssen zusammen in der optimalen Menge im Gehirn aktiviert werden, damit wir Freude empfinden. Die wiederholte Aktivierung dieser Botenstoffe kann Ihrem Kind Zugang zu weiteren wertvollen Geschenken gewähren – nämlich Spontaneität, genug Antrieb und Zuversicht, um einen Traum zu verwirklichen, sowie Staunen und pure Freude angesichts der wunderbaren Dinge auf dieser Erde. Diese besonderen Botenstoffe fördern die Widerstandskraft Ihres Kindes gegen Stress und seine Fähigkeit, kleinere Probleme zu bewältigen. Diese solide Grundlage sorgt ein Leben lang für Zuversicht, Optimismus und eine positive Lebenseinstellung nach dem Grundsatz »Ich schaffe das«.

Gute Stresshormone

Interessanterweise werden auch beim SPIELTRIEB Stresshormone ausgeschüttet. Diese verursachen jedoch weder Zelltod noch andere Schäden. Freude ist ein Zustand höchster Erregung, deshalb benötigt ein Kind Eltern, die auf diese Freude eingehen, um es in auch diesem Zustand zu regulieren. Die Opioide des Spieltriebs sorgen für die Ausschüttung des Glückshormons Dopamin. Dadurch fühlen wir uns wach, lebendig und energiegeladen. Dopamin aktiviert Neugierde, Antrieb und Willenskraft (siehe »Die Chemie von Antrieb & Willen«, S. 114–131).

Denken Sie einen Moment lang an Ihre eigene Kindheit zurück, an die glücklichen Momente, als Sie mit Ihren Eltern spielten und lachten. Das sind diese intensiven Momente geteilter Freude.

Was ist körperliches Interaktionsspiel?

Das sind körperbetonte Spiele, ob wildes Gerangel oder sanftes Balgen. Das körperliche Interaktionsspiel beeinflusst das Gehirn Ihres Kindes, weil es Bindung, Fröhlichkeit und Lachen fördert. Viele Wissenschaftler sind sogar der Meinung, es könne Depressionen reduzieren.[28] Wir wissen seit Jahrhunderten, dass Spielen sehr wichtig für Kinder ist, aber jetzt haben erstaunliche Forschungsergebnisse dieses Wissen untermauert. Körperliches Interaktionsspiel

- **fördert Wachstum und Reifung** der Stirnlappen im oberen Gehirn (beteiligt an kognitiven Funktionen, sozialer Intelligenz, Konzentrationsfähigkeit, Aufmerksamkeit und der Fähigkeit der Stressbewältigung).[29]
- **erlaubt uns innezuhalten** und die subtilere soziale Atmosphäre um uns herum zu erfassen.
- **aktiviert Anti-Stress- und gesundheitsfördernde** Mechanismen in Gehirn und Körper (SPIELTRIEB).

»Wir haben eine fantastische Zeit zusammen!«

Freude ist das Ergebnis menschlicher Beziehungen. Durch die starke körperliche Erregung, den optimalen Adrenalinspiegel im Körper und die optimalen Dopamin- und Opioidwerte im Gehirn fühlen wir uns unglaublich lebendig, hellwach und haben jede Menge Energie, um unsere Vorhaben umzusetzen. »Wenn viele Dopaminsynapsen losfeuern, fühlt man sich zu allem fähig.«[30]

Ob Menschen die Erregung zulassen oder sich dagegen wehren, hängt unmittelbar von ihrer Erziehung ab. Sie ist verantwortlich dafür, dass Gehirn und körperliches Erregungssystem eines Kindes so geprägt werden, dass es im späteren Leben intensive Zustände von Freude und Erregung empfinden kann. Das ist kein Automatismus.

- **vermindert Impulsivität, Hyperaktivität** und ADHS-ähnliches Verhalten (ADHS=Aufmerksamkeitsdefizit-Hyperaktivitätsstörung) und erhöht die Fähigkeit zu konzentriertem, zielgerichtetem Vorgehen, das lebenslang anhalten kann.
- **entwickelt Fähigkeiten zur emotionalen Regulierung** im Gehirn und die Unterdrückung primitiver aggressiver Impulse (z. B. das Verlangen, jemanden mit Fäusten oder Worten zu treffen).[31] Ausgewachsene Tiere mit Spielerfahrung zeigen weniger Aggression als Tiere ohne.
- **vermindert psychischen Schmerz** durch Opioidfreisetzung. Wenn Ihr Kind jemanden vermisst oder Sie eine Zeit lang von Berufs wegen abwesend sein müssen (was einen schmerzlichen Opioidrückgang auslöst), kann körperliches Interaktionsspiel den Schmerz lindern.
- **unterstützt den SPIELTRIEB** in der koordinierten Zusammenarbeit mit den Stirnlappen.

Körperliche Eltern-Kind-Spiele begünstigen sogar Wachstumsfaktoren im oberen Gehirn. Wir wissen aus der Tierforschung, dass körperliches Spiel den im Gehirn produzierten neuronalen Wachstumsfaktor BDNF (Brain-derived Neurotrophic Factor) aktiviert, eine Art »Dünger« für das Gehirn. Dieses Protein fördert das Wachstum der Synapsen (neuronale Verknüpfungen, die die Signalübertragung zwischen den Nervenzellen ermöglichen), schützt Gehirnzellen, regeneriert sie in manchen Bereichen sogar – und fördert so das Nervenwachstum.[32] BDNF unterstützt auch die Entwicklung der Noradrenalin- und Dopaminsysteme im Gehirn eines Kindes (wichtig für die Lernfähigkeit). Diese Systeme sind bei vielen Kindern mit diagnostizierter ADHS unterentwickelt. Es hat sich gezeigt, dass körperliches Interaktionsspiel bei manchen Kindern genauso wirkungsvoll ist wie geringe Dosen Methylphenidat (Handelsname Ritalin), das bei ADHS oft verschrieben wird [33] (siehe S. 198).

Interaktionsspiel kann sogar zu Hirnwachstum im Hippocampus (siehe S. 21) führen. Dieser Teil des Gehirns zeigt oft Anzeichen einer Schädigung bei den Kindern, die ein hartes Leben haben.[34] Langzeitstudien mit Menschen zeigen, dass wiederholte positive Gefühlszustände in direktem Zusammenhang mit der Widerstandskraft gegen

Depression und Angst im späteren Leben stehen, die körperliche Gesundheit fördern und die Sterblichkeit im Allgemeinen senken.[35] Das Interaktionsspiel bewirkt eine starke Opioidausschüttung und sorgt deshalb genau für diese positiven Gefühlszustände. Zudem kann es gefühlsregulierende Funktionen in den Stirnlappen verstärken und hilft so den Kindern, besser mit ihren Gefühlen umzugehen. Bei Heimkindern konnte nach entsprechenden Spielprogrammen ein dramatischer Entwicklungsfortschritt beobachtet werden.

Körperliches Interaktionsspiel ist z. B. ausgelassenes Toben zwischen Erwachsenen und Kindern. Es sind diese wilden Spiele, die Kinder in derartige Freudenzustände versetzen, dass sie lachen und johlen. Wenn Sie »Flieger« mit Ihrem Kind spielen oder es durchkitzeln, dann ist das genau das Richtige. Ebenso wie diese spontanen, lustigen Momente mit Ihrem Baby, wenn Sie sagen: »Oh, jetzt muss ich aber dieses Füßchen essen!«, und dann tun Sie so, als täten Sie das. Oder Sie spielen Postbote und rufen: »Ein Paket ist angekommen!«, heben Ihr Kind hoch und setzen es einem anderen Erwachsenen auf den Schoß.

Herumtoben unter Kindern

Hat das Herumtoben zwischen Kindern dieselbe Wirkung wie zwischen Erwachsenen und Kindern? Im Prinzip ja. Jedoch ist die Wirkung im Kontext einer Bindungsbeziehung mit einem emotional regulierenden Erwachsenen stärker. Wenn Kinder miteinander herumtoben, wälzen sie sich auf dem Boden, fallen aufeinander oder rangeln miteinander. Die Kinder sind dabei so außer Rand und Band, dass ihre Spiele manchmal mit Verletzungen enden, wenn kein Erwachsener sie beaufsichtigt. Das körperliche Spiel mit Ihnen ist deshalb vorzuziehen, weil Ihre Reaktionen als Erwachsener durch die höher entwickelte Funktion der Stirnlappen besser angepasst sind als die eines anderen Kindes.

Das Selbstverständnis Ihres Kindes

Körperliches Interaktionspiel mit Ihnen ist der Schlüssel zum Selbstbewusstsein Ihres Kindes. Die Möglichkeit, mit Ihnen zusammen regelmäßig Spaß zu haben, bestärkt Ihr Kind in dem Bewusstsein, dass es liebenswert ist und anderen Menschen Freude bereiten kann. Die Zeit, die Sie beide im Spiel miteinander verbringen, schafft Momente der echten Begegnung – intensive, energiegeladene Momente. Sie wenden sich dem anderen zu und treten in Kontakt, spontan, ungezwungen, voller Liebe und Freude.

Wenn Ihr zweijähriges Mädchen plötzlich die Arme um Sie schlingt und sagt: »Lass uns spielen, Mami«, dann balgen Sie vielleicht lachend auf dem Sofa herum. Diese Momente werden zu sehr wichtigen Erinnerungen und haben eine wesentliche psychologische Bedeutung für das Selbstverständnis Ihres Kindes. Ihre Reaktion vermittelt Ihrer Tochter, dass es Spaß macht, mit ihr zusammen zu sein und sie zutiefst geliebt wird.

Zudem wird der Locus caeruleus im Gehirnstamm aktiviert, wenn etwas Bedeutendes geschieht, der das Gehirn Ihres Kindes mit Noradrenalin überflutet (siehe S. 188). Eine starke Aktivierung von Noradrenalin fördert die Bildung neuer Erinnerungen, was vermutlich der Grund dafür ist, dass sich viele Erwachsene gerne an solche Momente erinnern, wenn sie das Glück hatten, sie erleben zu dürfen.

Wenn Kinder zu wenig herumtoben

Was geschieht, wenn Kinder nicht genügend toben? Untersuchungen zeigen, dass Kinder, die sich nicht ausreichend mit anderen körperlich balgen, diesen Mangel durch härteres Spiel, oft zur falschen Zeit, ausgleichen.[36] Ihr Spielimpuls äußert sich auf unangemessene Weise. Dies kann bei Kindern mit ADHS (siehe gegenüber) geschehen. Eine Studie ergab, dass Kinder, die zu wenig herumtollen durften, in der Schule Symptome von ADHS entwickelten, nicht stillsitzen und sich nicht konzentrieren konnten.[37]

Wie oft sollte Ihr Kind herumtollen?

Wissenschaftler schätzen, dass Kleinkinder pro Tag in Summe rund eine Stunde interaktives Spiel mit anderen Kindern oder einem Erwachsenen benötigen: vielleicht ein wenig vor dem Frühstück, dann nach dem Kindergarten oder der Schule, am Abend und vor dem Zubettgehen.[38]

Es wäre gut, wenn mehr Tagesstätten interaktives Spiel aktiv unterstützen würden, sowohl das körperliche Spiel als auch das mit geeignetem Spielzeug. Eine weitere gute Idee sind Spielplatzbesuche. Eltern, die nie interaktives Spiel mit ihren Eltern erlebt haben, können dort interaktives Spiel anderer Eltern mit deren Kindern sehen.

HYPERAKTIVITÄT – ODER ZU WENIG SPIEL?

Kinder mit ADHS zeigen Symptome von Hyperaktivität, Impulsivität und geringer Aufmerksamkeit. Sie haben Schwierigkeiten, sich auf Aufgaben zu konzentrieren, Anweisungen zu befolgen, etwas vorzubereiten und zuzuhören. Sie rennen und klettern völlig unangemessen herum. Sie langweilen sich schnell und sind frustriert, wenn sie eine Lernaufgabe nicht bewältigen. Sie zappeln, winden sich und schlagen manchmal spontan auf andere Kinder ein. Ein Kind mit ADHS spricht zuweilen ohne Unterlass und kann nicht warten, bis es an der Reihe ist – es unterbricht andere, mischt sich ein und stört.

Ein Hauptproblem bei ADHS ist, dass die Stirnlappen noch nicht vollends »online« sind. Interaktives Spiel kann die Entwicklung der Stirnlappen unterstützen, was einem ADHS-Kind hilft, seine motorischen Impulse zu unterdrücken.[39]

Gut zu wissen

Es ist schwer zu glauben, aber mit einem Freund im Gras herumzutoben ist essenziell für eine gesunde Entwicklung des kindlichen Gehirns. Dieses Spiel ist nicht nur ein Ventil primitiver motorischer Impulse wie der Drang zu laufen oder zu klettern, sondern fördert auch die Entwicklung des oberen Gehirns. Später werden diese Kinder ihre Gefühle besser steuern und mit Stress besser umgehen können.

Intensive Gefühle der Freude bewirken die Freisetzung von Glückshormonen im Gehirn, aber auch eine starke körperliche Erregung und die Aktivierung von Stresshormonen. Ihrem Kind zu helfen, den »Stress der Freude« zu bewältigen, ist deshalb eine wichtige erzieherische Aufgabe. Sie helfen Ihrem Kind jedes Mal, wenn Sie seine Freude mit der gleichen Energie teilen. Wenn Ihr Kind ausgelassen auf dem Trampolin hüpft oder mit einem selbst gemalten Bild freudestrahlend auf Sie zuläuft, zeigen Sie Ihre Freude durch Ihren Gesichtsausdruck, den Ton Ihrer Stimme, Ihre Körperhaltung und Bewegung. Wenn Sie ausgelassen mit Ihrem Kind spielen und abrupt damit aufhören, weil das Telefon klingelt, kann seine Freude versiegen und der körperliche Erregungszustand dennoch so intensiv bleiben, dass es allein nicht damit zurechtkommt, was zu Tranen und Aufregung führen kann.

Warum Medikamente oft keine Lösung sind

Manche Menschen wissen nicht, dass interaktives Spiel die Funktion der Stirnlappen entwickeln kann, und glauben, dass die Behandlung mit Methylphenidat (Ritalin) – einem Amphetamin – bei ADHS die einzige Lösung ist. Methylphenidat ruft Nebenwirkungen wie Kopfschmerzen, Übelkeit, Schlaflosigkeit und Appetitlosigkeit hervor. Eltern berichten oft, dass Kinder, die Ritalin einnehmen, ihren Spaß, ihre Lebendigkeit und ihre Spielfähigkeit zu verlieren scheinen. Das Absetzen des Medikaments kann überschießende Reaktionen wie Aufgeregtheit, Depression und Erschöpfung zur Folge haben. Zudem zeigen Studien, dass die Gabe dieses Medikaments bei Säugetieren im vorpubertären Alter eine lebenslang reduzierte Dopaminaktivierung bewirkt, weil das Medikament eine große Belastung für das Dopaminsystem im Gehirn darstellt. Auch Morbus Parkinson resultiert aus einem reduzierten Dopaminspiegel und wir wissen noch nicht, ob Kinder, die im vorpubertären Alter Methylphenidat einnehmen, nicht eventuell ein höheres Risiko haben, an Parkinson zu erkranken.[40]

Untersuchungen an Säugetieren zeigen, dass interaktives Spiel ebenso wirksam sein kann wie geringe Dosen Methylphenidat.[41] Bei vielen hyperaktiven Kindern hilft auch die Einnahme von Fischöl, weil es eine Erhöhung des Serotoninspiegels bewirkt und so Impulsivität auf natürliche Weise hemmt.

SPIELE GUT UND LEBE GUT

Die Aktivierung des SPIELTRIEBS im kindlichen Gehirn ist der Schlüssel zu einem guten Leben. Im Optimalfall bildet sie die Basis, um im späteren Leben Spaß und Verspieltheit in Beziehungen einbringen zu können. Der SPIELTRIEB kann außerdem zur Ausbildung wichtiger sozialer Fähigkeiten beitragen.

In Kombination mit dem Sprachzentrum des Gehirns bringt der SPIELTRIEB bei Erwachsenen neue Formen des Spiels hervor, wie Humor und Ideenreichtum. Humor ist von essenzieller Bedeutung, um auch Krisen gut zu überstehen.

Ich war noch nie sehr gut im Spielen – wie fange ich an?

Bleiben Sie gelassen, wenn es Ihnen schwerfällt, mit Ihrem Kind zu spielen – nicht jeder ist darin automatisch ein Profi. Vielleicht hatten Sie selbst ja keinen spielerischen »Eins-zu-eins-Kontakt« zu Ihren Eltern.

Sie können sich Ihrem Kind gegenüber auf den Boden setzen. Machen Sie Seifenblasen, werfen Sie ein paar Federn in die Luft, um zu sehen, wer sie auffängt, ohne umzufallen, oder bemalen Sie sich gegenseitig das Gesicht.

Obwohl der Impuls zu spielen in jedem von uns genetisch verankert ist, bedarf es der richtigen Umgebung, damit er zum Ausdruck kommt. So muss sich Ihr Kind bei Ihnen sicher fühlen. Sobald es Ihnen gelungen ist, den SPIELTRIEB Ihres Kindes in seinem Gehirn zu aktivieren, werden seine Freudenjauchzer so motivierend sein, dass Sie beide öfter spielen möchten.

Falls es dennoch schwierig für Sie bleibt, sollten Sie dafür sorgen, dass Ihr Kind täglich eine Stunde mit anderen Bezugspersonen, auch mit anderen Kindern, spielen kann.

Qualitätszeit

Alle Eltern wollen die beste Qualitätszeit mit ihren Kindern erleben. Sie wissen intuitiv, was es bedeutet, einen Beziehungsmoment mit ihrem Kind zu haben, aber auch, was es bedeutet, einen Tag ohne gehabt zu haben, weil sie anderweitig beschäftigt waren. So ein Tag ist nicht nur ein Verlust für das Kind, sondern auch für die Eltern.

Vielleicht fühlen Sie sich schuldig, wenn Ihnen das passiert, aber das sollten Sie nicht. Bei der Vielzahl an Aufgaben zu Hause und im Beruf ist es bewundernswert, dass Eltern es überhaupt schaffen, Qualitätszeit mit ihren Kindern zu verbringen. Statistiken besagen, dass Frauen mit unter dreijährigen Kindern rund 90 Stunden wöchentlich mit Arbeit, Haushalt und Kindererziehung beschäftigt sind.[42]

QUALITÄTSZEIT DURCH »BEZIEHUNGSSPIEL«

Das Beziehungsspiel (bei dem Sie Ihrem Kind für optimalen Augenkontakt gegenübersitzen oder -stehen) sorgt für viele Beziehungsmomente mit Ihrem Kind. Dies kann eine beliebige Aktivität sein, doch Ihre Beziehung ist dabei der absolute Mittelpunkt, auch wenn das Spiel nur kurz ist. Das bedeutet nicht, dass das Beziehungsspiel besser ist als z. B. ein gemeinsamer Tag im Zoo – Ihr Kind braucht beides. Neben der Qualitätszeit zählen eben auch die »Qualitätsmomente«.

Welchen Nutzen hat das Beziehungsspiel?

Es fördert die Entwicklung des Gehirns, denn es aktiviert zwei starke Systeme im unteren Gehirn Ihres Kindes: die FÜRSORGE und den SPIELTRIEB (siehe S. 34). Sie können Spielzeug benutzen, aber nur, um Ihre Interaktionen lustiger zu gestalten – Ihre Spiele sollten zutiefst intime Momente von Angesicht zu Angesicht enthalten.

Diese Art des Spiels optimiert die Chancen auf »echte« Begegnungsmomente zwischen Bezugsperson und Kind. Es vereint viele gute Möglichkeiten, sich miteinander zu verbinden – durch Berührung, Musik, Rhythmus, Humor und Fantasie. Schlüsselfaktoren hierfür sind Augenkontakt, Berührung, aufeinander eingehen, Wärme, ein interessierter Gesichtsausdruck, eine offene Körperhaltung und ein spielerischer Ton in der Stimme.

Das Beziehungsspiel ist wichtig für ein positives Selbstwertgefühl – zu erleben, dass man in den Augen des anderen liebenswert ist –, welches nur durch Beziehungsmomente entstehen kann. Es fördert die Spontaneität und das Vertrauen in zwischenmenschliche Beziehungen. Ihre Reaktion drückt aus: »Du hast meine volle Aufmerksamkeit. Ich bin gern mit dir zusammen und du bist wundervoll.«

Warum kann mein Kind nicht mit Freunden oder alleine spielen?
Jede Art des Spielens hat Vorteile. Untersuchungen zeigen jedoch, dass das Beziehungsspiel emotionale Regulation bietet und so die Funktion des oberen Gehirns unterstützt. Das Gehirn gewöhnt sich an optimale Opioid- und Oxytocinwerte (siehe »Das Gehirn des Kindes«, S. 16–39). Kinder sind gute Spielkameraden, aber ihre Stirnlappen haben noch nicht die Reife, um die emotionale Regulation durch einen Erwachsenen beim Beziehungsspiel zu ersetzen. Diese Regulation in einem positiven Erregungszustand fördert die Fähigkeit zu Spontaneität, Ausgelassenheit und echtem Überschwang.

Gut zu wissen

Lachen ist eine körperliche Reaktion, die Belohnungsbahnen im Gehirn aktiviert. Man weiß, dass Lachen das Immunsystem stärkt, den Blutdruck senkt, Stress reduziert und die Opioidausschüttung auslöst. Untersuchungen zeigen, dass man mit anderen zusammen 30-mal öfter lacht als alleine. Wie der amerikanische Neurowissenschaftler Robert Provine sagt: »Die essenzielle Zutat für das Lachen ist kein Witz, sondern eine andere Person.«[43]

Lassen Sie Ihr Kind das Spiel führen. Begeben Sie sich auf Augenhöhe zu Ihrem Kind, damit Sie echten Augenkontakt herstellen und aufeinander reagieren können. Beziehungsspiele sorgen für wunderbare Begegnungs- und Bindungsmomente.

Welche Aktivitäten sind gute Beziehungsspiele?

Setzen Sie sich auf den Boden oder einen Sitzsack oder nehmen Sie Ihr Kind auf den Schoß. Wichtig ist, dass Sie Augenkontakt haben.

- **Klatschspiele** mit Kinderreimen machen allen Kindern Spaß.
- **Schoßspiele** sind wunderbar für Kinder unter fünf Jahren. Das bekannteste ist »Hoppe, hoppe, Reiter«, das auch ältere Kinder lieben.
- **Spiele »von Angesicht zu Angesicht«** fördern die Bindung. Sind die Eltern gute Spielkameraden, nehmen Babys automatisch das Spiel auf. Mit älteren Kindern können Sie das »Stickerspiel« versuchen. Fragen Sie: »Kann ich einen roten Sticker auf meiner Nase haben? Kann ich einen blauen Sticker an meinem Kinn haben?« Dann tauschen Sie. Oder Sie machen lustige Geräusche, wenn Ihr Kind auf Ihre Nase drückt.
- **Machen Sie Spiele, die die Fantasie anregen.** Benutzen Sie Seifenblasen (und bringen Sie sie mit verschiedenen Körperteilen zum Platzen) oder Ballons (zählen Sie, wie lange Sie beide einen Ballon in der Luft halten können). Nehmen Sie auf langen Bahn- oder Busfahrten eine Handpuppe mit. Wenn Sie Ihre Stimme beim Spiel verstellen, nehmen unter Fünfjährige die Geschichte auf. Wählen Sie Puppen mit beweglichem Mund, sie sind ausdrucksvoller.
- **Musikspiele** aktivieren den Nucleus accumbens (eine kleine Struktur tief im Gehirn), der die gefühlsverarbeitenden Regionen im Gehirn

Tipp **Klatschspiele**

Babys lieben Klatsch- und Bewegungsspiele. Sie können auf vielfältige Weise miteinander spielen. Babys lieben es auch, ihre Eltern nachzuahmen. Dadurch lernen sie. Singen Sie Kinderlieder und klatschen Sie den Rhythmus dazu – kommentieren Sie das, was ihr Kind macht, das hält sein Interesse wach. Wenn Ihr Baby noch zu klein zum Klatschen ist, nehmen Sie seine Hände in Ihre und klatschen den Rhythmus miteinander.

Gut zu wissen

Trommeln aktiviert den Nucleus caudatus, der positive Gefühle gegenüber anderen auslöst. Als Beziehungsspiel mit den Eltern ist gemeinsames Trommeln bei Kindern jeden Alters beliebt. Zu den vielfältigen Reaktionen im Gehirn gehört, dass es:

- Entspannung induziert
- Theta-Wellen im Gehirn verstärkt
- den Blutdruck senkt
- Stress reduziert
- die Freisetzung beruhigender Botenstoffe auslöst
- das Immunsystem stärkt
- krebstötende Zellen vermehrt.[44]

Untersuchungen zufolge waren Kinder nach gemeinsamem Trommeln

- weniger verschlossen
- weniger hyperaktiv
- weniger trotzig
- zeigten verbesserte Aufmerksamkeit sowie merklich besseres soziales und emotionales Verhalten.[45]

anspricht und die Ausschüttung von Glückshormonen bewirkt.[46] Babys und Kleinkinder trommeln gerne mit Kochlöffeln auf Töpfen zu Musik. Werfen Sie mit älteren Kindern im Wechsel einen Ball auf eine große Trommel und fangen Sie ihn mit einem Hut auf.

AKTIVITÄTEN, DIE WOHLFÜHL-STOFFE FREISETZEN

Wenn es zwischen Ihnen und Ihrem Kind hakt, ist es wichtig, sich dies einzugestehen. Vielleicht hatten Sie eine Meinungsverschiedenheit oder Stress in der Arbeit und sind deshalb zu streng oder zu kühl zu Ihrem Kind. Zu viele Stresshormone machen Sie beide oder einen von Ihnen angespannt und reizbar. Wenn Sie beginnen, »biochemisch« zu denken, wird klar, dass Sie Ihren biochemischen Zustand ändern müssen, um die Beziehung zu Ihrem Kind wieder zu verbessern. Durch eine Aktivität, die Glückshormone freisetzt, können Sie Ihre Stimmung und die Ihres Kindes ändern und Risse in der Beziehung kitten. Wählen Sie Aktivitäten, die Ihnen beiden guttun: solche, die den Stresshormonspiegel senken und Oxytocin und Opioide freisetzen.

Bieten Sie Ihrem Kind eine Fußmassage an

Um die Beziehung zu ihrem Kind zu stärken, sollten Eltern ihr Kind auch über das Babyalter hinaus massieren. Studien an der University of Virginia (USA) zeigen, dass sogar bloßes Händchenhalten mit einer geliebten Person Stressreaktionen im Gehirn beenden kann.[47] Es hat sich auch gezeigt, dass Massagen Oxytocin freisetzen, was nicht nur Anspannung verringert, sondern auch den Wunsch nach Nähe fördert.[48]

• Eine Massage wirkt am besten auf nackter Haut, weil die sensorischen Rezeptoren der Haut mit dem Gehirn kommunizieren. So werden Glückshormone ausgeschüttet, die Körper und Geist beruhigen. Neuere Untersuchungen zeigen, dass »C-taktile Fasern« in der Haut auf Streicheleinheiten mittleren Drucks und Tempos reagieren. Sie aktivieren den »Inselkortex« im Gehirn, der Gefühle des Wohlbefindens, des Glücks, der Empathie und des Vertrauens auslöst.[49]

Möglichkeiten der sensorischen Anregung

Auch Wärme stimuliert die sensorischen Nerven in der Haut. Baden Sie gemeinsam, oder versuchen Sie es mit einem Jacuzzi®, wenn Ihr Kind über fünf Jahre alt ist. Achten Sie auf die richtige Temperatur. Leider sind die Whirlpools in öffentlichen Bädern nur für Erwachsene ausgelegt – Temperaturen von über 37 °C sind für Kinder ungeeignet. Jacuzzis® und Whirlpools sind zudem nie sicher für Kinder unter fünf Jahren.

Sinnesräume oder -zelte sind ideal, um Glückshormone freizusetzen. Diese kleinen, dunklen Räume verfügen über Lichteffekte und beruhigende Musik – beides aktiviert Oxytocin.[50] Sie können Sinneszelte im Internet kaufen oder mit einer lichtundurchlässigen Plane und Stühlen selbst bauen.

Ein Ausflug ins Grüne schenkt bei geistiger Erschöpfung neue Kraft. Im Sommer bietet sich ein Picknick an. In Studien zeigten Kinder nach nur 20 Minuten in der Natur bessere Aufmerksamkeit und Konzentrationsfähigkeit. Spielen im Grünen hatte bei Kindern mit ADHS dieselbe oder eine bessere Wirkung als Medikamente, sogar nach nur 20 Minuten. Vieles deutet auch darauf hin, dass ein Spaziergang im Grünen

• den Körper beruhigt (z. B. sinken Blutdruck, Cholesterin- und Cortisolwerte)
• positiv auf Gehirnwellenmuster wirkt, höhere meditative Zustände hervorruft und Frustrationen abbaut
• das körperliche Erregungssystem beruhigt
• die Häufigkeit von Stresssymptomen einschließlich Verdauungsbeschwerden und Kopfschmerzen reduziert.[51]

Auf den Punkt gebracht

- **Stellen Sie von Anfang an** die beste Verbindung zu Ihrem Kind her, indem Sie bereits in der Schwangerschaft mit Ihrem Baby kommunizieren.

- **Vermeiden Sie unbedingt Befehle.** Wenden Sie stets spielerische Erziehungsmethoden an und stellen Sie beim Spielen keine Fragen.

- **Bieten Sie Ihrem Kind** viel Eltern-Kind-Spiel. Setzen Sie sich auf Augenhöhe zu Ihrem Kind, kommentieren Sie, ahmen Sie nach und gehen Sie auf seine Bewegungen und Geräusche ein.

- **Denken Sie »biochemisch«** und bieten Sie Ihrem Kind Aktivitäten, die Glückshormone freisetzen.

- **Nehmen Sie sich täglich etwas Zeit** für Aktivitäten, bei denen Ihre Beziehung zueinander im Mittelpunkt steht.

Schwieriges *Verhalten*

Alle Eltern erleben schwieriges Verhalten ihrer Kinder. Dieses Kapitel stärkt Sie für solche Situationen, indem es sie aus wissenschaftlicher und psychologischer Sicht erklärt. Auch Wutausbrüche werden besprochen – ein Thema, bei dem sich die meisten Eltern praktische Hilfe wünschen. Manche Experten empfehlen, Wutanfälle zu ignorieren, was allerdings nicht immer der beste Rat ist. In diesem Kapitel möchte ich deutlich machen, warum man ein Kind im Stich lässt, wenn man nur sein Verhalten betrachtet, nicht aber seine Bedürfnisse.

Die Trigger kennen

Wenn ein Kind sich furchtbar benimmt, ist es nicht einfach nur ungezogen – obwohl es manchmal so aussehen mag. Das Kind ist eine kleine Person mit hochkomplexen Reaktionen und psychischen und physischen Nöten. Überhaupt, wenn wir alles auf die Frage des Verhaltens reduzieren, werden wir allzu leicht vergessen, welche Faktoren ein bestimmtes Verhalten verursachen.

Eltern können viel tun, um schlechtes Benehmen ihrer Kinder zu verhindern. Das Ziel dieses Kapitels ist, zu erklären, warum ihr Kind ungezogen ist, und ihnen Möglichkeiten zu zeigen, wie sie problematische Situationen lösen oder vermeiden können. Wenn uns unser Kind durch sein Benehmen herausfordert, müssen wir uns auch mit Gefühls- und Beziehungsaspekten beschäftigen, nicht nur mit seinem Verhalten. Ist Ihr Kind ungezogen, kommen ein oder mehrere der folgenden Gründe dafür infrage. Wenn Sie sie kennen, können Sie angemessen reagieren:

GRUND 1: MÜDIGKEIT UND HUNGER

Kinder sind oft ungezogen, wenn sie das körperliche Bedürfnis nach Schlaf oder Essen haben. Auch bestimmte Speisen und Getränke können Gehirn und Körper durcheinanderbringen.

Studien zufolge besteht ein Zusammenhang zwischen Schlafentzug und Störungen des autonomen Nervensystems (siehe S. 48–49), das die körperliche Erregung reguliert. Ist es im Gleichgewicht, stabilisieren natürliche Beruhigungsmechanismen die Stimmung. Bei Schlafmangel können diese Mechanismen ihre Funktion nicht aufrechterhalten. Ein Kind gerät leicht in einen Zustand der Übererregung.[1]

Schlafmangel intensiviert negative Gefühle, wenn wir unter Stress stehen. Zudem bingt er den Blutzuckerspiegel durcheinander, was wiederum Stimmungsschwankungen bewirkt, einschließlich Aggression, Anspannung und Depression.[2]

Weil es einfacher ist, nach einer körperlichen Ursache zu suchen, als über komplexe emotionale und soziale Bedürfnisse nachzudenken,

»Mir reicht es einfach.«

Wenn ein Kind ungezogen ist, fällt es schwer, in diesem Moment über die Gründe nachzudenken. Kinder haben noch nicht die Reife, ihre Gefühle zu vermitteln, was zu unangemessenem Verhalten führen kann. Sprechen Sie mit Ihrem Kind über sein Benehmen und versuchen Sie, die Ursache zu verstehen. Oft kommen seine eigentlichen Gefühle dadurch ans Licht. Das wiederum gibt Ihnen die Möglichkeit, eine gute Lösung für die Situation zu finden.

schreiben es Eltern allzu oft Müdigkeit zu, wenn sich ihr Kind schlecht benimmt. Geht es ihm aber aus einem anderen Grund schlecht, macht es die schmerzliche Erfahrung, nicht verstanden zu werden.

Wie Hunger den Körper aus dem Gleichgewicht bringt

Wenn Kinder Hunger haben, bringt das ihren Hormonhaushalt aus dem Gleichgewicht. Fällt der Blutzuckerspiegel Ihres Kindes zu tief, antwortet sein Körper mit der Freisetzung von Stresshormonen. Dazu gehören auch Adrenalin und Cortisol, die die Erhöhung des Blutzuckerspiegels bewirken sollen. Doch kann deren starke Aktivierung bei

Gut zu wissen

Studien mit Kleinkindern zeigen, das DHA (eine Omega-3-Fettsäure) aus fettem Fisch wichtig für die Entwicklung des Gehirns, das Denken und die Konzentrationsfähigkeit ist. Niedrige DHA-Werte gehen oft einher mit

- Wutanfällen
- Schlafstörungen
- Verhaltensstörungen
- Lernstörungen.[4]

Ihrem Kind auch Anspannung, Erregtheit, Aggression, Panik und Verwirrung hervorrufen. Diese schmerzlichen Gefühle können sich in einem Wutausbruch entladen.

Untersuchungen zufolge kann ein fehlendes Frühstück zu Hyperaktivität führen. Ein richtiges Frühstück verbessert die schulischen Leistungen, das psychische Wohlbefinden und das Verhalten eines Kindes. Holten Kinder, die nicht gefrühstückt hatten, das Frühstück nach, war ihre Stimmung für den Rest des Tages wesentlich stabiler.[3]

Zucker und Süßes lösen schlechtes Benehmen aus

Schokolade und Süßigkeiten auf leeren Magen katapultieren den Blutzuckerspiegel in schwindelnde Höhen. Das Kind erhält innerhalb von zehn bis 15 Minuten einen Energieschub, doch weil der Blutzuckerspiegel zu stark ansteigt, setzt der Körper Insulin frei, um ihn wieder auf ein sicheres Niveau zu senken. Nach ungefähr 30 Minuten erlebt das Kind einen drastischen Abfall des Blutzuckerspiegels, der niedriger ist als vor dem Verzehr der Süßigkeiten. Dadurch entsteht Hypoglykämie, die wiederum zu Aggression, Anspannung und hyperaktivem Verhalten wie Herumrennen und -klettern führt.[5]

Dasselbe Kind kann eine gewisse Zeit lang ganz normal spielen, wenn es eine richtige Mahlzeit zu sich nimmt, die die Ausschüttung des stimmungsstabilisierenden Serotonins in seinem Gehirn fördert. Als Snack für Ihr Kind ist ein Honigbrot oder eine Banane besser als Schokolade. Diese Nahrungsmittel bewirken keinen drastischen Abfall des Blutzuckerspiegels und erhöhen außerdem die Serotoninwerte.

Nahrungsmittelzusätze können das Gehirn beeinflussen

Kinder reagieren auf Nahrungsmittelzusätze besonders empfindlich, weil ihr Körper und ihr Gehirn noch so unreif sind. Einige Zusätze senken die Dopamin- und Noradrenalinwerte im Gehirn, was bei manchen Kindern zu hyperaktivem Verhalten führt. Hat Ihr Kind Eiscreme oder Limonade zu sich genommen und fängt an, hyperaktiv zu werden, wissen Sie, warum. Achten Sie auf:

- E110, in manchen Keksen enthalten, wirkt bei Tieren krebserregend.

- E122, in manchen Marmeladen enthalten, wirkt bei Tieren ebenfalls krebserregend.
- E127, das für manche Süßigkeiten verwendet wird, ist ein Dopamin- und Noradrenalinhemmer und kann den Verlust der Konzentrationsfähigkeit und ein ADHS-ähnliches Verhalten verursachen.
- E150 wird manchen Softdrinks und Chips beigefügt.
- E210–E219 sind in manchen Softdrinks, Marmeladen und fertigen Salatsoßen enthalten und werden mit Asthma und kindlicher Hyperaktivität in Zusammenhang gebracht.
- E220–227 in manchen Desserts, Keksen und Fruchtsäften
- E249–252, manchmal in geräuchertem Fleisch und Käse enthalten, verursachen Kopfschmerzen und wurden in Studien als beim Menschen krebserregend eingestuft.
- Süßungsmittel, die manchen Softdrinks und süßen Speisen beigefügt werden, senken den Tryptophanspiegel. Tryptophan ist wichtig zur Herstellung des Botenstoffs Serotonin. Niedrige Tryptophanwerte stehen in Zusammenhang mit Hyperaktivität und aggressivem Verhalten.[6]

Gut zu wissen

Zusätze in verarbeiteten Nahrungsmitteln wie Keksen, Süßigkeiten und Softdrinks können sich stimmungsverändernd auf das Gehirn eines Kindes auswirken und sind oft Auslöser schlechten Benehmens. Darum enden Kinderpartys mit mindestens einem weinenden, übererregten Kind. Versuchen Sie leckere, gesunde Alternativen anzubieten, die wenig Zusätze, Farbstoffe und Zucker enthalten.

GRUND 2: EIN UNREIFES EMOTIONALES GEHIRN

Kinder werden manchmal wegen schlechten Benehmens getadelt, für das sie nichts können, weil die emotionalen Bereiche ihres Gehirns noch unreif sind. Bei kleinen Kindern ist der obere Gehirnbereich noch wenig entwickelt. Daher können sie ihre primitiven Impulse zu schlagen oder herumzurennen und überall hochzuklettern nicht unterdrücken.

Oft wird zu Unrecht bestraft, aus mangelndem Verständnis für das unreife Gehirn. Schläge sind die Anwendung von physischer und psychischer Gewalt mit der Absicht, das Verhalten des Kindes zu korrigieren oder zu kontrollieren. Eine Langzeitstudie über 20 Jahre zeigt, dass Schläge Kindern schaden und Verhaltensprobleme verschlimmern, statt zu bessern.[7] Schläge verursachen eine hohe Cortisolausschüttung im kindlichen Gehirn und verringern die Durchblutung des Dopaminsystems im Gehirn, was die Belohnungsneurochemikalien reduziert. Studien zufolge sind Kinder, die geschlagen wurden, sehr anfällig dafür, als Teenager Alkoholexzesse durchzumachen.[8] Die Ursache dafür ist, dass Alkohol Dopamin freisetzt.

Der Neurowissenschaftler Martin Teicher fand heraus, dass das Gehirn eines Kindes durch einen elterlichen Klaps genauso geschädigt wird wie durch Schläge. Veränderungen in Struktur, Funktion und Vernetzung des Gehirns, erhebliche Volumenverringerung der weißen und grauen Substanz im gesamten Gehirn, Veränderungen im präfrontalen Cortex, geringeres Volumen der Gehirnzellen im Hippocampus (Gedächtnis) und im Corpus callosum (emotionale Intelligenz) sowie Veränderungen im Stressreaktionssystem können die Folge sein. Dennoch ist das Schlagen der Kinder in Ländern wie England und Nordirland immer noch gesetzlich erlaubt.[9] Etwa sechs von zehn Erwachsenen, die selbst

Gut zu wissen

Das Glutamatsystem in den Stirnlappen befähigt uns, klare Gedanken und Ziele zu formulieren – auch destruktive. Es entwickelt sich erst im Laufe des ersten Lebensjahrs, ist also bei Babys und Kleinkindern noch nicht richtig ausgebildet. Sie sind schlicht noch nicht so weit, um absichtlich unartig oder gar manipulativ zu sein. Manche Eltern interpretieren das Verhalten ihres Kindes fälschlicherweise als Beleidigung oder aufsässig und reagieren mit Bestrafung. Dabei liegt es am noch unreifen Gehirn.

geschlagen wurden, geben an, dass sie ihre eigenen Kinder schlagen, und 39 Prozent glauben, dass Schläge das Verhalten eines Kindes bessern.[10] Schade, dass sie die Studien nicht gelesen haben.

Manche Menschen schlagen ihr Kind, weil sie glauben, es sei vorsätzlich unartig. Über Generationen galt die Ansicht, einem schreienden Baby »nachzugeben« bedeute, es zu »verziehen«, oder Kinder würden ihre Eltern »um den Finger wickeln«. Heute wissen wir, dass das Gehirn eines Babys oder Kleinkinds noch nicht ausreichend entwickelt ist, um die Erwachsenen zu manipulieren (siehe linke Seite unten).

GRUND 3: PSYCHISCHER HUNGER

Der Psychologe Eric Berne hat drei Arten psychischen Hungers identifiziert: nach Anregung, Aufmerksamkeit und Struktur. Menschen fühlen sich unwohl und erkranken langfristig geistig und körperlich, wenn ein oder verschiedene Arten dieses Hungers unbefriedigt bleiben.[11]

Hunger nach Anregung

Das Gehirn nimmt einen Mangel an Stimulation als Stress wahr. Um diesen schmerzlichen Zustand zu beenden, stellen Erwachsene z. B. das Radio an oder greifen zur Zigarette. Säuglinge können den Kopf hin und her bewegen, Kleinkinder herumrennen und schreien. Weil Kinder weniger Möglichkeiten haben als Erwachsene, verhalten sie sich zur Stimulation oft laut, aggressiv oder destruktiv – sie schlagen Geschwister oder verschütten Saft. Eine Form dieses Stimulationshungers sind Wutanfälle (siehe S. 216–217).

Hunger nach Aufmerksamkeit

Der Aufmerksamkeitshunger ist das genetisch verankerte menschliche Bedürfnis nach Aufmerksamkeit. Wir alle sehnen uns nach dem Gefühl, Einfluss auf die Welt zu haben, denn »habe ich Einfluss, weiß ich, dass ich existiere«.[12] Wenn ein Kind fühlt, dass gutes Benehmen keinen Einfluss auf seine Eltern hat, schwenkt es um auf schlechtes. Es schreit innerlich: »Bitte ignoriere mich nicht.« Wenn Ihr Kind Ihre Aufmerksamkeit nur durch Ungezogenheit, Schreien oder Weinen erlangt, wird es sich auch so verhalten. Natürlich ist für jedes Kind liebevolle

Aufmerksamkeit besser als ärgerliche, wenn aber nur Letztere verfügbar ist, wird es diese suchen.

Hunger nach Struktur

Wir haben alle das psychische Bedürfnis nach Struktur. Ein Mangel kann bei Erwachsenen zu Depression, Anspannung, Wut oder dem Gefühl von Ziel- und Sinnlosigkeit führen. Eine strukturlose Gesellschaft ist ein fruchtbarer Boden für schlechtes Verhalten. Ohne Regeln und Gesetze bricht eine Zivilisation zusammen. Mit Kindern ist es genauso. Sie brauchen die Struktur häuslicher Routine und Regeln.

GRUND 4: HILFE BRAUCHEN BEI STARKEN GEFÜHLEN

Manchmal benehmen sich Kinder schlecht, um eine durch Schmerz verursachte Anspannung zu entladen. Sie sind auf jemanden böse oder von ihm enttäuscht, vielleicht werden sie in der Schule tyrannisiert, sind auf Geschwister eifersüchtig oder können ein bestimmtes Ereignis nicht verkraften. Emotionaler Schmerz aktiviert Stresshormone in Körper und Gehirn, Ausbrüche bauen Spannungen ab. Ein Kind kann seine Gefühle nicht in Worte fassen, deshalb drückt es sie durch Kreischen oder Schreien aus. Wenn wir Kindern mit starken, schmerzlichen Gefühlen (Enttäuschung, Eifersucht, Verlust, Frustration) helfen, statt sie für ihre vom unteren Gehirn ausgelösten Gefühlsausbrüche zu tadeln, fördern wir die Entwicklung von Nervenbahnen im oberen Gehirnbereich, die für die natürliche Regulierung dieser Gefühle essenziell sind.

GRUND 5: ÜBERTRAGUNG IHRES STRESSES

Das Verhalten eines Kindes ist oft ein Barometer für Stress, Depression, Wut oder Trauer bei den Eltern. Anhaltendes Schreien und Toben kann das Mittel des Kindes sein, Emotionen der Eltern zu entladen.

Die Erziehung eines Kindes gehört zu den stressigsten Aufgaben im Leben. Je gestresster Sie sind, desto schlechter benimmt sich Ihr Kind. Der vordere Teil seines rechten Stirnlappens nimmt die emotionale Atmosphäre in Millisekunden auf. So wird es auf körperlicher und emotionaler Ebene durch Stress oder Anspannung in der Familie beeinflusst. Sind Sie entspannt, ist Ihr Kind ruhig. Ist die Atmosphäre angespannt, benimmt Ihr Kind sich schlecht.[13]

GRUND 6: SIE AKTIVIEREN DEN FALSCHEN BEREICH IM GEHIRN

Die Art Ihres Umgangs mit Ihrem Kind kann den falschen Teil seines Gehirns aktivieren. Wenn Sie schreien und ständig Befehle erteilen, aktivieren Sie die primitiven WUT- und PANIK-/FURCHT-Systeme tief im Säugerhirn Ihres Kindes. Spielen, Lachen und Liebkosen hingegen wecken bei ihm die Systeme SPIELTRIEB und FÜRSORGE und setzen beruhigende Opioide frei – Ihr Kind ist zufrieden und ruhig.

»Du bist so gemein.«

Ein Hauptgrund für schlechtes Benehmen bei Kindern ist, dass die Eltern bei ihnen den falschen Gehirnbereich aktivieren. Sie haben keine Freude mit Ihrem Kind, wenn Sie seine WUT-, FURCHT- oder PANIK-/TRAUER-Systeme (siehe S. 35) im unteren Gehirn anregen. Sie schaffen jedoch eine wunderbare Atmosphäre, wenn Sie die FÜRSORGE, den SPIELTRIEB oder den ENTDECKERDRANG (siehe S. 34) aktivieren.

Wutanfälle

Wutanfälle treten in der Regel auf, weil das rationale Gehirn eines Kindes noch zu wenig entwickelt ist, um mit solchen Gefühlsstürmen auf angemessene Weise umzugehen. Viele Wutausbrüche sind das Ergebnis von emotionalem Schmerz, der ernst genommen werden sollte: Ohnmacht, Frustration, Verlust, Enttäuschung und das Gefühl, missverstanden zu werden. Nur selten entspringen Wutanfälle dem Wunsch, Kontrolle über ein Elternteil auszuüben.

Wegen ihrer Intensität sind Wutausbrüche nicht nur für das Kind selbst erschreckend, sondern rufen auch bei Eltern Gefühle von Unfähigkeit, Hilflosigkeit, Überforderung oder Wut hervor, besonders dann, wenn ihren eigenen Gefühlen in ihrer Kindheit nicht ausreichend Rechnung getragen wurde. Es ist eine echte Kunst, während des Wutanfalls eines Kindes mit den eigenen Gefühlen umzugehen. Wichtig ist jedoch, dass es nicht zum Machtkampf kommt, sondern dass die Eltern ruhig bleiben und rational und kreativ mit den Gefühlen ihres Kindes umgehen. Zum Beispiel: »Du wolltest einen Keks und bist sauer, weil ich nein gesagt habe, aber es gibt gleich Mittagessen.« Selbst wenn das Kind nicht alle Worte versteht, fühlt es sich durch den Tonfall der Eltern verstanden. Die Forschung zeigt, dass Eltern, die auf diese Weise mentalisieren können, eine sicherere Bindung zu ihren Kindern aufbauen.[14]

Gut zu wissen

- Konflikte wegen des Essens sind für 17 Prozent der Wutanfälle bei Kleinkindern verantwortlich. Die Gründe dafür sind oft komplex (siehe S. 238–240).
- In einem Kindersitz oder Buggy angeschnallt zu werden ist der Anlass für über elf Prozent aller Wutanfälle von Kleinkindern.
- Auch beim Anziehen wird die Bewegungsfreiheit eines Kindes eingeschränkt und sorgt für rund elf Prozent aller Wutanfälle.

WARUM WUTANFÄLLE WICHTIG SIND

Wutanfälle sind wichtig für die Ausformung des Gehirns. Durch sie gelingt es dem Kind, seine aufbrausenden Gefühle zu regulieren und die notwendigen Nervenbahnen für Stressbewältigung und Durchsetzungsvermögen anzulegen.

Das sanfte Kind hat schon früh gelernt, dass starke Gefühle eine erschreckende Reaktion der Eltern hervorrufen und der Preis für die elterliche Liebe Gefügigkeit ist. Gefügig gemachten Kindern bleibt so eine wichtige Entwicklung des Gehirns versagt. Das Unterdrücken von Gefühlen ist schlecht für die körperliche Gesundheit – Studien zeigen, dass es das Krebsrisiko um 70 Prozent und die Gesamtsterblichkeit um 30 Prozent erhöht.[15] Autor und Redner Gabor Maté beschreibt dies sehr schon als »Ausverkauf der Authentizität, um die Bindung zu erhalten«. Das bedeutet: »Ich habe gelernt, die Person zu sein, die meine Eltern haben möchten, aber ich weiß nicht mehr wirklich, wer ich bin, weil ich so wenig Kontakt zu meinem eigenen Selbst habe.«

Nicht alle Wutanfälle sind Machtkämpfe

Bei Wut geht es nicht immer um Kontrolle. Viele Wutanfälle sind Ausdruck echten emotionalen Schmerzes. Ein solcher Schmerz kann z. B. entstehen, wenn es Kindern nicht gelingt, dem geliebten Elternteil etwas Wichtiges verständlich zu machen. Fragen Sie sich angesichts eines potenziellen Konflikts, ob es sich lohnt, deswegen zu streiten. Stellen Sie sich vor, Sie wären zwei Jahre alt und die Erwachsenen hätten die Kontrolle über alles, was Sie tun. Würde Sie das nicht wahnsinnig machen? Überlegen Sie, wo es sich lohnt einzuschreiten (z. B. bei Gefahr) und wo Sie Ihrem Kind Freiraum lassen können.

Es gibt zwei Arten von Wutanfällen

Den ersten Typ nenne ich »Stressausbruch«, der zweite ist mit »Jähzorn« (siehe S. 224) am besten beschrieben. Es ist wichtig zu wissen, was jeweils im Gehirn eines Kindes vorgeht, da jeder Typ einer gesonderten Reaktion bedarf. Ist Ihr Kind jähzornig, sollten Sie sich entfernen, bei einem Stressausbruch sollten Sie Ihr Kind trösten.

Stressausbrüche

Ein Stressausbruch liegt vor, wenn bei Ihrem Kind ein oder mehrere der drei Alarmsysteme im unteren Gehirn stark aktiviert sind: WUT, FURCHT und PANIK/TRAUER (siehe S. 35). Dadurch gerät das Erregungssystem völlig aus dem Gleichgewicht – Körper und Gehirn werden von Stresshormonen überschwemmt.

Stressausbrüche kommen vor, weil wichtige Nervenbahnen zwischen dem oberen und unteren Gehirnbereich noch nicht existieren. Sie sind notwendig, um ein Kind zu befähigen, mit seinen Gefühlen umzugehen. Beruhigen Sie Ihr Kind, während Stresshormone sein Gehirn und seinen Körper fluten. Werden Sie in dieser Situation böse, hört es vielleicht auf zu weinen, doch sein FURCHT-System kann ausgelöst werden und das System PANIK/TRAUER überlagern. Es kann auch still vor sich hin leiden, aber dabei bleibt der Cortisolspiegel sehr hoch und die Flut der Stresshormone wegen ungetrösteten Kummers kann im Gehirn eines Kindes toxische Ausmaße annehmen.

Während eines Ausbruchs können Kinder weder sprechen noch zuhören
Die drastischen Gehirn- und Körperveränderungen während eines Wutanfalls beeinträchtigen die Denkfunktionen Ihres Kindes und die Bereiche im Gehirn, die das Verstehen und den Ausdruck von Sprache steuern. Der Versuch, während eines Stressausbruchs mit dem Kind zu sprechen, oder die Erwartung, dass es in diesem Zustand über seine Gefühle spricht, ist reine Zeitverschwendung.

Ein Stressausbruch braucht eine sensible Reaktion
Nehmen Sie einen echten Stressausbruch ernst und begegnen Sie dem Schmerz des Verlustes, der Frustration oder Enttäuschung Ihres Kindes mit Verständnis. So helfen Sie Ihrem Kind, Stressregulationssysteme im rationalen Gehirn (siehe S. 24–27) zu entwickeln. Es lernt also, über seine intensiven Gefühle nachzudenken und bei ihnen zu bleiben, statt sie zu vermeiden (was zu psychischen Erkrankungen führt) oder

von ihnen überwältigt zu werden und in die primitive Entladung durch Kampf oder Flucht überzugehen.

Vielleicht schreit ein Kind, weil es nicht in den Buggy will. Ein Elternteil, das die Gefühle des Kindes verbalisieren kann (siehe Seite 164), könnte sagen: »Papa weiß, dass du nicht in den Kinderwagen willst. Du bist böse auf Papa, weil er dich in den Buggy gesetzt hat.« Sagen Sie dies in einem Tonfall, der der Intensität des Kindes entspricht, aber natürlich, ohne seinen Ärger auszudrücken. Sie setzen das Kind in den Kinderwagen (weil Sie irgendwohin müssen), haben aber seine Not und Wut anerkannt.

Den Stress des Kindes zu regulieren ist die zentrale Aufgabe

Durch Hilfe im Umgang mit intensiven Gefühlen wie Wut, Frustration oder Kummer kann ein Kind die Nervenbahnen in seinem Gehirn entwickeln, die es befähigen, sich selbst zu beruhigen. Wenn wir auf einen echten Stressausbruch nicht adäquat reagieren, verpassen wir eine gute Gelegenheit, das Gehirn eines Kindes positiv zu formen. Es ist beruhigend für ein Kind, wenn es weiß, dass ein Erwachsener die Stürme, die durch seinen Körper und sein Gehirn toben, verstehen und lindern kann. Höchst beunruhigend aber ist es, wenn es sich in einem schrecklichen emotionalen Zustand befindet und seine Mama ärgerlich wird oder einfach weggeht.

Fallstudie **Ein Wutanfall beim Frühstück**

James hat einen Stressausbruch, weil sein Lieblingsmüsli alle ist. Er ist nicht unartig, sondern enttäuscht. James muss die durch die Frustration entstandene körperliche Erregung entladen und braucht eine mitfühlende Reaktion.

Sein Vater nimmt ihn auf den Arm und findet verständnisvolle Worte, die James befähigen, Stressregulationssysteme zu entwickeln. Diese Methode ist wesentlich effektiver als der Versuch, mit einem Kleinkind zu diskutieren.

MIT STRESSAUSBRÜCHEN UMGEHEN

Ihre Aufgabe ist es, Ihrem Kind ein Gefühl von Geborgenheit, Trost und Beruhigung zu geben, wenn es einen Stressausbruch hat. Diese Techniken können helfen, Ihr Kind zu beruhigen:

- **Bleiben Sie ruhig.** Sie können Ihrem Kind Alternativen anbieten. Wenn es beim Anziehen wütend wird, können Sie fragen, ob es lieber die blaue oder die braune Hose anziehen möchte.
- **Ablenkung ist eine effektive,** zu selten angewandte Technik. Sie aktiviert den ENTDECKERDRANG (siehe S. 34) im unteren Gehirn, der Neugier und Interesse weckt und so auf natürliche Weise das WUT- oder PANIK-/TRAUER-System außer Kraft setzt. Außerdem wird das Glückshormon Dopamin im Gehirn freigesetzt, das Stress reduziert und für Interesse und Antrieb sorgt.[16]

Tipp **In den Armen halten**

Wenn Ihr Kind einen Stressausbruch erlebt, braucht es Ihre Hilfe, um sich beruhigen zu können. Wenn Sie es in den Armen halten, hilft Ihr gereiftes körperliches Erregungssystem (siehe S. 50), das unreife Ihres Kindes zu beruhigen.

Sprechen Sie mit sanfter Stimme und benutzen Sie einfache, tröstende Worte. Ihr Kind wird sich bald sicher und geborgen fühlen, wenn es merkt, dass Sie ihm in seiner Not helfen können. Das wird Ihr Kind davon abhalten, böse auf Sie zu werden oder sich von Ihnen abzuwenden.

Wenn sich Ihr Kind wieder besser fühlt, versuchen Sie, es mit etwas Lustigem abzulenken, etwa mit einem Spielzeug, oder machen Sie es auf etwas Interessantes in der Umgebung aufmerksam.

Gut zu wissen

Es ist normal, dass Kinder nach einem Stressausbruch nachts schlimme Träume haben. Intensive Gefühle tauchen oft als Monster in einem Albtraum wieder auf.

- **Halten Sie Ihr Kind zärtlich fest.** Bleiben Sie jedoch ruhig und halten Sie sich unter Kontrolle. Die Nähe Ihres ruhigen Körpers bringt die übererregten Körper- und Gehirnsysteme Ihres Kindes wieder ins Gleichgewicht und löst die Freisetzung der natürlichen beruhigenden Opioide und Oxytocin frei. Sagen Sie verständnisvolle Worte wie: »Ja, ich weiß.« Wenn das WUT-System gleichzeitig mit dem PANIK-/TRAUER-System Ihres Kindes aktiviert wurde und es Sachen durchs Zimmer wirft oder um sich schlägt und beißt, benötigen Sie die richtigen Haltetechniken (siehe S. 271–272).
- **Manchmal fühlt sich ein Kind beschützt**, wenn man neben ihm sitzt und ruhig mit ihm redet. Manche Kinder ziehen dies dem Festhalten vor, weil sie sich frei bewegen können.
- **Strafen Sie Ihr Kind nicht durch eine Auszeit.** Sie würden auch nicht weggehen, wenn Ihre beste Freundin sich weinend auf dem Boden krümmt. Bei Kindern ist das erst recht nicht angebracht, da sie weit weniger emotionale Ressourcen haben als Erwachsene. Verhängen Sie eine Auszeit über ein verzweifeltes Kind, verpasst es eine wichtige Gelegenheit, wirkungsvolle Stressregulationssysteme im Gehirn auszubilden.
- **Lassen Sie Ihr Kind mit seinem Stressausbruch nicht allein in einem Raum.** Auch wenn es zu schreien aufhört, kann es innerlich weiter weinen – und das ist viel besorgniserregender.[17] Lautes Schreien ist ein Hilferuf, innerliches Weinen dagegen ist ein Zeichen dafür, dass das Kind nicht mehr darauf vertraut, dass es Hilfe bekommt. Bei manchen Menschen bleibt dieser tragische Vertrauensverlust ein Leben lang bestehen.
- **Machen Sie sich bewusst, dass der Kummer Ihres Kindes real ist.** Ein Zweijähriger, der schreit, weil ihm sein Bruder ein Spielzeugauto weggenommen hat, macht nicht nur Wirbel. Studien zeigen, dass das Gefühl des Verlustes Schmerzzentren im Gehirn aktiviert, die einen qualvollen Abfall der Opioidwerte verursachen.[18] Kleinkinder haben noch keine klare Sicht auf das Leben. Als Erwachsene können

wir aufgrund unserer Erfahrungen und Erlebnisse einschätzen, dass der Verlust eines Spielzeugautos kaum der Rede wert ist, aber für ein Kleinkind kann dieser Verlust alles bedeuten. Wird ein Kind wiederholt für durch Trauer verursachte Wutanfälle bestraft, lernt es daraus: »Mama kann mit meiner Trauer nicht umgehen oder sie nicht verstehen.« Als Resultat distanziert sich ein Kind von seinen schmerzlichen Gefühlen, weil es sich nicht mehr sicher ist, sie zu haben. Das hat Auswirkungen auf den Umgang mit Gefühlen im Erwachsenenalter.

Tipp **Auswahl oder Ablenkung**

Ein Kind anzuziehen kann zum täglichen Kampf werden. Sobald Sie versuchen, Ihr Kind zu drängen, ist folgendes Szenario sehr wahrscheinlich:

Mutter: »Es wird Zeit zum Anziehen.«
Molly: »Nein.«
Mutter: »Komm schon, wir wollen rausgehen.«
Molly: »Ich will nicht! Nein! Nein! Nein!«

Das WUT-System wird sowohl bei der Mutter als auch beim Kind ausgelöst. Beide werden von Stresshormonen überflutet. Ehe eine solche Situation in einem Wutanfall endet, sollten Sie versuchen, die Stirnlappen Ihres Kindes zu aktivieren, indem Sie Ihr Kind wählen lassen: »Möchtest du heute ein Kleid oder eine Hose anziehen?«

Sie können auch versuchen, Ihr Kind beim Anziehen abzulenken. Machen Sie es auf ein Spielzeug aufmerksam oder singen Sie ein Lied. Dadurch aktivieren Sie das rationale Gehirn Ihres Kindes, was den ganzen Prozess für Sie beide wesentlich angenehmer macht.

Ich habe das Gefühl nachzugeben, wenn ich mein Kind ablenke. Ermutige ich es zu weiteren Wutanfällen?

Ein Spiel zu spielen oder ein Lied zu singen ist eine wirksame Methode, ein Kleinkind von einem beginnenden Wutanfall abzulenken. Untersuchungen zeigen, dass Ablenkungen in diesem Stadium noch gut funktionieren, meist aber nicht mehr, wenn es sich schon mitten in einem heftigen Stressanfall befindet.[19]

Durch Ablenkung einen Wutanfall abzuwenden bedeutet nicht, ein Kind zu »verziehen«. Wenn kleine Kinder etwas nicht tun oder haben können, was sie wollen, kann das eine starke PANIK-/TRAUER-Reaktion auslösen. Ein Wutanfall ist keine Unartigkeit, sondern das Ergebnis von Unreife. Bringen Sie Mitgefühl auf, um Ihrem Kind mit seinen Gefühlen zu helfen.

Jähzorn

Ein Wutanfall aus Jähzorn unterscheidet sich von einem Stressausbruch durch den Wunsch, jemanden zu kontrollieren und zu manipulieren. Ein jähzorniges Kind erlebt und zeigt nicht die Qual, Verzweiflung und Panik, die einen Stressausbruch charakterisieren, und es wird auch nicht von Stresshormonen überflutet.

Ein Kind versucht, durch jähzorniges Verhalten zu bekommen, was es will – Aufmerksamkeit, ein Spielzeug oder etwas zu essen –, indem es seine Eltern so lange tyrannisiert, bis sie aufgeben. Ein Kind, das oft jähzorniges Verhalten an den Tag legt, hat gelernt, dass Brüllen und Schreien zum Erfolg führen.

Jähzornige Kinder müssen lernen, dass sie nicht immer haben können, was sie wollen, und dass es nicht in Ordnung ist, Menschen aus diesem Grund zu tyrannisieren und eventuell sogar zu erpressen.

DAS PROBLEM MIT DEM NACHGEBEN

Wenn Sie Jähzorn ständig dadurch belohnen, dass Sie aufgeben und Ihrem Kind gewähren, was es will, laufen Sie Gefahr, ein stets bereites WUT-System im Gehirn Ihres Kindes anzulegen, weil die bloße Erfahrung der Wut ohne die Fähigkeit, rational zu denken, zu einem Charakterzug Ihres Kindes werden kann.[20]

Manche Kinder, mit deren Jähzorn nicht richtig umgegangen wird, gewinnen den Kampf nicht nur im Alter von zwei Jahren, sondern auch mit sechs, acht und zehn Jahren. Sie können zu machthungrigen, tyrannisierenden Erwachsenen werden, die glauben, dass sie zu Hause und am Arbeitsplatz stets das Sagen haben. Solche Menschen sind in ihrer Entwicklung gefangen – als jähzornige Zweijährige im Körper von Erwachsenen – und können den Menschen, die mit ihnen leben und arbeiten müssen, viel Leid bringen.

Gut zu wissen

Die Gehirnaktivität bei einem Stressausbruch zeigt sich ganz anders als ein Wutanfall aus Jähzorn. Bei einem Stressausbruch kann Ihr Kind weder denken noch sprechen, weil die Funktionen des rationalen Gehirns von den emotionalen Systemen »gekidnappt« werden. Das Gegenteil gilt bei einem jähzornigen Kind, das seine Stirnlappen oder sein oberes Gehirn für ein gezieltes Verhalten gebraucht.

TECHNIKEN FÜR DEN UMGANG MIT JÄHZORN

Wutanfälle aus Jähzorn bedürfen einer anderen Reaktion als Stressausbrüche. Folgende Techniken helfen Ihnen, damit Sie und nicht Ihr zweijähriges Kind die Oberhand behalten.

- **Geben Sie Ihrem Kind kein Publikum.** Ein Anfall von Jähzorn muss ein »Soloauftritt« sein. Wenn Sie sich sicher sind, dass Ihr Kind keinen Stressausbruch hat, verlassen Sie den Raum. Wenn Sie den Jähzorn Ihres Kindes ignorieren, wird es damit aufhören. Er macht keinen Spaß, wenn keiner zusieht.
- **Versuchen Sie nicht, mit Ihrem Kind zu diskutieren, zu streiten oder es zu überzeugen.** Aufmerksamkeit und Gespräche belohnen sein negatives Verhalten.

»Gib mir, was ich haben will – jetzt sofort!«

Ein Anfall von Jähzorn unterscheidet sich stark von einem Stressausbruch. Dabei gibt es normalerweise keine Tränen, das Kind ist fähig, seine Forderung zu artikulieren und zu debattieren, wenn Sie Nein sagen. Ein Kind bedient sich des Jähzorns, weil es gelernt hat, dass es dadurch bekommt, was es will. Je mehr Sie diesen Jähzorn mit Aufmerksamkeit und Nachgiebigkeit belohnen, desto mehr wird das Kind dieses Verhalten anwenden und beibehalten. So können Sie Ihr Kind zu einem Tyrannen werden lassen (siehe S. 256).

Fallstudie **Emma außer Kontrolle**

Wenn Emma sich nicht durchsetzen konnte, schrie und trat sie und warf sich heulend auf den Boden. Sie war oft herrisch und sagte Dinge wie: »Du gehst jetzt nicht, du bleibst bei mir.« Sie machte absichtlich ihre Puppe kaputt, weil sie eine neue wollte. Ihre Mutter versuchte, vernünftig mit ihr zu reden, und flehte sie an – die schlimmste Reaktion auf jähzorniges Verhalten. Emmas Verhalten wurde immer schlimmer. Als sie begann, Lampen von der Wand zu reißen, damit ihre Mutter tat, was sie wollte, wurde Emma an einen Therapeuten überwiesen. Ihre Mutter gab zu, dass sie Emma zwar liebte, sie aber nicht mehr mochte.

Auf die Frage, warum sie sich in der Schule so gut benähme, antwortete Emma: »In der Schule darf ich nicht unartig sein.« Emmas Mutter lernte, klare Grenzen zu setzen. Mit neun Jahren verlor Emma einen zweijährigen Kampf – besser spät als nie!

- **»Küssen« Sie das Problem nicht »weg«.** Dadurch geben Sie Ihrem Kind die Botschaft: »Wenn du wütend wirst, gebe ich dir Liebe.«
- **Verhandeln Sie nicht.** Anderenfalls belohnen Sie kontrollierendes, zorniges Verhalten. Wenn ein Kind entdeckt, dass es mit Zorn seine Eltern manipulieren kann, wird es dies vermutlich im Erwachsenenalter beibehalten. Stellen Sie sich Folgendes vor: Sie haben den Versuch Ihres Sohnes, alles zu kontrollieren, stets mit Aufmerksamkeit belohnt. Jetzt, mit 16 Jahren, schlägt er Sie immer noch und knallt Türen. Weil er größer ist als Sie, können Sie ihn nicht einfach in sein Zimmer bringen.
- **Sagen Sie klar und deutlich Nein und setzen Sie klare Grenzen.** Haben Sie Verständnis für Wut: »Ich wollte, dass du aufhörst, deine Schwester zu schlagen, aber ich sehe, dass du deshalb wütend auf mich bist.« »Ich fürchte, dass wir nicht in den Park gehen können, bis du das Spielzeug aufgehoben hast.« Ihr Kind schreit und knallt eine Tür zu. »Ich verstehe, du bist wirklich sauer auf mich, weil ich das gesagt habe.«
- **Lassen Sie die Befehle Ihres Kindes nicht unbeachtet.** Geben Sie Ihrem Kind klar zu verstehen, dass Kommandos zu geben eine völlig unakzeptable Weise ist, etwas zu bekommen. Wenn Ihr Kind z. B. brüllt, weil es einen Keks möchte, sagen Sie: »Ich spreche gerne mit dir darüber, was du haben möchtest, wenn deine Stimme so ruhig ist wie meine.« Fahren Sie mit dem fort, was Sie gerade tun, bis sich Ihr Kind beruhigt und »bitte« sagt. Beachten Sie Ihr Kind nicht, wenn es

versucht, durch dominantes, forderndes Verhalten etwas von Ihnen zu bekommen. Wenn es kommandiert, belohnt jede Diskussion seine Wut und seinen Machthunger und ist ein weiterer Schritt in die Richtung, dieses Verhalten als Persönlichkeitsmerkmal zu verankern.

- **Sprechen Sie über Höflichkeit.** Diese Methode ist für ältere Kinder geeignet, deren rationales Gehirn schon weiter entwickelt ist. Sagen Sie: »Wenn du Menschen etwas befiehlst, wollen sie dir nicht helfen. Überleg dir, wie du mich durch Bitten freundlich stimmst.« Alternativ geben Sie ihm spielerisch, aber klar zu verstehen: »Hey Toby, das funktioniert bei mir nicht.«
- **Seien Sie humorvoll, wenn es passt.** Das kann dem Jähzorn den Wind aus den Segeln nehmen. Halten Sie Ihrem Kind »einen Spiegel vor«. Dadurch machen Sie Ihrem Kind klar, dass es mit seinem Machtgebaren bei Ihnen nicht durchkommt. Versuchen Sie es etwa so: »Du willst mich herumkommandieren? – Versuchen wir's mal mit dieser Dose Erbsen. Erbsendose – gib mir sofort einen Keks! Oder lass uns mal die Zahnbürste herumkommandieren ... Komm her, Zahnbürste!« Spätestens jetzt wird Ihr Kind Sie ansehen, als wären Sie verrückt. Mit diesem Spiel lenken Sie das Verhalten Ihres Kindes um und bringen Sie beide auf eine Ebene des Humors und des Spiels (ob es will oder nicht). Sie machen damit deutlich, dass Sie sein tyrannisches Verhalten nicht ernst nehmen.
- **Unterscheiden Sie zwischen Jähzorn und Stressausbruch**. Forderungen wie »Kauf mir jetzt Bonbons!« sollten Sie selbstverständlich nicht akzeptieren, aber wenn das Verhalten Ihres Kindes in eine Trauerreaktion übergeht, weil Sie Nein gesagt haben (und Sie merken, dass die Trauer echt ist), braucht es Ihre Hilfe. Die Botschaft, die Sie Ihrem Kind übermitteln sollten, lautet: »Ich reagiere nicht auf Kommandos, aber ich helfe dir, wenn es dir schlecht geht.« Alle Säugetiere, auch Menschenbabys, sind genetisch darauf programmiert, mit Zorn zu reagieren, wenn sie eine erwartete Belohnung nicht erhalten. Ihre unreifen Stirnlappen können gar nicht anders, als sich über diese Gefühle hinwegzusetzen.
- **Ein spielerischer Erziehungsstil ist wesentlich effektiver als ein bestrafender.** Erziehung mittels Strafen löst die Ausschüttung von

Stresshormonen aus, die Kinder in defensive Zustände der Wut, Furcht oder Scham bringt. Eine spielerische Erziehung aktiviert Antifurcht- und Antiaggressions-Hormone, sodass Kinder kein Interesse daran haben, mit Ihnen oder ihren Freunden zu streiten. In Familienkulturen mit Kritik und Anschreien gibt es kaum Freude oder Lachen, weil WUT- und FURCHT-Systeme die Systeme FÜRSORGE und SPIELTRIEB blockiert haben.[21] Untersuchungen zeigen aber, dass es nie zu spät ist, eine von Stresshormonen geprägte Familienkultur in eine gesunde zu verändern. Solche Veränderungen erzeugen viel leichter gutes Benehmen als strafende Maßnahmen.[22]

Gefühle und körperliche Zustände bei Wutanfällen

Schlechtem Benehmen liegen also bestimmte körperliche und emotionale Zustände zugrunde. Auch Hunger, Müdigkeit und Anspannung sind Ursachen für Wutanfälle. Ist Ihr Kind jähzornig, sollten Sie auch klären, ob eins der folgenden Probleme vorliegt:

- **Langeweile** Wenn Ihr Kind unter Hunger nach Anregung (siehe S. 213) leidet, werden Brüllen und Schreien sehr attraktiv. Überlegen Sie, ob Sie sich ausreichend mit Ihrem Kind beschäftigen. Ein klassisches Beispiel für Langeweile ist der Wutanfall im Supermarkt. Bieten Sie Ihrem Kind interessante Aufgaben und Tätigkeiten, hören die Wutanfälle in der Regel auf.
- **Frustration** Kinder können ihre Frustration nicht so gut artikulieren. Sie können Ihrem Kind dabei helfen: »Es ist manchmal schwierig zu teilen, nicht wahr? Nun hast du gerade angefangen zu spielen, da kommt dein kleiner Bruder und nimmt dir das Spielzeug weg.«
- **Enttäuschung** Verlust und Enttäuschung aktivieren die Schmerzzentren im Gehirn. Als Erwachsene lenken wir uns mit etwas anderem ab, aber enttäuschte Kinder werden von diesem Gefühl überwältigt. Kinder brauchen Hilfe im Umgang mit ihren schmerzlichen Gefühlen.

Auf den Punkt gebracht

Es gibt sechs Ursachen für schlechtes Benehmen: Müdigkeit und Hunger, das unreife Gehirn, unbefriedigte psychische Bedürfnisse, intensive Gefühle, elterlicher Stress und ein Erziehungsstil, der die Alarmsysteme aktiviert.

- **Ein Kind, das einen Stressausbruch** hat, erlebt echten Schmerz und braucht Ihre ruhige, mitfühlende Unterstützung. Es zu ignorieren oder zu bestrafen kann großen Schaden anrichten.

- **Obwohl Stressausbrüche** anstrengend für Sie sind, sollten Sie Ihrem Kind bei der Entwicklung von Nervenbahnen helfen, sie werden ihm künftig den adäquaten Umgang mit Stress ermöglichen.

- **Wutanfälle aus Jähzorn** sollten ignoriert werden. Kinder, deren Wut belohnt wird, wenden sie bewusst an, wenn sie älter werden. Wut kann zu einem Bestandteil der Persönlichkeit werden.

Anstrengende *Situationen*

Dieses Kapitel beschäftigt sich hauptsächlich mit den unter Fünfjährigen und beleuchtet, was im Gehirn dieser Kinder vorgeht, wenn sie sich schlecht benehmen. Den meisten Eltern werden die hier behandelten Situationen bekannt vorkommen: wildes Hüpfen auf dem Bett, randalieren im Restaurant, »Ich-will-aber«-Szenen in Spielwarenläden und der Kampf mit Geschwistern. Was Eltern aber vermutlich nicht wissen, ist, dass dieses Benehmen in einem Entwicklungsstadium des Gehirns auftritt, in dem die Systeme noch nicht reif genug sind, um es zu kontrollieren.

Außer Kontrolle geraten

Erwachsene verspüren nicht den Drang, auf Betten zu hüpfen oder in Geschäften herumzurennen. Die Stirnlappen unseres Gehirns sind weit genug entwickelt, um unsere »motorischen Impulse« – das Bedürfnis zu laufen, zu springen und zu klettern – auf natürliche Weise zu hemmen. Kleinkinder dagegen haben diese Kontrollmechanismen noch nicht entwickelt.

WENN KINDER SAGEN »ICH WILL NICHT«

Wir müssen unseren Kindern klare Grenzen setzen und Regeln vorgeben. Unakzeptables Verhalten muss Konsequenzen haben. Aber wir wollen nicht ihren Willen brechen. Der starke Wille eines Kindes ist eine gute Ressource für das Leben. »Ich will nicht« im Alter von zwei bis drei Jahren ist der Beginn der Fähigkeit, für sich selbst einzustehen, zu wissen, was man will, und es zu erreichen. Kleinkinder, die sich vollständig fügen, haben im späteren Leben oft Schwierigkeiten, sich abzugrenzen. Sie können eine starke Anpassungsfähigkeit an die Wünsche und Gefühle anderer entwickeln, haben aber wenig Vorstellung von eigenen Bedürfnissen und Gefühlen. Das kann bei einer zu strengen Erziehung auftreten, die ein Kind so einschüchtert, dass es nicht zu widersprechen wagt, oder bei einem Erziehungsstil, der sich subtiler Formen des Entzugs von Liebe und Anerkennung bedient, um Gehorsamkeit zu erreichen. Letzteres ist der Fall bei Eltern, die Vergnügen an einem friedlichen, abhängigen Baby haben, aber einem schmollenden Kleinkind Autonomie oder Protest nicht erlauben. Elterliche Liebe und Anerkennung sind ein Grundbedürfnis für ein Kind. Wenn der Preis dafür die totale Unterwerfung ist, kann es gut sein, dass ein Kleinkind sich dafür entscheidet.

Achten Sie darauf, dass aus dem Setzen klarer Grenzen kein Gehorsamkeitstraining wird. Als Eltern sollten wir uns überlegen, wie wir auf

Gut zu wissen

Bei Kindern entwickeln sich die Noradrenalin- und Dopaminsysteme im Gehirn erst allmählich. Sie sind wichtig für Konzentration und anhaltende Aufmerksamkeit. Deshalb ist Ihr kleines Kind oft

- schnell abgelenkt
- impulsiv
- unfähig, sich zu konzentrieren
- unfähig, Ablenkungen auszublenden
- sehr anfällig für manisches Verhalten.

Gut zu wissen

In gewisser Weise haben alle kleinen Kinder ADHS (Aufmerksamkeitsdefizit-Hyperaktivitätsstörung), weil sie sich impulsiv verhalten und sich nur für kurze Zeit konzentrieren können. Sie rennen umher, klettern und zappeln ständig. Dieses Verhalten ist Teil der natürlichen Entwicklung und resultiert aus einem unreifen Gehirn. Jungen fällt das Stillsitzen viel schwerer als Mädchen, weil bei ihnen die Entwicklung der Stirnlappen langsamer vorangeht.

Kleine Kinder brauchen den ganzen Tag über viel Bewegung. Wenn sie sie nicht bekommen, sind sie oft zu Zeiten höchst aktiv, wenn es den Eltern gar nicht passt.[1]

ein »Nein« des Kindes reagieren. Dieses Kapitel zeigt Ihnen dafür viele Möglichkeiten und Wege auf.

WENN KINDER ÜBERALL HERUMSPRINGEN

Auf Betten zu hüpfen und umherzurennen ist keine Unartigkeit. Wenn Kinder unter fünf Jahren durch das Training zur Gehorsamkeit nicht so eingeschüchtert sind, dass ihr spontanes Verhalten erstarrt ist, haben sie große Schwierigkeiten, es im Zaum zu halten. Noch sind keine Verbindungsbahnen zwischen dem oberen und unteren Gehirnbereich angelegt. Diese hemmen den Bewegungsdrang auf natürliche Weise. Außerdem sind bei Kleinkindern die Noradrenalin- und Dopaminsysteme im oberen Gehirn noch sehr unreif, was auch dazu beiträgt, dass sie »nicht stillsitzen« können.[2] Ihre Energie muss kanalisiert werden. Sie können z. B. ein Trampolin im Garten aufstellen oder mit Ihrem Kind auf den Spielplatz gehen. Es gibt keinen Grund, die Geduld zu verlieren. Sagen Sie in ruhigem Ton: »Wir können nicht auf dem Bett herumhüpfen, aber wir können nach draußen gehen und dort herumhüpfen.« Wenn Ihr Kind dann immer noch nicht vom Bett herunterkommen will, nehmen Sie es sanft auf den Arm und tragen es nach draußen.

ANSTRENGENDE MOMENTE IN DER ÖFFENTLICHKEIT

Überlegen Sie, wohin Sie mit Ihrem Kind gehen können. Kleinkinder und Fünf-Sterne-Restaurants sind meist eine schlechte Kombination. Eltern sind verärgert, wenn ein Abend, der eigentlich schön sein sollte,

»Ich kann nicht still-sitzen!«

Würden Kinder die Prozesse in ihrem Gehirn verstehen und hätten sie schon die sprachlichen Mittel, würden sie erklären, dass ihr Gehirn noch zu wenig vernetzt ist, um ihre körperlichen Impulse zu zügeln, und dass sie Raum benötigen, um sich abzureagieren, z. B. auf dem Spielplatz. Eine neue Umgebung und andere Spielsachen tragen zur Aktivierung von beruhigendem Dopamin in den Frontallappen bei.

ruiniert wird. Sucht man jedoch Orte auf, die für die motorischen Impulse von Kleinkindern geeignet sind, haben alle etwas davon.

Suchen Sie Platz zum Herumlaufen

Wenn Sie mit Ihrem Kind öffentliche Orte wie Galerien, Restaurants oder Hotels aufsuchen, sehen Sie sich nach einer freien Fläche um, wo Ihr Kind herumtollen kann. Je weniger Menschen sich dort befinden, desto besser, dann kann Ihr Kind so viel Lärm machen, wie es möchte. Wenn es sich in ausreichendem Maße austoben konnte, wird es eher dazu bereit sein, sich ruhig zu verhalten.

Langeweile im Restaurant

Stellen Sie sich folgendes Szenario vor: Mia ist mit ihrer Mutter im Café und beginnt sich zu langweilen. Deshalb schlägt sie ihren Löffel so laut auf den Tisch, dass sich die Leute nach ihr umdrehen. Sie verschüttet ihren Johannisbeersaft über den ganzen Tisch und schmiert mit den Fingern darin herum. Dann schüttet sie Zucker überallhin und spielt mit der Kaffeetasse ihrer Mutter Sturzflug. Was geht in Mias Gehirn vor?

Fallstudie **Papas kleiner Helfer**

Der vierjährige Neil hat die Aufgabe bekommen, nach bestimmten Lebensmitteln zu suchen. So ist er beim Einkaufen behilflich, anstatt zu randalieren. Die strukturierte Aktivität verbindet den oberen Gehirnbereich, wo sich der ENTDECKERDRANG befindet, mit dem unteren, was Neils Konzentrationsfähigkeit erheblich verbessert. Wenn die oberen Gehirnbereiche eines Kindes mangels einer strukturierten Tätigkeit unterbeschäftigt sind, machen sich seine körperlichen Impulse herumzurennen und herumzuschreien lautstark bemerkbar.

Mia ist nicht unartig. Die unreifen Systeme in ihrem Gehirn lassen sie so handeln. Zwar wurde ihr gesagt, sie solle stillsitzen, aber wie jedes Kleinkind langweilt sie die Unterhaltung der Erwachsenen. Mias Langeweile bedeutet, dass sie sich in einem Zustand niedriger Erregung befindet, der schmerzliche Stresshormone in ihrem Gehirn aktiviert. Diese bringen sie dazu, sich noch schlimmer zu benehmen. Ihr Verhalten ist der Versuch, den physiologischen Stress der Langeweile zu entladen. Dazu kommen noch Mias motorische Impulse, die ihr noch nicht ausentwickeltes Gehirn nicht hemmen kann.

Ein Kleinkind, das sich furchtbar aufführt, ist anstrengend. Manche Eltern neigen in solchen Situationen zu Bestrafungen. Aber es gibt eine Lösung.

Wenn Mia etwas zum Spielen oder ein Malbuch bekommt, ist es sehr wahrscheinlich, dass sie dadurch ihr rationales Gehirn mit dem ENTDECKERDRANG in ihrem unteren Gehirnbereich auf koordinierte Weise verbindet.[3] Dieser setzt Dopamin und Opioide frei, Botenstoffe, die auf natürliche Weise Mias motorische Impulse beruhigen. Wenn Sie für Ihre Kinder nichts mitnehmen, womit sie sich in Cafés und Restaurants beschäftigen können, werden sie vermutlich selbst für ihre Unterhaltung sorgen, indem sie Zucker über den Tisch streuen oder auf den Stühlen herumturnen.

Einkaufen als Schatzsuche

Ein langer Aufenthalt im Supermarkt ist für ein Kleinkind ohne eine Aufgabe kaum auszuhalten. Um einen für alle Beteiligten anstrengenden Einkauf zu vermeiden, ist es wichtig, dass Sie Ihr Kind in den Einkauf einbeziehen. Ohne Beschäftigung wird sich ein Kind wegen des unbefriedigten Struktur- und Anregungshungers (siehe S. 213–214) sehr langweilen. Der niedrige körperliche Erregungszustand kann Schmerzzentren in seinem Gehirn aktivieren. Dann wird Ihr Einkauf zum Höllentrip – mit einem Kind, das die Gänge auf und ab rennt und Einkaufswagen ineinanderkrachen lässt.

Ehe das passiert, erinnern Sie sich an Ihren eigenen Spieltrieb und denken sich etwas aus, dass Sie während des Einkaufs spielen können. Ein gutes Beispiel ist der »Einkaufsmeister«, der ungefähr so funktioniert: »Lass uns etwas spielen. Kennst du ›Einkaufmeister‹? – Das geht so: In jedem Gang flüstere ich dir zu, welchen Gegenstand wir brauchen, und du suchst danach. Wenn du das Richtige gefunden hast, flüstere ich dir etwas Neues ins Ohr. Wenn du alles findest, bist du der Einkaufmeister und hast dir eine Belohnung verdient, die du dir aussuchen darfst!«

Gut zu wissen

Sie müssen für Beschäftigungsmöglichkeiten sorgen, wenn Sie mit Ihrem Kind öffentliche Orte oder makellose Wohnungen aufsuchen, in denen Kinder nicht immer willkommen sind. Wenn Sie Ihrem Kind keine Anregungen geben wie ein Spielzeug oder ein Malbuch, wird es selbst für Unterhaltung sorgen und mit dem Besteck spielen, mit dem Strohhalm in sein Getränk blasen oder überall dort auf Entdeckungsreise gehen, wo es sich nicht aufhalten sollte.

Tipp **Lange Autofahrten kreativ gestalten**

Lange Fahrten im Auto sind für Kinder sehr stressig. Dadurch werden negative Botenstoffe im Gehirn aktiviert. Um diesen schmerzhaften biochemischen Zustand zu ändern, finden Kinder eigene Wege. Die Schwester zu treten scheint ein hervorragender Zeitvertreib zu sein. Wenn die Schwester dann weint oder zurückschlägt, ist die Langeweile plötzlich verschwunden.

Um die motorischen Impulse der Kinder zu hemmen, geben Sie ihnen etwas zu lesen, zu basteln oder zu malen. Das verwandelt die negative Biochemie in eine positive und lenkt die Konzentration auf friedlichere Aktivitäten.

Die Fernseh-Supernanny Jo Frost hat eine noch kreativere Version dieses Spiels entwickelt: Vor dem Einkauf erhalten die Kinder eine Tafel, auf der die Lebensmittel abgebildet sind, die sie finden sollen. Dadurch wird das langweilige Einkaufen zu einer Schatzsuche.

ANSTRENGENDE SITUATIONEN BEIM REISEN

Wenn ein Kind eine Weile im Zug, im Auto oder in einem anderen Verkehrsmittel sitzen muss, werden seine motorischen Impulse sehr stark und es beginnt zu zappeln. Unsere Stirnlappen können diese Impulse hemmen, wir sind erwachsen. Daher fühlen wir uns wohl, wenn wir ruhig sitzen, z. B. mit einem Buch oder in einer Unterhaltung. Ohne Beschäftigung stillsitzen zu müssen ist für Kinder jedoch extrem stressig.

Geben Sie Ihrem Kind eine interessante Beschäftigung

Damit eine Reise nicht zum Nervenkrieg wird, geben Sie Ihrem Kind eine interessante Aufgabe. Wenn Sie seine Stirnlappen beschäftigen, aktivieren Sie seinen ENTDECKERDRANG, der auf natürliche Weise den Impuls unterdrückt herumzurennen. Sie können ein Ratespiel machen oder Ihrem Kind Papier und Buntstifte in die Hand geben. Je mehr Sie sich in das Spiel einbringen – z. B. mit einer gemeinsamen Aktivität oder aber auch, indem Sie Ihrem Kind beim Malen zusehen –, desto mehr werden Ihre reifen Körper- und Gehirnsysteme seine unreifen emotional regulieren.[4] Ihre Ruhe überträgt sich direkt auf Ihr Kind. Sie können seine Ausgeglichenheit zusätzlich fördern, indem Sie es auf Ihren Schoß nehmen und knuddeln. Dadurch wird der beruhigende Botenstoff Oxytocin in seinem Gehirn freigesetzt.[5]

Wenn Sie diese Erkenntnisse der Hirnforschung und ausreichend »Futter« für das unreife Gehirn Ihres Kindes mitnehmen, können Sie eine potenziell schwierige Reise in eine schöne gemeinsame Zeit verwandeln. Falls Sie nicht an Spielsachen oder kreative Beschäftigung denken, seien Sie nicht überrascht, wenn Ihr Ausflug stressig wird.

Machen Sie Pausen

Wenn Sie eine lange Autofahrt unternehmen, planen Sie Zeit für regelmäßige Pausen ein und halten Sie an einem Spielplatz oder einem anderen Ort an, wo Ihr Kind seinen motorischen Impulsen eine Zeit lang freien Lauf lassen kann.

ANSTRENGENDE SITUATIONEN BEIM ESSEN

Warum spielt Ihr Kind beim Essen, statt ruhig am Tisch zu sitzen? Wenn es aus irgendeinem Grund erregt ist, unterdrückt sein erregter Körper (siehe S. 48–49) den Appetit. Ein erregtes Kind ist nicht unartig, weil es sich weigert, ordentlich zu essen. Der menschliche Körper ist genetisch darauf programmiert, in diesem Zustand kein Interesse am Essen zu haben. Es wird für Sie sehr anstrengend, wenn Sie versuchen, gegen diese Fakten anzukämpfen.

Manche Eltern fallen zu den Mahlzeiten in ein ungutes Verhaltensmuster: Sie versuchen, ein erregtes Kind zum Essen zu zwingen. Das kann für das Kind beträchtlichen Stress bedeuten, der seinem sich entwickelnden Gehirn schadet. Wenn Sie warten, bis Ihr Kind wieder ruhig ist, wird es wieder Hunger haben.

Ihr Kind verliert aber auch den Appetit, wenn es ängstlich ist. Manche Eltern werden zur Essenszeit nervös. Das überträgt sich auf das Kind, und es will nicht essen. Je mehr sich die Eltern darüber aufregen, desto angespannter wird das Kind und desto weniger interessiert es sich für das Essen. Je gelassener die Eltern sind, desto besser.

Negative Assoziationen zwischen Essen und Ort lösen

Bei allen Säugetieren können starker Stress oder Furcht das Hungergefühl hemmen und den natürlichen Verdauungsprozess zum Erliegen bringen. Sind Sie angespannt, weil Ihr Kind kaum etwas essen will oder alles überall verteilt (Sie verraten sich durch ständiges Abwischen von Mund und Tisch), hat es vielleicht keine Lust mehr zu essen. Elterliche Anspannung und Füttern trotz gegenteiliger Signale können die Hauptursache für Essprobleme bei Kindern sein. Wenn Sie sich Sorgen machen, dass Ihr Kind nicht genug isst, wird sein rechter Stirnlappen, der sehr empfänglich für die emotionale Atmosphäre ist, Ihren besorgten Gesichtsausdruck, Ihre gereizte Stimme und Ihre Kör-

Tipp **Essen positiv besetzen**

Wenn Ihr Kind mit Essen etwas Negatives verbindet, probieren Sie Folgendes aus:

- Wechseln Sie den Essplatz Ihres Kindes, um negative Assoziationen mit diesem Platz zu überwinden.
- Kochen Sie gemeinsam. So wecken Sie das Interesse Ihres Kindes am Essen. Lassen Sie es mit dem Essen spielen und auf diese Weise die Beschaffenheit der Nahrung mit den Fingern erkunden.
- Bestrafen Sie Ihr Kind nicht, wenn es wenig isst.
- Belohnen Sie gutes Essverhalten mit Stickern und Sternchen. Geben Sie ihm den Sticker sofort, damit Ihr Kind ordentliches Essverhalten mit angenehmen Gefühlen assoziiert.
- Wenn Ihr Kind nicht gut isst und Sie sicher sind, dass es nicht an Ihrer Anspannung liegt, prüfen Sie, ob Ihr Kind Zugang zu Snacks hat, die es zwischen den Mahlzeiten heimlich isst.

perspannung in Millisekunden erfassen. Versuchen Sie deshalb lieber, zu den Mahlzeiten den SPIELTRIEB in den unteren Gehirnbereichen Ihres Kindes zu aktivieren, damit es Essen mit Spaß statt mit FURCHT assoziiert. Benutzen Sie gemusterte Teller und erlauben Sie Ihrem Kind, mit dem Essen zu spielen, damit es neue Texturen und Farben erkunden kann.

ANSTRENGENDE SITUATIONEN DURCH UNORDNUNG

Es ist verdächtig ruhig in der Wohnung. Sie sehen nach und entdecken das Chaos. Die Kinder haben im ganzen Badezimmer Toilettenpapier ausgelegt, um einen »Fluss« zu bauen. Was nun? Sie können zulassen, dass Ihr WUT-System (siehe S. 20) in Ihren unteren Gehirnbereichen ausgelöst wird, oder Sie nehmen sich zusammen und überlegen, wie Sie Ihre Reaktion positiv gestalten können. Es ist wichtig, die Kreativität und Vorstellungskraft Ihres Kindes nicht zunichte zu machen. Fantasievolles, gemeinsames Spiel bedeutet einen echten Entwicklungsschritt für Ihr Kind und hilft ihm, seine höheren Gehirnfunktionen in den Stirnlappen zu entwickeln.[6]

Zusammenarbeit, Planung, den nächsten Schritt zu überlegen und das Eingehen auf die Ideen des anderen lassen viele neue neuronale Bahnen und Vernetzungen im oberen Gehirn Ihres Kindes entstehen. Solchen Aktivitäten gebührt Beifall und Ermutigung. Es ist aber auch wichtig, Ihrem Kind nicht die Botschaft zu vermitteln, es könne das ganze Haus verwüsten und erwarten, dass Sie das Chaos beseitigen.

Machen Sie das Aufräumen zu einem Spiel

Versuchen Sie, mit einem Kleinkind das Aufräumen zu einem Spiel zu machen, z. B.: »Lass uns sehen, wer die meisten Spielsachen in die Kiste räumen kann. Ich wette, ich bin schneller. Auf die Plätze, fertig, los!« Lassen Sie Ihr Kind gewinnen, dann sagen Sie: »Toll, du bist der beste ›Spielzeugaufräumer‹.«

Wenn Ihr Kind sich weigert aufzuräumen, erklären Sie ihm Wahlmöglichkeiten und die jeweiligen Konsequenzen (siehe S. 262). Damit vermeiden Sie nicht nur Nörgelei, sondern aktivieren auch den rationalen Teil des Gehirns Ihres Kindes. Nehmen Sie es an den Händen, sehen Sie es an und sagen Sie: »In diesem Haus gibt es die Regel, dass derjenige, der Unordnung macht, auch wieder aufräumt. Du hast die Wahl: Entweder du räumst deine Spielsachen jetzt auf, oder ich räume sie auf. Aber jedes Spielzeug, das ich aufräume, stecke ich in eine Kiste und ich gebe es dir erst wieder, wenn du mir gezeigt hast, dass du das Aufräumen verstanden hast.« Bei vielen Kindern reicht das aus, um sie zum Aufräumen zu bewegen. Wenn Ihr Kind Sie ignoriert, verfahren Sie wie angekündigt. Räumen Sie die Spielsachen weg. Ihr Kind kann sie wiederhaben, wenn es Ihnen hilft, etwas anderes aufzuräumen.

ANSTRENGENDE SITUATIONEN MIT SPIELZEUG

Warum regen sich Kinder darüber auf, wenn sie ein Spielzeug hergeben oder teilen sollen? Mehrere Faktoren spielen hierbei eine Rolle. Der Bezug zu einem Objekt setzt Opioide frei, die für Wohlbefinden sorgen, wenn Ihr Kind damit spielt. Wird ihm das Spielzeug weggenommen, verursacht der sinkende Opioidspiegel emotionalen Schmerz.[7] Deshalb weint es.

Spielt ein Kind mit einem Gegenstand, gehört er zu seinem Territorium. Ein Tier reagiert auf ein Eindringen in sein Territorium mit Wut, ein Instinkt, der im primitiven Reptilienhirn ausgelöst wird. Das Hormon Vasopressin (ADH), das mit Aggression verbunden ist, wird bei Tieren freigesetzt, wenn sie ihr Territorium bewachen. Schmerz, Wut und Territorialhormone zusammen können dazu führen, dass Ihr Kind in ein primitives Kampfverhalten verfällt. Da das Kind leidet und

»Dieses Spielzeug gehört mir ganz allein!«

Sonia hat die Schaukelplattform im Kindergarten besetzt. Zwei andere Kinder würden auch gerne damit spielen und zerren an den Griffen. Es gibt darauf genügend Platz für alle.

Die Schaukelplattform zu teilen passt Sonia überhaupt nicht. Sie möchte sie für sich allein haben, und weil sie sie als ihr Territorium ansieht, verteidigt sie leidenschaftlich ihren Platz.

Eine Erzieherin schreitet ein. Sie erklärt Sonia, was Teilen bedeutet, und sorgt damit für wichtigen emotionalen Ausgleich. Sonia schaltet ihr rationales Gehirn wieder ein und ihr Ärger verfliegt.

Körper und Gehirn von Hormonen überschwemmt werden, braucht es Hilfe und Mitgefühl, wenn es ein Spielzeug teilen soll. Das Gute daran ist, dass der Schmerz meist kurzlebig ist, besonders wenn Sie die Kunst der Ablenkung beherrschen.

Wer darf das Spielzeug haben? Helfen Sie, eine Lösung zu finden

Ist der obere Hirnbereich Ihres Kindes noch nicht so weit entwickelt, dass es selbst eine Lösung finden kann, müssen Sie das an seiner Stelle tun. Sprechen Sie mit ruhiger Stimme und bestrafen Sie Ihr Kleinkind nicht. Unterstützen Sie ältere Kinder, wenn sie versuchen zu verhandeln. »Ihr wollt also beide mit dem Drachenspiel spielen? Soll ich euch helfen, euch abzuwechseln?« Sie können zu dem anderen Kind sagen: »Ich handele dir Zeit mit dem Boot heraus, wenn Robert dein Auto für eine Weile haben darf.« Sie können in Ihrer Familie auch Regeln zum Teilen von Spielsachen festlegen.

Wenn Ihr Kind wieder ruhig ist, nehmen Sie das Spielzeug an sich und sagen: »Ich nehme das jetzt so lange, bis wir uns einig sind, wer wann damit spielt.« Ist das Spielzeug nicht mehr in der Nähe, gehen Kinder oft von intensiven Gefühlen zum Nachdenken über. Wenn die Kinder selbst eine Lösung vorschlagen, loben Sie sie: Kompromisse auszuhandeln ist etwas sehr Anspruchsvolles.

Bei einem Spiel zu verlieren ist für ein Kind schwierig

Wenn ein Kind einen Wutanfall hat oder weint, weil es ein Spiel verliert, liegt das an seinem unreifen rationalen Gehirn. Es stellt sich generell die Frage, ob man ein Kind dieser Erfahrung aussetzen sollte, wenn es aufgrund seines Alters ein Spiel kaum gewinnen kann. Wegen seines nicht ausreichend entwickelten Gehirns kann es eine sehr schmerzvolle Erfahrung sein, ein Spiel zu verlieren. Es ist mehr als unfair, es dann auch noch als schlechten Verlierer zu verspotten. Kleinkinder können Situationen noch nicht in die richtige Perspektive rücken. Sie verfügen nicht über den Erfahrungsschatz, um einschätzen zu können, welchen Stellenwert ein verlorenes Spiel im Leben hat. Ein Kind kann wegen eines verlorenen Spiels auch deshalb einen Wutanfall bekommen, weil es bereits die Vorfreude des Gewinnens verspürt hat. Alle Säuger (einschließlich wir Menschen) reagieren mit Ärger und Frustration, wenn sie eine erwartete Belohnung nicht erhalten. Bei dem Gedanken zu gewinnen setzt der Körper den positiven Botenstoff Dopamin im Gehirn frei, dessen Spiegel beim Verlieren wieder abfällt. Das kann bei Erwachsenen schlechte Stimmung und bei Kindern anhaltendes Weinen hervorrufen. Wenn Ihr Kind leidet oder wütend wird, weil es ein Spiel verliert, sollten Sie vielleicht mit Gesellschaftsspielen warten, bis Ihr Kind etwas älter ist und mit der Situation besser umgeht, weil es sie besser einschätzen kann.

WENN IHR KIND ETWAS HABEN MÖCHTE

Spielwarenläden können den ENTDECKERDRANG im unteren Gehirn aktivieren. Er hängt mit Neugierde, Erforschen, Willen, Antrieb, Erwartung und Verlangen zusammen und setzt die optimale Menge Dopamin und Glutamat frei, die Ihr Kind sehr aufgeregt und zielgerichtet werden lässt. Wenn es das gewünschte Spielzeug nicht bekommt, ist es frustriert und seine WUT- und PANIK-/TRAUER-Systeme können ausgelöst werden, weil der rationale Teil seines Gehirns noch nicht weit genug entwickelt ist, um diese starken Systeme auf natürliche Weise zu unterdrücken. Wut und Tränen sind die Folge.

Tipp **Je Kind ein Fach**

Geben Sie jedem Kind ein Regalfach, in dem es die Spielsachen abstellt, die es nicht mit seinen Geschwistern teilen möchte. Jedes Kind darf eine bestimmte Anzahl (die Sie festlegen) hineinlegen. Die Geschwister dürfen diese Sachen nicht ohne Erlaubnis des Besitzers benutzen. Dadurch entwickeln Kinder ein Gefühl für Eigentum und lernen, auf ihre Sachen zu achten. Diese Methode ist großartig, besonders wenn sich mehrere Geschwister ein Zimmer teilen.

Mit unter Fünfjährigen im Spielwarenladen

Am besten ist es, im Spielwarenladen jedes Flehen und Bitten Ihres Kindes zu ignorieren. Antworten Sie mit einem klaren »Nein« und einem mitfühlenden Begleitsatz auf das verzweifelte Verlangen, z. B.: »Ich sehe, wie sehr du diese Puppe haben möchtest, aber heute fehlt uns dafür das Geld.« Dann sollten Sie ohne weitere Diskussion aus dem Laden gehen. Ihr Kind wird Ihnen aufgrund seiner starken Bindung zu Ihnen höchstwahrscheinlich folgen. Wenn Sie es vorziehen, können Sie Ihr Kind auch aus dem Laden tragen und so schnell wie möglich ablenken. Versuchen Sie nicht, in der Art »Du hast so viele Spielsachen zu Hause« zu argumentieren. Sie würden damit versuchen, sein rationales Gehirn anzusprechen, während die instinktiven Anteile seines Gehirns die Oberhand haben.

Kinder über fünf Jahren eine Entscheidung überlassen

Das rationale Gehirn eines über fünfjährigen Kindes sollte weit genug entwickelt sein, um Entscheidungen treffen zu können. Lassen Sie ihm die Wahl. Beginnen Sie mit: »Wenn du etwas Besonderes möchtest, musst du etwas Besonderes dafür tun.« Fragen Sie Ihr Kind, ob es lieber auf das Spielzeug verzichtet oder Ihnen bei einer Aufgabe hilft, um das Geld dafür zu verdienen. Wenn sein rationales Gehirn erst einmal mit der Entscheidungsfindung beschäftigt ist, wird es die Intensität seiner Instinkte auf natürliche Weise im Zaum halten. Außerdem ist Nachdenken gut für die Entwicklung neuer Bahnen im Großhirn.

Fallstudie **Wutanfall im Spielzeugladen**

Jessica (sechs Jahre) weigert sich, den Spielzeugladen ohne ein bestimmtes Stofftier zu verlassen. Ihr Gehirn ist mit Botenstoffen überflutet, die ihren Wunsch nach diesen Tieren steigern. Die Mutter möchte die Szene im Spielwarenladen beenden. Der beste Ausweg ist, Jessicas Großhirn mit einer Wahlmöglichkeit zu beschäftigen.

Jessica und ihre Mutter diskutieren über Taschengeld und Wahlmöglichkeiten. Das verwandelt das sture »Ich will« in ein »Ich werde darüber nachdenken«.

WENN EIN KIND NICHT HÖREN WILL

Es wird Zeiten geben, in denen Ihr Kind nicht kommt, wenn Sie es rufen, oder keinen Finger rührt, wenn Sie es bitten, etwas zu tun. Aufgrund seiner noch nicht ausentwickelten Schlüsselsysteme im Gehirn kann es seine Aufmerksamkeit nicht so schnell von einer Sache auf eine andere umlenken wie Sie. Wird ein Kind von einer Tätigkeit in Anspruch genommen, fällt es ihm schwer, auf Sie zu reagieren.

Seien Sie dann nicht zu streng mit Ihrem Kind. Sie können folgende »Ausstiegsstrategie« anwenden: »In fünf Minuten bitte ich dich, deine Spielsachen aufzuräumen und deine Zähne zu putzen.« Wenn fünf Minuten vorbei sind, sagen Sie: »Ich zähle jetzt bis fünf.« Wenn Ihr Kind dann macht, was Sie verlangen, loben Sie es dafür. Wenn nicht, heben Sie es hoch und tragen es ins Badezimmer zum Zähneputzen. Bleiben Sie konsequent und wiederholen Sie nicht ständig Ihre Bitte, sonst wird es mit der Zeit unempfindlich gegen Aufforderungen.

Andere Regeln für unterwegs

Wenn Ihr Kind sofort gehorchen muss, gelten andere Regeln. Machen Sie Ihrem Kind die Regeln für den Aufenthalt außer Haus klar. Es darf nicht weiterlaufen, wenn Sie »Stopp« sagen, und muss zu Ihnen kommen, wenn Sie es rufen. Sagen Sie: »Wenn ich möchte, dass du zu mir kommst, rufe ich dich und zähle bis fünf. Wenn ich bei fünf bin, bist du bitte bei mir.«

Wenn Ihr Kind Sie ignoriert, sagen Sie: »Ich sehe, du bist noch nicht so weit, draußen herumzulaufen, weil du nicht kommst, wenn ich dich rufe.« Dann setzen Sie es z. B. in den Buggy – und erklären ihm warum. Dabei gibt es keinen Grund für eine erhobene Stimme oder Ärger. Ihr Handeln übermittelt Ihrem Kind die klare Botschaft, dass Sie sich auf sein Verhalten nicht einlassen. Üben Sie das jedes Mal, wenn Sie mit Ihrem Kind ins Freie gehen, bis es Sie versteht. Loben Sie es jedes Mal, wenn es wie verlangt zurückkommt: »Gut gemacht, das war toll. Du bist sofort stehen geblieben/zurückgekommen, als ich gerufen habe.« Diese Reaktion wird eine angenehme Flut von Dopamin und Opioiden in seinem Gehirn freisetzen und ihm ein Gefühl der Zufriedenheit mit seinem Handeln geben.

ANSTRENGENDE ZEITEN WEGEN EGOISMUS

»Unser vierjähriges Kind ist so egoistisch. Es will seine Spielsachen nicht mit den Kleinen teilen und es denkt nie an uns.« Der Egoismus von Kindern kann Eltern wahnsinnig machen, jedoch sollte man sie nicht wegen der mangelnden Achtsamkeit anderen gegenüber bestrafen. Mit anderen zu fühlen ist eine anspruchsvolle Tätigkeit des Großhirns. Die Fähigkeit, sich in den emotionalen Schmerz oder Stress eines anderen hineinzuversetzen, entwickelt sich erst mit der Zeit. Erst nachdem Sie lange Zeit selbst Ihren Kindern Mitgefühl entgegengebracht haben, können Sie erwarten, dass sie umgekehrt auch mit Ihnen fühlen. Manche Kinder bekommen so wenig davon zu spüren, dass sie diese Funktion des Großhirns nie entwickeln.

Tipp **Ein Spiel draus machen**

Mit Humor und Spaß können Sie anstrengende Situationen auf sehr kreative Weise meistern. Hat ein gelangweiltes Kind begonnen, durch das ganze Haus zu brüllen, machen Sie aus dem Lärm ein Spiel.

»Hey, ich hab eine Idee! Wir machen einen Schreiwettbewerb! Wir gehen nach oben und jeder brüllt so laut wie sein Lieblingstier. Mal sehen, welches Tier am lautesten brüllt.«[8]

Das Spiel kann z. B. zu einer Geschichte über einen Drachen oder einen Löwen fortentwickelt werden und Sie können so spielerische Momente mit Ihrem Kind genießen, statt zu schimpfen. Diese intensiven Zeiten können enorm zur Entwicklung des Gehirns Ihres Kindes beitragen: Seine unreifen Systeme werden durch den engen Kontakt mit den reifen Systemen eines Erwachsenen emotional reguliert.

Gut zu wissen

Eltern betrachten die Weigerung zu teilen oft als Egoismus, ohne zu bedenken, dass ein Spielzeug mit Geschwistern teilen zu müssen manchmal so heftige Gefühle auslöst, wie die Eltern teilen zu müssen. Kinder können das für gewöhnlich nicht verbal ausdrücken, es sei denn, Sie helfen ihnen dabei. Wenn Sie fürchten, dass der Vorschlag, sich mit dem Spielzeug abzuwechseln, bei einem Kind so viel Schmerz auslöst, dass er nicht durch Ablenkung gelindert werden kann, kann ein Gespräch mit ihm sehr lohnend sein. Fragen Sie Ihr Kind auch, ob es die Zeit, die es mit den Eltern verbringt, als ausreichend empfindet (siehe S. 110).

PETZEN UND SCHIMPFNAMEN

Für ein Kind ist Petzen oft viel zu verlockend, um darauf zu verzichten. Die Kinderpsychologin Adele Faber schlägt vor, so darauf zu reagieren: »Es interessiert mich nicht, was Sally gerade macht. Aber ich würde mich sehr gerne über dich unterhalten.«

Wenn Ihr Kind schlecht über andere spricht, helfen Sie ihm, Ärger und Verbitterung auf akzeptable Weise auszudrücken. Sagen Sie: »Du weißt, dass wir uns hier keine Schimpfnamen geben. Wenn du ein Problem mit deiner Schwester hast, sag ihr, was es ist.«[9] Wenn sich ein Kind durch das Verhalten eines anderen verletzt fühlt, zeigen Sie Mitgefühl: »Es war gemein von Sally, dich so zu nennen. Es stimmt gar nicht, was sie gesagt hat. Ignoriere sie einfach. Es war klug, zu mir zu kommen, statt selbst gemein zu werden.«

Krieg unter Kindern

Wenn Kinder den Impuls haben, zu schlagen und zu kämpfen, können sie mithilfe Ihrer kreativen Erziehung lernen, stattdessen nachzudenken und zu verhandeln. Falsche Reaktionen der Eltern unterstützen falsche Reaktionen im unteren Teil des Gehirns. Wenn Sie kämpfende Kinder anschreien oder ignorieren, werden diese auch als Heranwachsende noch andere verletzen, mit Worten oder Fäusten.

Viele Eltern glauben, dass ihre Kinder öfter miteinander kämpfen als andere, aber in Wahrheit ist es normal für Geschwister zu streiten. Einer Studie zufolge streiten sich 93 Prozent der Siebenjährigen körperlich mit ihren Geschwistern, 24 Prozent davon sogar sehr häufig.[10]

So gesehen ist der Geschwisterkampf eine unangenehme Erinnerung daran, dass wir Menschen einen primitiven Reptilienkern im Gehirn haben, der bei Kleinkindern durch die unfertige Entwicklung des Großhirns oft noch die Vormachtstellung hat. Der Einfluss der Eltern ist so groß, dass ein falscher Umgang mit körperlichen Streitigkeiten diese primitiven Reaktionen noch verstärken kann. Wenn Sie angemessen reagieren, unterdrückt die Entwicklung des Großhirns die Reptilienimpulse Ihres Kindes, die es dazu bringen, im Wettbewerb, bei territoria-

Gut zu wissen

Was als Spiel begann, kann im Streit enden – diese Kinder sind sich nicht sicher, ob ihr Spiel noch lustig ist. Eltern tun sich schwer festzustellen, wann sie eingreifen müssen, doch gibt der Gesichtsausdruck der Kinder den entscheidenden Hinweis. Lachende Gesichter zeigen, dass es sich um eine Balgerei handelt. Zusammengebissene Zähne bedeuten, dass es Zeit ist einzuschreiten.

len Ansprüchen oder bei einem Gefühl von Bedrohung um sich zu schlagen.

Sie haben es in der Hand, ob Ihr Kind lernt, stärker zu verletzen und in seinen körperlichen Attacken hinterhältig zu werden oder die anspruchsvollen menschlichen Fähigkeiten entwickelt zu verhandeln, zu planen und seine Bedürfnisse klar mitzuteilen, ohne Macht- und Kontrolltaktiken anzuwenden.

Gut zu wissen

Wird ein Kind regelmäßig von seinen Geschwistern angegriffen, passen sich ohne erzieherische Intervention einige seiner Schlüsselsysteme mit der Zeit an das Überleben in einer aggressiven Umwelt an. Die FURCHT- und WUT-Systeme werden dauerhaft auf Überaktivität programmiert, was im späteren Leben zu Problemen mit der Regulierung von Wut oder Angst führt.

WARUM WIRD GEKÄMPFT?

Es wird gekämpft, weil eine oder mehrere Arten des psychischen Hungers Ihres Kindes nicht gestillt werden (siehe S. 213). Ein Kind kann aus Langeweile mit einem anderen kämpfen, um seinen Stimulationsgrad zu erhöhen. Es kann auch einfach nur hungrig sein und dadurch aggressiv werden (siehe S. 208). Überstimulation kann in psychischer Übererregung resultieren, die sich durch Beißen, Treten und Schlagen entlädt. Das Kind kann wütend, frustriert und aufgeregt sein oder Gefühle unterdrücken, und weil es seine Gefühle nicht mit Worten ausdrücken kann, gebraucht es seine Fäuste. Vielleicht wird es auch von Geschwistern oder Eltern geschlagen und zeigt das prügelnde Verhalten, das es von zu Hause kennt. Auch Mobbingerlebnisse in der Schule können leicht zu primitivem Kampf-oder-Flucht-Verhalten in anderen Lebensbereichen führen.

WIE AUF RAUFEREIEN REAGIEREN?

Sie müssen sichergehen, dass das Großhirn Ihres Kindes aktiviert wird und nicht sein Reptiliengehirn. Es gibt einige wichtige Dinge, die Sie tun können, und andere, die Sie vermeiden sollten:

Beantworten Sie Gewalt nicht mit Gegengewalt

Schreien Sie Ihre Kinder nicht an und schlagen Sie sie nicht, wenn sie sich prügeln. Sie würden vielleicht im Moment gehorchen, jedoch fördert dies wütendes Verhalten in schwierigen, stressreichen Situationen. Das kann zur Folge haben, dass das Gehirn dauerhaft auf eine Kampf-oder-Flucht-Reaktion programmiert wird. Das Kind wächst mit einem »explosiven« Temperament auf oder beginnt, seine Wut zu verinnerlichen, und leidet infolgedessen unter einer stressbedingten Krankheit.

Der Gewalt eines Kindes mit Ärger zu begegnen, trägt außerdem nicht zur Entwicklung seines Großhirns bei – im Gegenteil: Kämpft Ihr Kind, ist es an Ihnen, seine überhöhte körperliche Erregung zu regulieren und es zu beruhigen. Deshalb ist der Ton Ihrer Stimme sehr wichtig, wenn Sie in einen Streit eingreifen – er sollte bestimmt, aber ruhig sein.

Ergreifen Sie nicht Partei

Solange Sie nicht Zeuge eines ungerechtfertigten Angriffs sind, ergreifen Sie nicht Partei. Manche Kinder sind gute Schauspieler: Sie halten sich vor ihren Eltern den Bauch und wälzen sich auf dem Boden. Wenn Sie Partei ergreifen, kommt ein Kind bald auf die Idee, sich ständig über die Gewalt der Geschwister zu beschweren, um Ihre Liebe und Aufmerksamkeit für sich zu gewinnen und sich über die Bestrafung der »Rivalen« zu freuen.

Helfen Sie Ihrem Kind bei »zu starken« Gefühlen

Hat Ihr Kind ein »zu starkes« Gefühl, helfen Sie ihm damit, lassen Sie es nicht allein. Ein wütendes Kind in eine Auszeit (siehe S. 221) zu ver-

Tipp **Den Streit beenden**

Wie sollen Sie sich bei einem ernsthaften Kampf Ihrer Kinder verhalten? Hier sind einige Vorschläge:

- **Trennen Sie die beiden Streithähne** und sagen Sie: »Schluss jetzt. Jeder geht in ein anderes Zimmer.« Oder: »Hört jetzt sofort auf. Menschen sollen einander nicht wehtun. Das hier sieht wie ein echter Kampf aus. Ihr tut euch noch weh. Sally, du gehst in die Küche, und du, Jamie, ins Wohnzimmer.«
- **Kümmern Sie sich um das verletzte Kind,** nicht um den Aggressor. Sagen Sie zu diesem: »Das war keine gute Idee, dass du Sam geschlagen hast. Ich kümmere mich jetzt um Sam. Du überlegst, wie du ihm zeigen kannst, dass du wütend auf ihn bist.«
- **Machen Sie Ihren Kindern Vorschläge,** wie sie Ärger ausdrücken können, z. B.: »Jamie, sag deiner Schwester mit Worten, wie böse du auf sie bist.«
- **Oft entsteht Ärger durch Verletzung.** Einem Kind Worte zu geben, um sich auszudrücken, ist deshalb ein Geschenk. Sagen Sie: »Du wünschtest, er würde dir nichts wegnehmen. Ich kann mir vorstellen, dass du jetzt richtig böse auf ihn bist und ihm wehtun möchtest, weil er deine Burg kaputtgemacht hat.«[11]

bannen, kann Ihnen eine Atempause verschaffen, und vielleicht wird sich Ihr Kind zweimal überlegen, ob es seine Schwester noch einmal beißt. Aber es wird Ihrem Kind nicht helfen, einen besseren Weg zu finden, mit seiner Wut umzugehen, weil bei der Auszeit absolut keine elterliche Emotionsregulation stattfindet. Möglicherweise nutzt es die Zeit sogar, um einen Racheplan zu schmieden.

Untersuchungen zeigen, dass neue Bahnen im oberen Gehirn (Stirnlappen) angelegt werden, wenn Kindern dabei geholfen wird, ihre Gefühle in Worte zu fassen, was ihre Impulse, um sich zu schlagen oder zu beißen, auf natürliche Weise unterdrückt.[12]

FÜR DIE SICHERHEIT DER KINDER SORGEN

Verletzende Handlungen müssen gestoppt werden. Und Kinder brauchen ihre Eltern und Bezugspersonen, um sie vor Verletzungen durch andere zu schützen. Viele Erwachsene berichten, sie wären vor aggressiven Geschwistern selbst nicht ausreichend geschützt gewesen – ihre Eltern haben ihre ernsthaften Kämpfe abgetan und nicht bemerkt, dass Rivalitäten in Missbrauch ausgeartet sind.

Kinder sollten die Freiheit haben, ihre Differenzen selbst beizulegen, aber nur, wenn sie dazu in der Lage sind. Manche Situationen sind dafür emotional viel zu aufgeladen.

Vom Opfer zum Tyrannen

Mobbing in der Schule geht häufig von Kindern aus, die von Geschwistern gequält wurden. Wenn Eltern nicht reagieren, kann das Prügeln um sich greifen. Viele Kinder, die wiederholt von ihren Geschwistern geschlagen werden, ohne dass die Eltern rechtzeitig eingreifen, tyrannisieren andere in der Schule (siehe S. 256). Nahezu die Hälfte aller Schulkinder berichtet, im Laufe ihres Lebens gemobbt worden zu sein.

IM ERNSTFALL DEN FAMILIENRAT EINBERUFEN

Wenn Prügeleien die Regel werden, sollte sich die ganze Familie zusammensetzen. Gestalten Sie die Zusammenkunft so, dass Sie im Gedächtnis Ihrer Kinder haften bleibt. Schreiben Sie Regeln für Prügeleien und Streitigkeiten auf und besprechen Sie diese (siehe unten).

Ein Familienrat vermittelt die Botschaft, dass man über Gefühle nachdenken kann, statt sie mit Fäusten zu entladen. Das zeigen auch Forschungen: Das In-Worte-Fassen von starken Gefühlen hemmt das primitive WUT-System der instinktiven Gehirnanteile auf natürliche Weise.[13] Solche Zusammenkünfte brauchen aber geregelte Strukturen. Ein Erfolgsrezept dafür ist »Circle Time«, eine Methode von Jenny Mosley. Sprechen darf nur, wer einen Teddy (oder Ähnliches) in Händen hält. Wer ausgeredet hat, gibt den Teddy weiter. So hören Kinder einander zu, statt sich zu unterbrechen.[14]

Sind die Kinder noch zu klein, um eigene Ideen einzubringen, können Sie die Problemlösung vorgeben. Auch wenn ein Kind mit einer Entscheidung nicht glücklich ist, wird es sich durch diese Vorgehensweise sicher aufgehoben fühlen.

Tipp **Familienregeln zu Streit**

Stellen Sie Familienregeln für Streitigkeiten und Prügeleien auf und gehen Sie diese mit Ihren Kindern durch. Sie könnten so lauten:

- Wir akzeptieren keinerlei Prügeleien, bei denen jemand verletzt wird.
- Spielerisches Balgen ist in Ordnung, jedoch müssen alle Teilnehmer damit einverstanden sein, damit auch alle wirklich Spaß haben.
- Sich um ein Spielzeug zu streiten bedeutet, dass das Spielzeug weggenommen wird, bis alle sich auf eine Möglichkeit des Teilens geeinigt haben. Notfalls kann ein Erwachsener helfen.
- Wenn ein Kind so wütend oder frustriert ist, dass es zuschlagen möchte, soll es einen Erwachsenen bitten, ihm bei seinen Gefühlen zu helfen.
- Schimpfwörter sind in dieser Familie nicht erlaubt. Ein Erwachsener kann helfen, die richtigen Worte zu finden, um der Schwester/dem Bruder zu erklären, was sie/er bitte anders machen soll.

Auf den Punkt gebracht

- **Anstrengende Situationen** mit Kindern unter fünf Jahren resultieren oft aus ihrem unreifen Gehirn.

- **Bestrafen Sie ein Kind nicht** wegen zornigen Verhaltens, das ausschließlich seinem noch unzureichend entwickelten Gehirn zuzuschreiben ist.

- **Überlegen Sie sich vor einer Reise** oder einem Ausflug Aktivitäten, die das Großhirn Ihres Kindes beschäftigen, damit seine motorischen Impulse und primitiven Instinkte den Tag nicht ruinieren.

- **Wenn Ihr Kind seinen primitiven Wutimpulsen** entwachsen soll, benötigt es viele »Eins-zu-eins«-Momente mit Ihnen, damit es lernt, mit seinen starken Gefühlen umzugehen.

- **Stillen Sie den Struktur-, Anregungs- und Aufmerksamkeitshunger** Ihres Kindes, um eine schöne Zeit mit ihm zu haben.

Alles über *Grenzen*

Grenzen setzen ist eine echte Kunst. Wenn Sie es richtig anstellen, fördern Sie in Ihrem Kind nicht nur ein gesundes Verhalten, sondern entwickeln seine soziale, moralische und emotionale Intelligenz. Dagegen können falsch oder nicht gesetzte Grenzen dazu führen, dass das Kind der Welt ängstlich oder wütend gegenübertritt. Mithilfe einiger Techniken aktivieren Sie das rationale Denken Ihres Kindes, statt bei ihm instinktive Reaktionen auf Bedrohung oder Angriff auszulösen.

Tyrannen sind vermeidbar

Wie Kinder in der Vergangenheit diszipliniert wurden, hat wesentlich zum menschlichen Elend beigetragen, jahrhundertelang ging man davon aus, dass hartes Bestrafen Moral entwickelt. Psychologische und neurobiologische Studien haben nun aber nachgewiesen, dass dies völlig falsch ist und SchlägeVerhaltensprobleme tatsächlich verursachen, statt sie zu beheben.[1]

WIE MAN DAS GEHIRN EINES TYRANNEN FORMT

Ob man einen Tyrannen oder Schläger großzieht, hängt größtenteils von der Erziehung ab. Studien zufolge kann die wiederholte Anwendung von Kritik und lauten Befehlen zu negativen Veränderungen im Gehirn des Kindes führen, die später psychische Probleme auslösen wie Depressionen, Angstzustände, Aggressionen und Selbstmordgedanken.[2] Wird das Kind auf diese Weise überempfindlich, werden seine WUT- oder FURCHT-Systeme überreaktiv. Ein solcher Erziehungsstil lehrt Kinder die Bedeutung von Unterordnung und Dominanz. Derart »ausgebildet« geht ein Kind nur allzu leicht dazu über, Unterlegene zu tyrannisieren. Kinder können nur allzu leicht zu diesem Verhalten in Form von Mobbing übergehen, vor allem, wenn sie es als eine Form der Bestrafung sehen. Die Bundesregierung hat im November 2000 in einer Neufassung der gesetzlichen Regelung Eltern das Schlagen von Kindern verboten. Denn Schläge lehren ein Kind, dass es in Ordnung ist, aus Frust Gewalt anzuwenden. Vielleicht schlägt es als Nächstes seine Geschwister, tritt die Katze oder prügelt andere Kinder in der Schule.

Gut zu wissen

Von 2020 bis 2021 gab es in Großbritannien an Schulen über 100 000 Ausschlüsse wegen körperlicher Angriffe auf Schüler oder Lehrpersonal, Verwendung oder Androhung der Verwendung einer Waffe oder eines verbotenen Gegenstands.[3] 2018 zeigte eine Studie, dass zwei Drittel der Lehrer überlegten, wegen des Verhaltens der Schüler aus dem Schuldienst auszuscheiden.[4] In Deutschland wurden an 61 Prozent der befragten Schulen Lehrkräfte in den letzten fünf Jahren direkt beschimpft, bedroht, beleidigt, gemobbt oder belästigt.[5]

Ständige Kritik und Befehle

Stellen wir klar: Wir reden nicht von gelegentlichem Anschreien von Kindern. Manche Befehle sind unvermeidlich, wie z. B. ein lauter Stopp-Ruf, der verhindern soll, dass Ihr Kind auf die Fahrbahn läuft oder seinen Finger in eine Steckdose steckt. Sind jedoch Kommandos und Zurechtweisungen vorherrschend, wird das Zusammenleben für Eltern und Kinder vermutlich schrecklich. Kinder lernen, dass Beziehungen Macht und Kontrolle statt Herzlichkeit, Freundlichkeit und Kooperation bedeuten.

Wenn ein Kind täglich mit dem Stress schreiender, wütender Eltern lebt, kann seine Anspannung, mit der es allein gelassen wird, so groß werden, dass sie entladen werden muss. Der übliche Weg ist, ein anderes Kind zu schlagen oder zu tyrannisieren. Kleinere Kinder schreien, beißen, schlagen oder machen etwas kaputt. Solche Kinder lieben Kriegsspiele oder sind oft verrückt nach gewaltverherrlichenden Computerspielen.

Häufige Kritik, Befehle und Drohungen helfen einem Kind nicht, sein oberes Gehirn in einer Weise zu entwickeln, die wichtig für logisches Denken, Überlegen und Planen ist. Zudem kann ein solcher Erziehungsstil die WUT- und PANIK-/TRAUER-Systeme im Gehirn dauerhaft auf Überreaktion programmieren.[6] Diese Kinder werden im Leben sehr schnell die Nerven verlieren. Andere werden mit Kindern, deren Dasein von Kampf-oder-Flucht-Mechanismen des Reptiliengehirns regiert wird, nicht warm und lassen sie das auch spüren, was deren negatives Weltbild weiter stärkt.

DISZIPLINIEREN MIT EMPATHIE STATT DURCH BESCHÄMUNG

Wissenschaftler stellen klar, dass Erziehung von Kindern nur mit Ruhe gelingen kann. Das Schwierigste für manche Eltern ist, ihre Kinder nicht unter Stress zu disziplinieren, weil sie selbst in ihrer Kindheit mit Wut und Beschämung diszipliniert wurden und keine Ressourcen für andere Handlungsmöglichkeiten haben.

Aber warum sind Ruhe und Empathie so wichtig? Studien über verbale Aggression zeigen, dass Kinder, die wiederholt mit harten Worten und wütender Stimme diszipliniert wurden, anfällig für Depressionen, Angst- oder weitere psychische Störungen im späteren Leben sein können.[7] Verbale Aggression kann Teile der auditiven Verarbeitung im Gehirn schädigen und zu Verständnisschwierigkeiten führen.[8] Außerdem macht die Tatsache, dass Sie den Rest der Zeit lieb zu Ihrem Kind sind, den Schaden, der durch Anschreien, Beschämen und Kritisieren entsteht, nicht wett.[9] Dasselbe gilt, wenn ein Elternteil verbal aggressiv ist und der andere herzlich. Der Schaden durch die verletzenden Worte eines Elternteils kann nicht durch Lob und Herzlichkeit des anderen repariert werden. Auch Disziplinierungen durch Beschämung lösen hohe Cortisolspiegel aus, die toxisch auf das heranreifende Gehirn wirken,[10] und führen zu »Schamanfälligkeit« im späteren Leben. Neben Anfälligkeit für Depressionen[11] sind mangelndes Selbstvertrauen, beschämende Stimmen im Kopf, Angst, sich für einen Job zu bewerben oder auf jemanden zuzugehen weitere mögliche Folgen. Kinder, die mit Ruhe und Empathie diszipliniert werden, sind hingegen sozial, emotional und akademisch stärker und ihr körperliches Erregungssystem ist sehr ausgeglichen, was seelische und körperliche Gesundheit begünstigt.[12]

Praktische Umsetzung

Zeigen Sie Mitgefühl mit Ihrem Kind, wenn es wütend ist, weil Sie ihm Grenzen setzen, statt seine Wut zu kritisieren.[13] Wenn der fünfjährige Tom Gemeinheiten zu seinem kleinen Bruder sagt und Schimpfwörter benutzt, sollte seine Mutter sagen: »Du darfst heute leider kein Computerspiel machen, weil du so gemein warst.« Tom

Fallstudie **Julies verlorene Kinder**

Julie behilft sich oft mit Kritik, Befehlen und Vorhaltungen, um ihre beiden Kinder zu disziplinieren. Diese Methoden funktionieren nicht besonders gut, aber in ihrer Kindheit hat Julie selbst die Kraft herzlicher Berührungen, Umarmungen und interaktiven Spiels kaum erlebt. Ihre vierjährige Tochter Mary hat Angst, wenn ihre Mutter schreit. Ihre zwölfjährige Schwester Sam scheint besser damit klarzukommen. Wenn Julie sie anschreit, schreit sie zurück.

Die Art, wie Julie ihre Kinder zurechtweist, hat dauerhafte Folgen für deren Gehirne. Marys FURCHT-System reagiert beim geringsten Stress zu stark, sie läuft Gefahr, später ängstlich und misstrauisch zu werden. Sams unteres Gehirn hat ein überreaktives WUT-System entwickelt, das im Erwachsenenalter zu Problemen im Arbeits- und Gesellschaftsleben führen kann, weil sie dazu neigt, bei der geringsten Frustration zu explodieren.

reagiert wütend und sagt: »Ich hasse dich. Du weißt genau, wie sehr ich das Spiel mag.« Die Mutter: »Ich weiß, Tom, aber es war nicht richtig, gemein zu deinem Bruder zu sein.« Tom: »Warum bist du so gemein zu mir? Ich hasse dich.« Mutter: »Ich weiß, es ist hart, dass du heute nicht Computer spielen darfst, und ich verstehe, dass du wütend darüber bist.« Aber Tom macht weiter: »Ich hasse dich.« Mutter: »Ich möchte, dass du lernst, dass es nicht in Ordnung ist, andere durch böse Worte zu verletzen. Ich begreife aber, dass du wütend bist.« Nun fühlt sich Tom vielleicht besser, weil er merkt, dass seine Wut verstanden wird.

Gut zu wissen

Kinder verhalten sich entsprechend den Einflüssen, denen sie ausgesetzt sind. Gewaltszenen im Fernsehen, aber auch die Art, wie Eltern das Verhalten ihres Kindes korrigieren, können dazu führen, dass das Kind gemein und grausam wird. Es hat sich gezeigt, dass Kinder, die zu Hause geschlagen wurden, bereits im Alter von vier Jahren in ihren Spielen entweder die Opfer- oder die Vollstreckerrolle einnehmen. Im Gegensatz dazu spielen Kinder, die nicht hart bestraft wurden, meist freundlich und kooperativ.[14]

Grenzen und Verhalten

Wir haben bereits beschrieben, wie sehr harsche Disziplin die Sozialisierung hemmt und ein Kind eher zu einem Rowdy als zu einem integren Menschen heranwachsen lässt. Aber was ist mit den Eltern, die es nicht schaffen, überhaupt Disziplin durchzusetzen?

Manche Eltern haben Schwierigkeiten, überhaupt Grenzen zu ziehen. Oft haben sie selbst in ihrer Kindheit unter strengen, strafenden Eltern oder Lehrern gelitten. Dann sind sie fest entschlossen, ihre Kinder niemals so zu behandeln, und verfallen dabei in das andere Extrem. Zeigt ein Kind ein Verhalten, das klare Grenzen und sofortige Konsequenzen erfordert, sagen sie vielleicht: »Tu das nicht, das ist nicht nett«, ergreifen aber keine weiteren Maßnahmen. Die Ironie dabei ist, dass man aus Angst, als Eltern herrisch und kontrollierend zu sein, unter Umständen ein herrisches und kontrollierendes Kind heranzieht. Erfahrt ein Kind bei unsozialem Verhalten keine sofortigen Konsequenzen, wird es dieses nicht ändern.

Wenn Sie keine Grenzen setzen

Ihr Kind lernt, dass es Sie kontrollieren kann, statt Sie als die verantwortliche Person zu begreifen. Versetzen Sie sich in Ihr Kind hinein: Wenn nichts passiert, wenn es seine Mutter schlägt oder gegen die Tür tritt, warum sollte es dann damit aufhören, seine Wut auf diese Weise zu entladen? Das kann berauschend sein und das Gefühl großer Macht vermitteln. Wenn Sie Ihrem Kind keine klaren Grenzen für inakzeptables Verhalten setzen, wird es nicht wissen, wo die Grenzen sind.

Neurologen haben Besorgniserregendes herausgefunden: Die reine Erfahrung von Gefühlen ohne rationale Reflektion kann zu einem festen Charakterzug werden.[15] Wenn ein fünfjähriger Rowdy das Alter von neun oder zehn Jahren erreicht, ist er zu groß, um körperlich kontrolliert zu werden, z. B. indem man ihn in ein anderes Zimmer trägt. In diesem Alter kann er Sie und andere bereits ernsthaft verletzen.

Gut zu wissen

In der Erziehung können Sie die meisten Dinge locker handhaben. Strenge Grenzen sind nur dann erforderlich, wenn Ihr Kind Gefahr läuft, sich selbst, anderen oder fremdem Eigentum Schaden zuzufügen. Dann müssen Sie konsequent sein, um künftige Probleme zu vermeiden.

Wie man Kindern hilft, Grenzen zu erkennen

Kinder brauchen Eltern, die Grenzen überzeugend, bestimmt und klar durchsetzen, ohne dabei mit Wut oder Beschämung zu arbeiten. Sie müssen die absolute Überzeugung in Ihrer Stimme und Körpersprache erkennen, wenn Sie ihnen Einhalt gebieten, und sofortige Konsequenzen spüren, wenn sie von Ihnen gesetzte Grenzen überschreiten. Lassen Sie sich nicht auf Diskussionen ein. Wenn Ihre Stimme flach oder schwach klingt, wird Ihr Kind Sie nicht ernst nehmen.

Wann man emotional und wann sachlich sein sollte

Die erste Regel ist: Reagieren Sie emotional auf gutes Benehmen. Wenn Ihr Kind beispielsweise kooperativ mit anderen spielt, seien Sie großzügig mit Ihrem Lob: »Das war toll, dass dein Bruder mitspielen durfte. Das hast du gut gemacht!«

Reagieren Sie hingegen sehr sachlich und nicht im Geringsten emotional auf schlechtes Verhalten. Wenn z. B. ein Fünfjähriger seinen Pudding auf dem ganzen Tisch verteilt, sagen Sie mit völlig ruhiger Stimme: »Schlecht für dich, das bedeutet, dass du dir heute deinen Lieblingsfilm nicht ansehen darfst. Ich hoffe, du überlegst es dir das nächste Mal.« Bleiben Sie dann bei Ihrer Entscheidung.

Allerdings kann man sich leicht falsch verhalten, weil man schlechtem Verhalten meist mehr Aufmerksamkeit widmet als gutem. Eltern werden oft sehr emotional, wenn ein Kind nicht gehorcht, und bleiben sachlich oder bemerken es gar nicht, wenn ihr Kind gut, freundlich, freigebig oder kreativ ist. Ruhige Reaktionen auf provozierendes Benehmen Ihres Kindes helfen ihm, ruhig zu bleiben. Wenn Sie hier bei Ihrem Kind »verlieren«, laufen Sie Gefahr, die Instinkte seines Reptiliengehirns zu aktivieren, die auf lange Sicht der Entwicklung seines sozialen Gehirns schaden können.[16]

Aufmerksamkeit suchendes Verhalten ignorieren

Nichtbeachtung ist die richtige Reaktion auf Provokationen wie gegen ein Stuhlbein zu treten oder laut die Treppe hoch zu trampeln. Ein Kind verhält sich oft dann so, wenn es unter Anregungs- oder Anerkennungshunger (siehe S. 213) leidet, vielleicht weil es fühlt, dass es Ihre Aufmerksamkeit an ein Geschwisterchen, Ihr Handy oder das Fernsehen verliert. Oder es erhält zu wenig Lob oder liebevolle Berührungen. Wenn Sie diese kleinen Provokationen nicht ignorieren, lernt Ihr Kind, dass es Aufmerksamkeit genau dadurch bekommt. Ein Hinweis darauf ist oft die Art, wie Ihr Kind gespannt Ihr Gesicht beobachtet und nur darauf wartet, dass Sie sich ärgern oder ihm Aufmerksamkeit schenken: »Hör auf damit!« Versuchen Sie deshalb, Ihr Kind nicht anzublicken, und geben Sie vor, nichts zu bemerken. Überlegen Sie sich stattdessen eine kreative Möglichkeit, den Anregungs- oder Anerkennungshunger Ihres Kindes zu stillen.

Tipp **Das Kind mit einbeziehen**

Wenn Sie Ihrem Kind ein wenig Kontrolle lassen, indem Sie ihm bei eher unwichtigen Entscheidungen, z. B. was es anziehen möchte, Wahlmöglichkeiten lassen, wird es weniger mit Ihnen streiten. So können Sie, statt zu schreien: »Zieh sofort deinen Mantel an – ich sage es nicht noch einmal!«, freundlich fragen: »Möchtest du dich fertig machen oder lieber im Pyjama zur Schule gehen?« Oder: »Meinst du, dass diese Jacke warm genug ist, oder sollen wir die dicke Jacke suchen?« Dann wird Ihr Kind sich lieber anziehen, als einen Kampf zu beginnen.

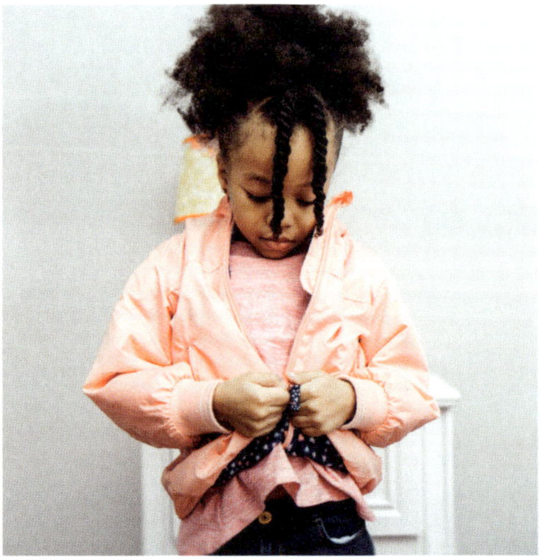

Stellen Sie klare Familienregeln auf

Die Festsetzung klarer Familienregeln ist wichtig, um den Strukturhunger Ihres Kindes zu befriedigen und sein Großhirn zu fordern. Keine Regeln zu haben, ihre Einhaltung nicht zu belohnen oder ihre Übertretung nicht zu bestrafen, ist alles andere als hilfreich. Regeln geben Kindern und Erwachsenen gleichermaßen Sicherheit, wohingegen ihr Fehlen zu Anarchie und Chaos führt. Regeln helfen unserem Großhirn, aggressive Gefühle und dominierende Instinkte in Schach zu halten, die leicht in den primitiven Säuger- und Reptilienanteilen unseres Gehirns aktiviert werden können (siehe S. 18–19). Das Fehlen von Regeln führt oft dazu, dass Familienmitglieder physisch und psychisch verletzt werden.

Regeln heben zudem alles von der persönlichen auf die sachliche Ebene. Sie zielen auf Fairness, und Menschen beruhigen sich eher, wenn sie merken, dass Dinge fair gehandhabt werden. Schreiben Sie eine Liste Ihrer Regeln und hängen Sie sie für alle gut sichtbar zu Hause auf – z. B. am Kühlschrank. Der Inhalt Ihrer Regeln kann sein, dass nicht geschlagen, geflucht und kein Eigentum beschädigt werden darf. Auch andere zu respektieren und um Hilfe zu bitten, wenn man sich verletzt fühlt, statt es an anderen auszulassen, sind wichtige Punkte. Kinder müssen wissen, welche Konsequenzen sie erwarten, wenn sie sich nicht an die Regeln halten, egal ob Sie mit Time-in (siehe S. 268) reagieren, ein Lieblingsspielzeug konfiszieren, ein Fernseh- oder Computerverbot aussprechen oder eine Tätigkeit im Haushalt anordnen.

Tipp **Bleiben Sie ruhig**

Belohnen Sie ungezogenes, provozierendes oder Aufmerksamkeit suchendes Verhalten nicht mit einem Wutausbruch. Bleiben Sie ruhig und fahren Sie mit dem fort, was Sie gerade tun. Dann erfährt Ihr Kind durch sein Verhalten nur eine minimale Wirkung, nicht die maximale, und wird nicht dafür belohnt.

Verwenden Sie bei Kleinkindern einfache, klare Worte

Ältere Kinder schätzen meist Erklärungen über faires Verhalten und die Bedeutung von Respekt für andere. Aber bei Kindern unter fünf Jahren, deren rationales Gehirn noch unzureichend entwickelt ist, sind solche Erklärungen Zeitverschwendung. Ihnen müssen Sie einfache

Instruktionen geben. Beugen Sie sich zu Ihrem Kind hinunter und sagen Sie bestimmt (nicht ärgerlich) »Nein« oder »Hör auf, ich meine es ernst.« Wenn es übererregt und völlig außer Kontrolle ist, nehmen Sie es in den Arm und halten es fest (siehe S. 271). In einem Zustand starker körperlicher Erregung ist es unfähig, sich auf Ihre Worte zu konzentrieren, egal wie einfach Sie sich ausdrücken.

Wahlmöglichkeiten und Konsequenzen aufzeigen

Foster Cline hat eine vielfach erprobte Methode entwickelt, um Kinder zu disziplinieren, und ist sogar bei Kindern mit stark destruktivem Verhalten äußerst erfolgreich. Sie eignet sich für Kinder ab fünf Jahren und zielt darauf ab, ihr rationales Gehirn zu beschäftigen, ohne ihre Furcht- oder Wutinstinkte zu aktivieren.[17]

So machen Sie Wahlmöglichkeiten und Konsequenzen klar: Ben ist eifersüchtig, weil seine Schwester eine Puppe zum Geburtstag bekommen hat. Er versucht die Puppe kaputt zu machen. Bens Mutter sagt, dass er als Konsequenz seines Handelns im Haushalt helfen muss, um so das Geld für eine neue Puppe zu verdienen. Dadurch lernt er, dass sein Verhalten Folgen hat. Seine Mutter lässt ihm die Wahl: Er kann entweder Hausarbeiten verrichten, um eine neue Puppe zu kaufen, oder seiner Schwester sein eigenes Lieblingsspielzeug überlassen – die kleine Schwester wäre mit dem Tausch einverstanden. Jede weitere Diskussion lehnt die Mutter ab. Dadurch vermeidet sie, Bens schlechtes Verhalten durch zu viel Aufmerksamkeit zu belohnen. Um eine Wahl zu treffen, muss Ben nachdenken. Das beschäftigt sein rationales Gehirn. Schließlich entscheidet er sich für die Hausarbeit.

Sie müssen nicht sofort eine Wahlmöglichkeit oder Konsequenz parat haben. Sagen Sie etwa: »Ich muss mir eine Strafe ausdenken für das, was du getan hast. Ich sage dir Bescheid, wenn ich so weit bin.« Die Konsequenz sollte jedoch noch am selben Tag zum Tragen kommen. Für Kleinkinder ist die Zukunft zu weit weg, vermeiden Sie also Maßnahmen wie: »Zur Strafe gehen wir am Wochenende nicht ins Kino.«

Bei all dem ist es aber wichtig, dass Sie sich hinsetzen und Ihrem Kind zuhören, um mit ihm über das Gefühl der Eifersucht zu sprechen das sein Verhalten ausgelöst hat. Das nennt man Große Empathie. [18]

Belohnen Sie gutes Benehmen

Sticker und Punktesysteme sind Belohnungstechniken, die das rationale Gehirn Ihres Kindes beschäftigen und entwickeln, weil sie ein Abwägen der Vor- und Nachteile bestimmter Verhaltensweisen erfordern. In Familien ohne klares Belohnungssystem werden die Kinder meist weit häufiger zurechtgewiesen als gelobt. Viel Aufmerksamkeit

Tipp **Faire und angemessene Regeln**

Stellen Sie Familienregeln auf, die diese Eigenschaften zum Ziel haben: Wohlwollen, Geben und Nehmen, Großzügigkeit und Respekt gegenüber anderen.

Stellen Sie sicher, dass die Regeln sinnvoll und angemessen sind, z. B. dass Taschengeld und Privilegien verdient werden müssen. Achten Sie auf Fairness – Kinder merken sofort, wenn sie benachteiligt werden.

Die Kinder bei den Regeln mitbestimmen zu lassen ist sinnvoll – sie liefern meist wichtige Beiträge –, allerdings nicht unter fünf Jahren, weil ihr Gehirn zu unreif ist. Kinder dieser Altersgruppe beurteilen die meisten Dinge nach »schwarz« oder »weiß« und würden grausame Strafen für kleine Sünden verhängen. Loben Sie Ihre Kinder, wenn sie die Regeln einhalten.

für schlechtes Benehmen resultiert in noch mehr schlechtem Benehmen. Umgekehrt gilt für gutes Benehmen dieselbe Regel.

Unser Gehirn ist so beschaffen, dass es uns Angenehmes suchen und Unangenehmes vermeiden lässt. Als Erwachsene sind wir deshalb motiviert, morgens aufzustehen und zur Arbeit zu gehen, weil wir dadurch Geld verdienen und Bestätigung durch Erfolge und Sozialkontakte erhalten. Seien Sie aber nicht überrascht, wenn Ihr Kind bei dem Gedanken, das Geschirr zu spülen, nicht gleich vor Freude in die Luft springt. Es verhält sich normal, weil es für sich keine Vorteile darin entdecken kann.

Freude daran zu haben, etwas zum Wohle anderer zu tun, ohne einen spürbaren persönlichen Vorteil zu erlangen, ist eine Sache der Entwicklung. Lassen Sie Ihrem Kleinkind Zeit! Anfangs wird es einer Belohnung in Form eines Stickers oder Fleißpunktes bedürfen, manchen ist auch ein Lächeln der Mutter und ein »Gut gemacht« genug. Wird ein Kind älter, geht es zu anspruchsvolleren Motivationsformen über, wie die Freude darüber, es geschafft zu haben, für die Familie ein Essen zu kochen, oder sogar etwas aus reiner Liebe zu tun, was ihm größere Freude bereitet, als selbst etwas geschenkt zu bekommen.

Wenn Sie sein Verhalten belohnen möchten, geben Sie dem Kind möglichst bald danach einen Sticker, damit es eine Verbindung zwischen Verhalten und Belohnung herstellt. Das Sammeln von Stickern

Fallstudie **Ich will nicht aufräumen**

Mama bittet Sue aufzuräumen, bevor sie ins Kino gehen. Sue hat keine Lust dazu. Sie hofft, dass ihre Mutter aufgibt und selbst aufräumt, wenn sie die Bitte ignoriert. Mama sagt Sue, dass der Kinobesuch gestrichen wird, wenn sie nicht aufräumt – eine Wahl mit den dazugehörigen Konsequenzen. Es gibt kein Geschrei, keine Schläge, kein Bitten und Betteln: Sue räumt auf. Jetzt ist ihre Mutter bereit, mit ihr ins Kino zu gehen.

Durch eine kleine Tonänderung verwandeln Sie eine Drohung in ein Versprechen. Sagen Sie nicht mit ärgerlichem Ton: »Wenn du dein Zimmer nicht aufräumst, darfst du keinen Film ansehen«, sondern mit herzlicher Stimme: »Ich verspreche dir, dass du einen Film anschauen darfst, wenn du dein Zimmer aufräumst.« Diese einfache, aber wirkungsvolle Methode kann den Unterschied zwischen endloser Meckerei und hilfsbereiten Kindern ausmachen.

»Schau, so gut bin ich!«

Lassen Sie Ihr Kind einen Sticker auf eine Tabelle kleben, damit es seinen Fortschritt sehen kann. Sie können auch einen »fliegenden Teppich« verwenden. Malen Sie Bäume auf ein Blatt Papier, die immmer höher werden. Mit jedem neuen Sticker »fliegt« der »Teppich« auf einen höheren Baum. Ist er ganz oben angekommen, gibt es eine Belohnung.

für eine größere Belohnung ist sehr wirkungsvoll. Eine Tabelle an der Wand ermöglicht Ihrem Kind, jederzeit zu sehen, wie viele Sticker es bereits verdient hat, und erinnert Sie daran, es für seine Leistungen zu loben. Besondere Belohnungen können sein, abends länger aufbleiben zu dürfen, ein Ausflug in den Tierpark oder ein kleines Überraschungsgeschenk.

Auch bei älteren Kindern oder Jugendlichen funktionieren Belohnungen gut, nur dass es statt Fleißpunkten Bargeld gibt. Ihr Kind lernt dadurch, dass es sich Taschengeld verdienen und darauf achten muss, es nicht zu verlieren. Taschengeld zu verdienen ist eine gute Vorübung für die Erwachsenenwelt. Ihr Kind kann sich im Haushalt, das Beachten der Familienregeln über einen längeren Zeitraum oder durch Hilfsbereitschaft Punkte verdienen. Es muss aber auch klare Strafen für das Verlieren von Punkten geben. Wenn Ihr Kind alle Punkte verliert, können Sie ihm wichtige Dinge wie z. B. ein Tablet konfiszieren, bis es sie sich wieder zurückverdient hat.

Bringen Sie Ihr Kind zum Nachdenken

Um ihr Kind zu gutem Sozialverhalten zu erziehen, machen viele Eltern den Fehler, mit Vorwürfen zu arbeiten. Diese können die primitiven Alarm- und Stressreaktionssysteme im Gehirn eines Kindes überaktivieren. Vorwürfe wollen Gehorsam erlangen, erreichen aber oft das Gegenteil, nämlich Auflehnung und Ungehorsam.[19]

Worte, die zum Nachdenken anregen, aktivieren hingegen das rationale Gehirn.[20] Wird Ihr Kind jähzornig (siehe S. 224–228), können Sie Folgendes sagen: »Gut, es sieht aus, als ob du im Moment etwas außer dir bist. Wenn du wieder freundlich sein kannst, höre ich dir gerne zu.« An diesem Punkt sollten Sie ohne ein weiteres Wort weggehen. Vorwürfe würden sich so anhören: »Schon wieder eine deiner Launen. Wenn du wüsstest, was wir alles für dich tun, ohne dass du uns dafür dankst!« Die erste Möglichkeit wird Ihr Kind zum Nachdenken anregen, die zweite aktiviert sein WUT-System vermutlich noch mehr.

Versuchen Sie es mit Time-in

Um die Konflikte zu lösen, die zu schlechtem Verhalten führen, bevor es sich wiederholt, können Sie es statt mit Time-out (der Technik, ein Kind allein in einem Raum zu isolieren) mit Time-in probieren. Time-in unterstützt die soziale und emotionale Entwicklung eines Kindes nach schwierigem Verhalten, indem Sie darüber reden und Neugier zeigen, warum es sich so verhält. Beginnen Sie Ihren Satz mit: »Hilfst du mir zu verstehen, warum du dich über x so geärgert hast?« Wenn Ihr Kind es Ihnen nicht sagen kann, zeichnen Sie ein Gefühlsbild (siehe S. 264). Geben Sie dann Ihrem Kind den Stift und sagen Sie: „Erwachsene können sich irren, möchtest du mein Bild so verändern, dass es für dich stimmt?« Viele Kinder werden das tun. Loben Sie Ihr Kind und seien Sie empathisch. Denken Sie daran, dass ein Verhalten

Gut zu wissen

Mit Wahlmöglichkeiten und Konsequenzen helfen Sie einem trotzigen Kind, dass seine Stirnlappen die Fähigkeiten entwickeln, zu denken, zu überlegen, zu verhandeln und abzuwägen. Es ist wichtig, dass Sie nicht schreien und keine Kommandos verwenden, sondern mit leiser, ruhiger Stimme sprechen. Entwickelte Stirnlappen befähigen

- zu logischem Denken, Planen, Überlegen und überlegtem Handeln
- zum Erkennen von Zusammenhängen
- zum Verhandeln
- zur Problemlösung

Befehle greifen oft die Würde des Kindes an. Sie beschämen und demütigen und lehren Dominanz und Unterwerfung – was Tyrannen hervorbringen kann (siehe S. 256).

zwar falsch sein kann, Gefühle aber nicht. Gefühle sollten nie kritisiert werden wie z. B. mit »Du solltest das nicht fühlen.«

Eine Auszeit kann unerwünschtes Verhalten beenden, ist aber nicht gut für die Entwicklung des Gehirns. Die meisten Kinder setzt sie stark unter Stress, weil sie eines der schmerzempfindlichsten Systeme im unteren Säugerhirn aktiviert, das PANIK-/TRAUER-System. Es setzt große Mengen des Stresshormons Corticotrophin-Releasing Factor (CRF) frei und blockiert die Wohlfühlsubstanzen Opioide und Oxytocin. Panksepp vergleicht diese biochemischen emotionalen Schmerzen mit denen, die bei einem Heroinentzug auftreten (bei dem ebenfalls Opioid-Entzug und ein hoher CRF-Spiegel vorliegt).[21] Darüber hinaus zeigen unzählige Studien, dass eine räumliche Trennung früh im Leben im Teenager- und Erwachsenenalter zu Depressionsneigung führen kann. Auch können Kinder lernen, Gefühle zu unterdrücken, damit die schmerzhaften Gefühle, die ihr Verhalten ausgelöst hat, weniger spürbar sind.

Weininger, ein Mitbegründer der Time-in-Technik, sagt über Time-out: »Wir laufen Gefahr, uns von einem Kind genau dann zurückzuziehen, wenn es mit seinen Gefühlen Hilfe benötigt.« Mit einem Time-in helfen Sie Ihrem Kind, sein wütendes, Aufmerksamkeit suchendes Verhalten mit der Zeit in reflektierteres Verhalten umzuwandeln.[22]

Warum Time-out niemals angebracht ist

Die meisten Kinder unter fünf Jahren haben Wutanfälle und wälzen sich von Zeit zu Zeit verzweifelt auf dem Boden. Die Kleineren können

Gut zu wissen

Ein Kind, dem durch »Time-in« geholfen wird, lernt, dass seine Eltern keine Angst vor seinen starken Gefühlen haben und mit ihnen umzugehen wissen. Wenn wir kein »Time-in« anwenden, laufen wir Gefahr, uns gerade dann von unseren Kindern zurückzuziehen, wenn sie das Verständnis eines Erwachsenen am meisten brauchen. Die Entwicklung des sozialen Gehirns Ihres Kindes beinhaltet die Fähigkeit, für andere empfänglich zu sein, mitzufühlen und sich in die Gefühlslage anderer hineinzuversetzen. Kinder können nur soziales Denken entwickeln, wenn sie die Erfahrung machen, dass jemand für sie emotional empfänglich ist.

auch mal schreien, wenn man sie anzieht (siehe S. 216) oder ein anderes Kind ihr Spielzeug nimmt. Verluste dieser Art aktivieren bei so kleinen Kindern die Alarmsysteme im Gehirn, und es ist reine Grausamkeit, ein verzweifeltes Kind ins Time-out zu stecken. Tun Sie es dennoch, begehen Sie einen doppelten Fehler: Sie lindern seine Not nicht und bestrafen es für völlig natürliche Gefühle wie Verlustangst. Ein Kind, das die Erfahrung des Time-outs macht, erhält folgende besorgniserregende Botschaften:

- **Leidenschaftliche und schmerzliche Gefühle sind nicht akzeptabel.** Mama oder Papa werden mich dafür bestrafen. Ich bin nur akzeptabel, wenn ich keine starken Gefühle habe.
- **Ich darf Mama oder Papa nicht um Hilfe bitten,** wenn ich mit einem schmerzlichen Gefühl nicht allein klarkomme, sie könnten ärgerlich werden.

Natürlich wollen wir Kindern schlechtes Benehmen abgewöhnen, aber dabei müssen wir mit Bedacht handeln, um ihnen ihre leidenschaftlichen Gefühle nicht abzutrainieren – darunter auch die Fähigkeit, das Leben zu fühlen. Time-out ist zudem im Hinblick auf die Entwicklung der Gehirnsysteme bedenklich. Verzweiflung aufgrund von Verlustangst, Enttäuschung und Wut braucht emotionale Regulation durch Sie als Eltern. Studien zufolge wird das Gehirn eines Kindes mit Stresshormonen überflutet, wenn es in derart verzweifeltem Zustand allein gelassen wird (z. B. allein in einem Time-out-Zimmer). Es mag aufhören zu schreien, aber sein Cortisolspiegel wird sehr hoch bleiben. [23]

Versuchen Sie es mit der Umarmungstechnik

Ihr Kind zu umarmen, um es zu beruhigen, wenn es außer Kontrolle ist, ist kein Fehler – im Gegenteil: Es fühlt die Stärke, Sicherheit und Ruhe, die von Ihren Armen ausgeht. Die Hauptfunktion der Umarmung ist, Ihrem Kind zu vermitteln, dass jemand da ist, der sicher und ruhig genug ist, um den Sturm seiner intensiven Gefühle beruhigen zu können. Wenn sich ein Kind »voll unbezähmbarer Wildheit«[24] fühlt und ihm in diesem übererregten Zustand niemand hilft, kann das für es furchtbar sein. Eine Umarmung ist angebracht, wenn ein Kind Gefahr läuft, sich selbst oder andere durch sein Verhalten zu verletzen oder Sachen zu beschädigen, und ein eindeutiges »Stopp« keine Wirkung zeigt. Das Kind ist in einem derart hohen Erregungszustand, dass es Ihre Worte nicht wahrnimmt, weil das Sprachzentrum in seinem Gehirn sie nicht registriert.[25]

Halten Sie Ihr Kind nur, wenn Sie selbst ruhig sind

Genau wie ein Baby durch Ihre körperliche Nähe beruhigt wird, wird auch ein größeres Kind dadurch ruhig. Ihr gereiftes körperliches Erregungssystem wird das unreife Ihres Kindes ins Gleichgewicht bringen.

Wenden Sie aber diese Technik niemals an, wenn Sie selbst vor Wut kochen: So können Sie Ihr Kind nicht beruhigen. Auch wird sich Ihr Kind durch Ihren Stress bestraft fühlen und seine Übererregung wird dadurch noch weiter steigen.

Halten Sie Ihr Kind nur, wenn es nicht größer ist als Sie. Wenn es so rasend ist, dass es Sie verletzen oder sich aus Ihrer Umarmung befreien kann, wird es sich nicht beschützt und geborgen fühlen. Es gibt eine besondere Technik, ein Kind zu halten, sodass es sich sicher und »emotional gehalten« fühlt. Wenn Sie improvisieren, besteht Verletzungsgefahr für beide oder Ihr Kind beruhigt sich einfach nicht.

- **Suchen Sie sich einen Platz vor einer Wand oder einem Sofa,** um sich abzustützen. Setzen Sie sich auf den Boden. Legen Sie Uhr und Schmuck ab, Ihr Kind könnte sich sonst verletzen, wenn es sich wehrt. Ziehen Sie auch Ihre Schuhe aus.
- **Visualisieren Sie sich selbst als eine weiche, beruhigende Decke.** Verschränken Sie Ihre Arme vor dem Körper Ihres Kindes und halten Sie dadurch auch seine Arme sanft, aber sicher fest. Legen Sie Ihre angewinkelten Beine über die Beine Ihres Kindes. Auf diese Weise kann es nicht treten. In dieser »umhüllenden Decke« wird sich Ihr Kind sicher, aber nicht verletzt oder gefesselt fühlen. Bei richtiger Anwendung dieser Technik werden Sie nach einer Weile selbst sehr ruhig.
- **Sagen Sie zu Ihrem Kind: »Ich halte dich nur so lange, bis du wieder ruhig bist.«** Wenn ein Kind stark außer Kontrolle ist und Sie befürchten, einen Kopfstoß zu bekommen oder gebissen zu werden, legen Sie sich ein Kissen auf die Brust oder zwischen das Kinn Ihres Kindes und Ihre Arme.
- **Kinder können alles Mögliche versuchen,** um loszukommen, z. B. sagen sie: »Ich mache gleich in die Hose.« Bemerken Sie echte Panik, lassen Sie das Kind los. Aber lassen Sie sich nicht an der Nase herumführen. Wenn Ihr Kind grinsend und triumphierend aufsteht, ziehen Sie es wieder an sich heran.
- **Lassen Sie Ihrem Kind ausreichend Zeit,** um wieder ruhig zu werden.

SCHRITT-FÜR-SCHRITT ZUR DISZIPLIN

Meist findet eine Disziplinierung spontan in dem Moment statt, in dem sich Eltern über ihr Kind furchtbar ärgern. Ohne nachzudenken, erteilen sie dann eine strenge Strafe. Besser ist es, eine Grenze zu setzen, bevor es zum Streit kommt. Beachtet das Kind diese Grenze nicht, kann man sie schrittweise verschärfen:

- **Grenze Schritt 1** – Mutter: »Anna, male bitte nur auf dem Papier.« Für die meisten Kinder ist das bereits ausreichend. Anna respektiert die Grenze und nimmt den Pinsel vom Teppich. Was, wenn sie es aber nicht tut?

- **Grenze Schritt 2** – Mutter: »Anna, ich meine es ernst. Du darfst nur auf dem Papier malen.« Dabei legt die Mutter Anna ihre Hände auf die Schultern. »Anna, nein! Hast du verstanden?« Bei vielen Kindern genügt das. Aber Anna hört wieder nicht. Sie testet ihre Grenzen weiter aus und beschmiert nun auch noch die Wand.
- **Grenze Schritt 3** – Mutter: »Anna, du zeigst mir, dass du nicht bereit bist, die Farben richtig zu benutzen, also legen wir sie weg und gehen zum Küchentisch und malen stattdessen mit Buntstiften.« Für die meisten Kinder würde dies ausreichen. Aber stellen wir uns vor, dass Anna in Wut gerät und wirft die Farbe durchs Zimmer.
- **Grenze Schritt 4** – Die Mutter wendet die Umarmungstechnik an (siehe links). Anna schreit und tritt. Mutter: »Ich weiß, dass du gerade sehr wütend auf mich bist. Ich weiß, ich weiß.« Anna sagt vielleicht: »Lass mich los!«, aber ihre Mutter hält sie weiter fest, achtet aber darauf, Annas Atmung nicht einzuschränken und sie nicht gewaltsam festzuhalten. Nach einer Weile fangen Kinder, die diese starke Begrenzung brauchen, in der Regel an zu weinen oder kuscheln sich an die Eltern. Schließlich vereinbart die Mutter mit Anna, dass sie den Teppich zusammen sauber machen. Diese Episode würde auch von einem anschließenden Time-in (siehe Seite 268) profitieren.

Dan Hughes, klinischer Psychologe, nennt diese Methode »Korrektur durch emotionale Nähe«.[26]

Fallstudie **Greifen Sie nicht zu Time-out**

Max wird nach nebenan geschickt, weil er eine übergroße Portion Spaghetti nicht aufgegessen hat. Als seine Mutter die Tür schließt, murmelt Max: »Zum Glück bin ich von Mama weg, sie ist böse zu mir.« Als seine Mutter sechs Minuten später die Tür öffnet und sagt »Du kannst herauskommen«, will Max nicht. Er hat ein Stück Wolle gefunden und ist damit beschäftigt, sie zu einem Spinnennetz zu knüpfen.

Dieses Beispiel zeigt, wie häufiges Time-out die Beziehung zwischen Kindern und überkritischen Eltern nachhaltig schädigen kann.

Manche Kinder suchen klare Grenzen

Das kann vorkommen, wenn Kindern im Alter von zwei bis drei Jahren kaum Grenzen gesetzt wurden und sie »Zweikämpfe« häufig gewonnen haben. Alle Kleinkinder müssen diese Zweikämpfe in Würde verlieren. Wenn sie gewinnen, fühlen sie sich den Eltern überlegen. Dieses Gefühl ist für ein Kind aufregend, aber auch sehr erschreckend. Solche Kinder testen immer wieder, wie weit sie gehen können. Sie müssen spüren, dass es die Erwachsenen sind, die in ihrem Leben die Verantwortung tragen. Nur so können sie sich sicher und geborgen fühlen.

Wenn Sie glauben, alles versucht zu haben, und die Beziehung zu Ihrem Kind trotzdem problematisch ist, können disziplinarische Maßnahmen vielleicht sein Benehmen verbessern, aber nicht die Beziehung zu Ihnen. Einen Eltern-Kind-Therapeuten oder Familientherapeuten aufzusuchen ist in diesem Fall ein großer Schritt nach vorn.

Auf Konflikte mit Ihrem Kind reagieren

Sie müssen auf sanfte, positive Weise Wut regulieren und Konflikte lösen. Erkennen Sie an, dass die Gefühle Ihres Kindes Ihnen gegenüber im Augenblick real sind, auch wenn Sie sie als unrichtig oder irrational empfinden. Wenn die zwölfjährige Susan wütend auf ihren Vater ist und sagt: »Papa, du hörst mir nie zu. Du meckerst nur. Ich hasse dich dafür«, dann könnte der Vater zu seiner Verteidigung sagen: »Ich höre dir immer zu.« Eine empathische Antwort wäre: »Du hast also das Gefühl, dass ich dir nicht zuhöre, wenn du mir wichtige Dinge erzählst – dann wundert es mich nicht, dass du böse auf mich bist. Darf ich dir jetzt zuhören?«

Bei kleineren Kindern ist es oft das Beste, mit Humor zu reagieren. Wenn ein wütendes Kleinkind »Geh weg« sagt, dann antworten Sie nicht: »Wie kannst du es wagen, mich wegzuschicken.« Versuchen Sie stattdessen, den Konflikt spielerisch aufzulösen, etwa so: »Ah, wir haben wohl ein Problem. Ich bin nämlich ein hungriger Tiger, der Zehen fressen will!« Und dann geben Sie mit lustiger Stimme und komischen Bewegungen vor, Sie wollten Ihrem Kind in die Zehen beißen.

Gut zu wissen

Bevor Sie Ihr Kind bestrafen, überlegen Sie, ob es für seine Taten allein verantwortlich ist. Haben Sie ihm in letzter Zeit genug Aufmerksamkeit geschenkt? Vielleicht sollte es im Freien etwas »Dampf ablassen«? Regelmäßige innige Momente mit Ihrem Kind helfen vor allem, anstrengenden Situationen vorzubeugen.

Auf den Punkt gebracht

- **Ein Kind ausschließlich durch Wut,** Kritik und Befehle zu erziehen, kann zu einem überempfindlichen WUT- und/oder PANIK-/FURCHT-System führen.

- **Loben Sie gutes Verhalten Ihres Kindes** und ignorieren Sie schlechtes.

- **»Time-in« hilft** Ihnen, die Beweggründe Ihres Kindes zu verstehen.

- **Familienregeln und klare Grenzen** geben Kindern Sicherheit.

- **Wahlmöglichkeiten und Konsequenzen** beschäftigen das rationale Gehirn, statt FURCHT und WUT zu aktivieren.

- **Bestrafen Sie Ihr Kind** unbedingt in einer Weise, die ihm seine Würde lässt. Damit machen Sie ihm ein großes Geschenk im Hinblick auf seine künftige seelische Gesundheit und soziale und emotionale Intelligenz.

Achten Sie *auf sich selbst*

Kindererziehung gehört zu den stressreichsten Aufgaben überhaupt im Leben. Neben den wunderbaren Zeiten voller Freude und tiefer Erfüllung werden Sie auch Zeiten mit wenig Schlaf und außergewöhnlich hohen Anforderungen an Ihre Geduld und Ihre Nerven erleben. Es ist Ihre Aufgabe, Ihrem Kind bei der gesamten Bandbreite seiner Gefühle beizustehen, von Jähzorn und Wut bis hin zu Aufregung und Freude. Um ausgeglichene, liebevolle und mitfühlende Eltern sein zu können, müssen Sie gut auf sich achten. Das bedeutet auch zu erkennen, wann Sie niedergeschlagen sind, und die notwendige Unterstützung zu suchen und sich die erforderliche Zeit zu nehmen, um Ihr psychisches und physisches Gleichgewicht wiederherzustellen.

Stressfreie Schwangerschaft

Es ist wichtig, schon während der Schwangerschaft psychisch und physisch auf sich zu achten. Ihr emotionaler Zustand kann die Entwicklung des Gehirns Ihres ungeborenen Babys beeinflussen. Wenn Sie sich in dieser Zeit gestresst, depressiv oder angespannt fühlen, benötigen Sie besondere Hilfe.

PRÄNATALER STRESS

Von der siebten Woche an können glücklich machende Opioide im Blutstrom eines Ungeborenen nachgewiesen werden. Doch wissen wir auch, dass durch regelmäßigen starken Stress der Mutter während der letzten drei Schwangerschaftsmonate große Mengen Stresshormone (Cortisol und Glutamat) durch die Plazenta ins Gehirn des Babys übertragen werden können.

Einige Untersuchungen zeigen, dass ungeborene Babys, die übergroßen Mengen Stresshormonen ausgesetzt werden, als Kinder und auch später als Erwachsene Stress schlechter abbauen können. Starker Stress während der Schwangerschaft ist einer der Risikofaktoren für Depressionen und Drogenabhängigkeit im späteren Leben.[1] Erhält ein schon vor der Geburt gestresstes Baby viel Beruhigung und Trost – wie in diesem Buch beschrieben –, kann seine Fähigkeit, mit Stress umzugehen, verbessert werden.

In manchen Fällen hat sich gezeigt, dass zu viel Stress während der Schwangerschaft auch die genetische Entfaltung wichtiger Botenstoffe und Hormone des Ungeborenen beeinträchtigt. Das bedeutet, dass bestimmte Schlüsselgene nicht das tun, was sie tun sollten. Sie platzieren sich an der falschen Stelle im Gehirn. Bei männlichen Föten z. B. kann zu viel Stress der Mutter das Verhältnis von Testosteron und Östrogen verändern. Untersuchungen mit Säugetieren zeigen, dass männliche Junge mit einem »verweiblichten« Gehirn

Gut zu wissen

Ein ungeborenes Kind ist in den letzten drei Schwangerschaftsmonaten bei einem hohen Stresslevel der Mutter besonders gefährdet, denn in dieser Zeit macht sein Gehirn einen wichtigen Wachstumsschub durch. Eine Schwangerschaftsmassage kann Anspannung und Stresshormonspiegel senken.[2]

Gut zu wissen

Es ist vielfach belegt, dass psychische Probleme im späteren Leben bereits vorgeburtlich angelegt werden können, indem die HNN-Achse (siehe S. 46) durch Stress in höchste Alarmbereitschaft versetzt wird.[3] Diese Babys werden gestresst geboren. Die Stresshormone der Mutter übertragen sich durch die Plazenta und können auch vorzeitige Wehen und ein geringeres Geburtsgewicht verursachen.

Eine Studie fand einen Zusammenhang zwischen pränatalem Stress und späteren Herz-Kreislauf-Erkrankungen.[4] Weitere Studien zeigten, dass negative Auswirkungen auf die HNN-Achse über mehrere Generationen weitergegeben wurden. Epigenetische Veränderungen können ab der Empfängnis von Eltern an Kinder übertragen werden.[5]

Forscher fanden bei depressiven Schwangeren höhere Werte des Stresshormons Cortisol und niedrigere Dopamin- und Serotoninwerte (beides Neurotransmitter). Ihre Babys hatten bei der Geburt die gleichen neurochemischen Profile wie ihre Mütter. Diese Säuglinge waren sehr schwer zu beruhigen.[6]

geboren werden können, was Folgen für die spätere Sexualität haben kann.[7]

ALKOHOL, MEDIKAMENTE UND RAUCHEN

Wenn Sie während der Schwangerschaft sehr angespannt oder gestresst sind, gönnen Sie sich eine Auszeit. Eine Kopf- oder Fußmassage leistet gute Dienste. Lassen Sie sich nicht verleiten, auf Alkohol oder nicht verordnete Medikamente zurückzugreifen. Auch Drogen wie Kokain oder Ecstasy können die Entwicklung des Gehirns eines Ungeborenen verändern. Alkohol erhöht zudem die Cortisolwerte des ungeborenen Kindes. Kinder von Alkoholikerinnen können nach der Geburt ein überreaktives Stressreaktionssystem haben.

Hirnscans von Kindern, deren Mütter während der Schwangerschaft sehr viel Alkohol tranken, zeigen oft kleinere, weniger gefaltete Großhirne. Auch das Kleinhirn (das Koordination und Bewegung kontrolliert) und der Hirnstamm (verantwortlich für Grundfunktionen wie Atmung und Körpertemperatur) können geschädigt werden. Das Gehirn eines Kindes mit fetalem Alkoholsyndrom (FAS, hervorgerufen durch exzessives Trinken der Mutter) entwickelt sich nicht vollständig, was geistige und emotionale Störungen bedeuten kann. Alkoholkonsum während der ersten drei Schwangerschaftsmonate gefährdet das Kind mehr als während der restlichen Schwangerschaft. Gesundheitsbehörden empfehlen Frauen, die schwanger sind oder schwanger werden wollen, vollständig auf Alkohol zu verzichten. Tatsächlich hat Peter Hepper, Professor an der Queen's University in Belfast (Nordirland), herausgefunden, dass bereits ein Glas Wein fötales Verhalten unterdrückt und, schlimmer noch, dass diese Wirkung noch anhält, wenn der Alkohol vollständig abgebaut ist.[8]

STRESS ODER DEPRESSION IN DER SCHWANGERSCHAFT

Die Forschung zeigt, dass bestimmte Formen der Unterstützung Angst und Depression bei Frauen mit pränataler Depression verringern.

- **Selbsthilfegruppen** 20 Minuten pro Woche für 12 Wochen
- **Interpersonelle Psychotherapie in der Gruppe** (einmal pro Woche für 12 Wochen).[10] Sich von einer empathischen Person gehört und verstanden zu fühlen, senkt den Stresshormonspiegel und schüttet Belohnungsstoffe aus, die Sie und Ihr ungeborenes Kind schützen.
- **Pränatale Massage** senkt den Cortisol- und erhöht den Dopaminspiegel und verringert Angstzustände. Die tiefste Form der Berührung, d. h. eine Massagetherapie mit moderatem Druck (keine leichte Berührung), senkte deutlich die Level von Stress, Depression, Angst, Bein- und Rückenschmerzen, Cortisol, übermäßige Aktivität des Fötus

Gut zu wissen

Untersuchungen zeigen, dass Stillen sich sehr positiv auf die Stimmung der Mutter auswirkt, weil es das Stressreaktionssystem im Gehirn beruhigt. Weil die Mutter ruhig und entspannt ist, beruhigt sie auch ihr Baby leichter. Durch das Stillen erhält das Baby auch wichtige, mehrfach ungesättigte Fettsäuren, die die Produktion der Botenstoffe Dopamin und Serotonin im Gehirn verstärken. Studien haben gezeigt, dass auch die Flaschenfütterung Stresshormone reduzieren kann. Solange das Kind beim Füttern ruhig am Körper der Mutter gehalten wird, gibt es keine signifikanten Unterschiede.[9]

und die Anzahl von Frühgeburten.[11] Die Massage erfolgte entweder durch eine andere Person (zwei 20-minütige Sitzungen über einen Zeitraum von 16 Wochen) oder bei einer professionellen Massage (20 Minuten pro Woche über fünf Wochen).

Dysregulierte Babys

Häufig sind Babys, die mit niedrigem Dopamin- und hohem Cortisolspiegel geboren werden, so gestresst, dass sie nicht zu beruhigen sind. Die Gefahr ist, dass sie ihre Eltern überfordern. Wenn es Ihnen so ergeht, brauchen Sie Unterstützung und Hilfe.

- **Für Ihr Kind** Bitten Sie die Freunde und Verwandte um Hilfe, die Emotionen zu regulieren wissen, sich auf die Not Ihres Babys einstellen können und bei seinem Schmerz bleiben, statt es aus dem Schmerz herausholen zu wollen. Erklären Sie Ihren Helfern, dass ihre Aufgabe darin besteht, das Kind zu beruhigen.
- **Für sich selbst** Sorgen Sie für gute Regulierung ihrer eigenen Gefühle. Bleiben Sie nicht allein mit Ihrer Überforderung und Ihrem Stress. Wir sind soziale Wesen und brauchen immer die Hilfe anderer, vor allem, wenn wir uns um ein dysreguliertes Baby kümmern müssen. Gehen Sie möglichst viel unter Menschen und zu Eltern- und Babytreffen. Sie werden dort Bestätigung und Unterstützung von anderen mitfühlenden Eltern erhalten, die das alles kennen. Scheuen Sie sich nicht, um Hilfe zu bitten. Wenn Sie und Ihr Baby stetigen Zuspruch erhalten, kehren Sie beide viel wahrscheinlicher in einen geregelten Zustand zurück. Unzählige Forschungsergebnisse zeigen, dass diese sogenannte soziale Abpufferung die Stressreaktionssysteme des Gehirns normalisiert. Durch diese effektivste Form der sozialen Unterstützung sank der Cortisolspiegel der Betroffenen um 50,4 Prozent.[12]

POSTNATALE DEPRESSION

Ganze acht von zehn Frauen leiden innerhalb der ersten Tage nach der Geburt unter dem sogenannten »Babyblues«. Wenn die Symptome des Unwohlseins länger als eine Woche anhalten, kann es sich um eine postnatale Depression handeln.[13] Eine von zehn Müttern ist davon betroffen.

Bei dieser Form von chronischer Depression pumpt das Gehirn immer mehr Stresshormone aus, ohne dass sich dies abstellen lässt. Das blockiert die Freisetzung positiv errregender Substanzen wie Opioiden und Dopamin. Das Ergebnis ist langanhaltende seelische Qual, die Welt verliert all ihre Schönheit. Nicht einmal das bezaubernde Lächeln Ihres Babys oder die Liebeserklärung eines geliebten Menschen kann Sie trösten. Sie können das Interesse und die Freude an fast allen Aktivitäten verlieren. Vielleicht haben Sie Schlafprobleme oder Sie schlafen zu viel. Sie fühlen sich womöglich wertlos oder haben übermäßige und unangemessene Schuldgefühle. All dies verhindert, dass Sie Ihre Mutterschaft genießen, während gleichzeitig die Angst Sie plagt, dass Ihrem Baby etwas Schlimmes zustößt. Leider blockiert chronischer Stress durch postnatale Depression die Bildung von Oxytocin, dem natürlichen Opioid für mütterliche Gefühle. Sie können sogar glauben, dass Ihr Baby Sie nicht mag oder sogar hasst, obwohl dies nicht der Fall ist.

Nichts davon ist Ihre Schuld. Chronische Depressionen blockieren das FÜRSORGE- und das SPIELTRIEB-System (siehe S. 34) im unteren Gehirn, was Ihre mütterlichen Gefühle und den Wunsch nach einem spielerischen und zärtlichen Umgang mit Ihrem Kind blockiert. Depressive Mütter zeigen eine abgeflachte emotionale Reaktion auf die Signale des Kindes und eine schwache chemische Belohnungsreaktion.

Wenn Sie sich keine Hilfe suchen, kann sich Ihre postnatale Depression auf die zukünftige psychische Gesundheit Ihres Kindes auswirken. In einer 22 Jahre langen Längsschnittstudie an Babys von Müttern mit postnataler Depression wurde eine erhöhte Cortisolreaktivität festgestellt. Der Cortisolspiegel war auch im Teenageralter noch hoch.[14] Es ist also wichtig, dass Sie sich Hilfe holen. Die Forschung hat gezeigt, welche Formen der Unterstützung eine postnatale Depression verringern und so den Babys helfen.

- **Schon ein wichtiges, reflektierendes Gespräch pro Woche** mit Ihrer Hebamme, einem Arzt oder einem Therapeuten hilft. Studien zeigen, dass beim Kind keine langfristigen psychischen Probleme auftraten, wenn der depressive Elternteil regelmäßig von empathischem Fachpersonal emotionale Unterstützung erhielt. War dies nicht der Fall, wies das Kind im Teenageralter bei Stressoren immer noch zu hohe Cortisol-Werte auf.[15]

- **Mütter, die eine Videofeedback-Therapie** oder eine kognitive Verhaltenstherapie (CBT) mit zusätzlichen Entspannungstechniken erhielten, konnten ihre Depression dauerhaft überwinden. Darüber hinaus lagen die Ergebnisse der kindlichen Entwicklung im Alter von zwei Jahren im normalen Bereich.[16]
- **Hautkontakt in den ersten zwei Wochen** verbessert die kognitive Kontrolle, die exekutiven Funktionen sowie die emotionale und physiologische Regulation von Säuglingen, was auch im Alter von zehn Jahren noch zutrifft.[17]
- **Antidepressiva und Therapie** Eine Kombination aus Antidepressiva und Therapie hat sich bewährt, um positive Erregung und stimmungsstabilisierende Substanzen im Gehirn wieder in Gang zu bringen und den Stresshormonspiegel der Mutter zu senken.[18]

Die Bedeutung der sozialen Unterstützung

Soziale Unterstützung lindert Depressionen und hilft Frauen, mütterliche Gefühle zu empfinden. Drei neurobiologische Bahnen verbinden soziale Unterstützung mit körperlicher und emotionaler Gesundheit sowie Langlebigkeit: das Immunsystem, das ANS (es beruhigt den Körper und sorgt für einen guten Vagotonus, siehe S. 30–31) und das neuroendokrine System (das Gehirn reguliert die Hormone).[19] Soziale Unterstützung senkt den Cortisol- und den CRF-Spiegel (siehe S. 36) und aktiviert Oxytocin (ein Neurotransmitter gegen Angst).

Soziale Unterstützung können Sie in Eltern- und Babygruppen finden. Ein afrikanisches Sprichwort besagt: »Es braucht nur eine Frau, um ein Kind zu gebären, aber ein ganzes Dorf, um es aufzuziehen.« Wenn Sie sich keiner Gruppe anschließen möchten oder keine finden, sollten Sie sich beraten lassen, um von einem emotional verfügbaren Erwachsenen unterstützt zu werden.

Lernen Sie Beziehungsspiele (siehe S. 200–204), aber seien Sie versichert, dass es Ihrem Kind gut geht, wenn eine andere warmherzige, einfühlsame Bezugsperson sich um es kümmert, mit ihm spielt, es beruhigt, erfreut und tröstet, bis es Ihnen besser geht.

Sie haben jetzt Kinder

Als Eltern haben Sie die Aufgabe, nicht nur für die körperlichen Bedürfnisse Ihres Kindes zu sorgen, sondern auch für seine emotionalen und psychischen. Sie sind ständig in Bereitschaft – auf Anzeichen von eigenem Stress zu reagieren ist daher wichtig für Eltern.

EIN TAG IM LEBEN VON ELTERN

Stellen sie sich vor, ihr Dreijähriger hat gerade ein neues Spielzeug bekommen – einen großen roten Bus – und mit Ihrer Begeisterung verstärken Sie seine Freude. Dann möchte er mit Ihnen herumbalgen. Sie wissen, dass diese Art von Spiel ausgezeichnet für die Entwicklung seines Gehirns ist, wie könnten Sie es also ablehnen? Als Nächstes geben Sie ihm einen Keks und Ihr Sohn bricht in Tränen aus, weil der Keks zerbricht. Als Sie erklären, dass Sie den Keks nicht reparieren können, wirft er seine Tasse auf den Boden. Jetzt müssen Sie einen guten Weg finden, ihm zu erklären, dass sein Benehmen nicht akzeptabel ist.

Später helfen Sie ihm zu akzeptieren, dass er seinen Hamster nicht mit ins Wohnzimmer nehmen darf. Dann beenden Sie eine Rangelei mit seinem Bruder. Langsam fühlen Sie sich etwas erschöpft, aber Ihr Kind möchte, dass Sie zusehen, wie es den »Tuuut«-Knopf seines gelben Spielzeuglasters betätigt. Ihr »Super!« zaubert ein breites Grinsen auf sein Gesicht. Das bereitet auch Ihnen Freude, aber nach dem 18. Mal wird es etwas ermüdend. Doch Sie wissen, dass Aufmerksamkeit und Lob positive chemische Erregungssysteme im Gehirn Ihres Kindes etablieren. Zur Schlafenszeit helfen Sie Ihrem Kind über seine Wut darüber hinweg, dass es ins Bett muss. Und Ihre anderen Kinder brauchen Sie auch noch.

Nach einigen Stunden sehnen Sie sich nach Ruhe. Was ist los mit Ihnen? Ganz klar, Sie können die Emotionen Ihres Kindes nur regulieren, solange Sie selbst keine emotionale Regulation benötigen. Neurologisch ausgedrückt: Sie sind biochemisch unausgeglichen. Ihr körperliches Erregungssystem ist aus dem Gleichgewicht.

Tipp **Auftanken**

Nach einigen Stunden mit Ihrem Kind werden Sie sich nach Ruhe sehnen. Wenn Sie ein paar freie Minuten haben, versuchen Sie, es sich gut gehen zu lassen. Zwischendurch ein wenig aufzutanken gibt Ihnen die Kraft, in schwierigen Momenten ruhig zu bleiben und Empathie für Ihr Kind zu empfinden.

Sind Sie unausgeglichen?

Ob das bei Ihnen der Fall ist, erkennen Sie daran, dass Sie sich ausgebrannt fühlen, verärgert sind und ständig kurz vor der Explosion stehen, wenn Ihr Kind sich schlecht benimmt. Anstatt Ihr Großhirn einzusetzen, um sich die beste Reaktion auf Ihr Kind zu überlegen, wird Ihr WUT-System ausgelöst. Stresshormone überfluten Ihr Großhirn und infolgedessen verlieren Sie die Fähigkeit zu Empathie und klarem Denken. Ihnen ist zum Schreien zumute!

In Ihrer Eigenschaft als emotionaler Regulator müssen Sie Ihr Kind dabei unterstützen, mit der unkontrollierbaren Intensität seiner Gefühle fertig zu werden. Dadurch helfen Sie ihm, in seinem Gehirn wichtige Bahnen und Systeme anzulegen, die es schließlich dazu befähigen werden, dies selbst zu tun. Erhalten Kinder keine wirksame Regulation ihrer Gefühle, können sie im späteren Leben auf große Schwierigkeiten stoßen.

Nahrung für die Seele

Einige der wichtigsten Botenstoffe, die Ihre Stimmung beeinflussen, gewinnt Ihr Körper aus der Nahrung. Indem Sie bestimmte Sachen zu sich nehmen und andere vermeiden, können Sie Ihr seelisches und körperliches Wohlbefinden verbessern. Auch regelmäßig zu essen trägt dazu bei, dass Sie sich Ihre gute Laune erhalten.

Wenn Sie wissen, welche Botenstoffe im Körper aus welchen Nahrungsmitteln hergestellt werden, können Sie sich für die kraftraubende Aufgabe als Eltern die erforderliche Energie beschaffen. Fragen Sie sich ruhig gelegentlich: »Reizt mich mein Kind wegen der stressigen Situation oder weil mir wichtige Vitamine fehlen?« Die Emotionen erzeugenden Botenstoffe arbeiten harmonisch zusammen, jedoch ist diese Harmonie sehr störanfällig. Durch den Verzehr bestimmter Nahrungsmittel können Sie aber das Gleichgewicht wieder herstellen.

NAHRUNG, DIE DIE STIMMUNG STABILISIERT

Serotonin verbessert Ihre Stimmung, die Ausgeglichenheit Ihrer Gefühle und die Qualität Ihres Schlafs. Menschen mit niedrigem Serotoninspiegel können depressiv, aggressiv oder ängstlich sein.

Tryptophan ist eine Vorstufe von Serotonin und wird aus der Nahrung gewonnen. Um genügend Tryptophan aufzunehmen, sollte Ihre Nahrung einen hohen Anteil an Bananen, Brot, Nudeln und fettem Fisch wie Lachs und Makrele enthalten. Sie können auch Fischölpräparate einnehmen.

Gut zu wissen

Wenn Sie sich ausgelaugt fühlen, überlegen Sie, welche Ursachen dafür infrage kommen. Haben Sie richtig gegessen? Wenn Ihr Gehirn unzureichend mit Glukose versorgt wird und Sie zu wenig von dem Protein haben, das in Ihrem Gehirn positive Erregung erzeugt, fühlen Sie sich abgeschlagen.

Waren Sie den ganzen Tag im Haus? Ein »Tapetenwechsel«, ein Treffen mit anregenden Menschen, ein Spaziergang oder eine interessante Tätigkeit können Ihren Dopaminspiegel erhöhen.

Gehen Sie nicht gestresst schlafen. Der hohe Cortisolspiegel kann bewirken, dass Sie mitten in der Nacht wieder aufwachen. Nehmen Sie ein entspannendes Bad oder kuscheln Sie mit Ihrem Partner.

Um eine effektive Herstellung von Serotonin im Gehirn zu gewährleisten, brauchen Sie Nahrungsmittel, die Vitamin B6, B12 und Folsäure enthalten. Bananen, Avocados, Fisch, Gemüse, Kartoffeln, Hühnchen und Rindfleisch sind gute Quellen für diese Vitamine. Sie können auch ein Vitamin-B-Präparat einnehmen (da alle B-Vitamine notwendig sind, sollten Sie ein Komplexpräparat bevorzugen). Vitamin B6 ist für die Serotoninproduktion besonders wichtig – nur ein Milligramm zu wenig pro Tag kann Ihren Gemütszustand schwer beeinträchtigen. Untersuchungen zufolge können Depressionen zurückgehen, wenn man ausreichend Vitamin B6 und B12 zu sich nimmt. Auch die Schlafqualität verbessert sich. Je älter Sie werden, desto mehr Vitamin B6 und B12 brauchen Sie, weil der Körper mit den Jahren diese Vitamine schlechter aufnimmt. Die B-Vitamine sind auch an der Herstellung und Freisetzung von GABA beteiligt, einem wichtigen Stoff im Gehirn gegen Angst (siehe S. 48).[20]

NAHRUNGSMITTEL FÜR IHRE MOTIVATION

Optimale Dopaminwerte sind zusammen mit anderen Botenstoffen der Schlüssel für Ihren Antrieb, sich in vollem Ausmaß mit dem Leben und Ihren Kindern zu beschäftigen. Ist Dopamin in Ihrem Gehirn nicht ausreichend aktiviert, können Sie sich lethargisch und reizbar fühlen, ohne Motivation, interessante Aktivitäten für Ihre Kinder zu organisieren.

Zur Dopaminherstellung benötigt das Gehirn Tyrosin, das in eiweißreichen Lebensmitteln wie Fisch, Fleisch, Nüssen und Käse vorkommt, sowie wichtige Vitamine und Mineralien. Die Ernährung kann die Aktivierung von Dopamin steigern und die Optimalwerte aufrechterhalten.[21]

NAHRUNG, DIE SIE UNTER STRESS STABILISIERT

Fetter Fisch enthält eine Omega-3-Fettsäure, die sogenannte Docosahexaensäure (DHA). DHA spielt in der Biochemie des Gehirns eine große Rolle. Ungefähr die Hälfte des Fetts der Gehirnzellmembranen besteht aus DHA. Sie sorgt für Aufbau und Erhalt geschmeidiger Zellstrukturen. So kann das Gehirn effektiv arbeiten und chemische Botschaften problemlos hin und her senden. Durch die Ankurbelung der Serotoninproduktion kann DHA, die nur über die Nahrung aufgenommen wird, zudem stimmungsaufhellend wirken. Studien zum Fischölkonsum in verschiedenen Ländern haben ergeben, dass mit höherem Konsum die Depressionsrate sinkt.[22] Je niedriger der DHA-Spiegel ist, desto stärker können Depressionen ausgeprägt sein. Die Ernährung der meisten Menschen weist einen schweren Mangel an DHA auf. Deshalb ist es sehr wahrscheinlich, dass beim Verzehr von fettem Fisch oder DHA-Präparaten das Gehirn das meiste davon aufnimmt.

Tipp **Stärkendes Frühstück**

Ein proteinreiches Frühstück hebt den Tyrosinspiegel und verbessert die Konzentration und die Problemlösefähigkeit. Wer richtig frühstückt, ist den ganzen Tag viel effektiver und kreativer als ohne Frühstück.[23]

Die Art der Kohlenhydrate ist ebenfalls von Bedeutung. Essen Sie lieber Vollkornbrot statt Weißbrot, es versorgt Sie nur für etwa eine Stunde mit Energie. Komplexe Kohlenhydrate wie Haferflocken lassen Ihren Blutzuckerspiegel über einige Stunden langsam ansteigen, dadurch bleiben Energieniveau und Stimmung stabil.

Sardinen, Lachs, Tunfisch, Makrele und kaltgepresstes Lein- oder Flachsöl sind reich an DHA. Sie können DHA auch in Form von Fischölpräparaten einnehmen, aber lesen Sie den Beipackzettel, bevor Sie ein Präparat kaufen, denn einige enthalten nur Eicosapentaensäure (EHA). Je älter Sie werden, desto mehr DHA benötigen Sie. Auch Nikotin- und Alkoholgenuss verringern den DHA-Spiegel.

SICH DEN GANZEN TAG LANG WOHLFÜHLEN

Nicht ausreichend oder das Falsche zu essen kann sich dramatisch auf Ihren Tag auswirken. Wenn Sie Mahlzeiten auslassen oder sich mit Koffein und Süßem über Wasser halten, haben Sie nicht genügend Energie. Folgende Regeln sind sinnvoll:

- **Frühstücken Sie gut und essen Sie richtig zu Mittag.** Untersuchungen zeigen, dass bei Menschen, die nicht frühstücken, die Neigung zu Depressionen doppelt und die Neigung zu Anspannung viermal so hoch ist wie bei Menschen, die ihren Tag mit einem Frühstück beginnen.[24] Ohne Frühstück bleibt Ihr Blutzuckerspiegel niedrig. In diesem Zustand kann Ihr Gehirn nicht richtig arbeiten, und Ihre Nebennieren reagieren mit einer hohen Freisetzung von Adrenalin und Cortisol, was Sie angespannt und nervös werden lassen kann.
- **Vermeiden Sie zuckerhaltige Snacks und Getränke.** Das Schlimmste, was Sie tun können, ist, statt einer richtigen Mahlzeit aus Zeitmangel Kekse und Schokolade zu essen. Nach der anfänglichen Freisetzung von Glückshormonen in Ihrem Gehirn geht es rapide bergab. Auf leeren Magen lassen zuckerhaltige Lebensmittel Ihren Blutzuckerspiegel stark ansteigen. Ihr Körper setzt Insulin frei, um ihn wieder zu senken – dadurch kann er jedoch unter den Anfangswert sinken (Hypoglykämie). Das kann Sie sehr müde und reizbar machen.
- **Essen Sie Obst oder Proteinhaltiges.** Damit Sie und Ihre Kinder Energie erhalten, essen Sie lieber Obst. Es enthält Fruchtzucker (Fructose), der keine Insulinfreisetzung bewirkt. Nehmen Sie für unterwegs eine Banane mit. Sie versorgt Sie mit Tryptophan, das Sie zur Herstellung des stimmungsstabilisierenden Serotonins benötigen, und sorgt für eine langsame Zuckerfreisetzung ins Blut, die Sie eine Weile am Laufen hält. Nüsse sind ebenfalls ein wertvoller Snack. Sie aktivieren

Tyrosin, den Schlüssel zur Herstellung von Dopamin, das für positive Erregung im Gehirn sorgt.

• **Essen Sie kohlenhydratreiche Speisen am Abend.** Dadurch wird Tryptophan, eine Schlüsselkomponente für Serotonin, aktiviert. Gute Serotoninwerte helfen, den Schlaf zu regulieren. Wenn Ihre Kinder müde werden sollen, gilt die Regel: Keine proteinreichen Snacks vor dem Schlafengehen!

• **Trinken Sie täglich sechs Gläser Wasser.** Das ist sehr wichtig zur Ausschwemmung von Abfallprodukten. Wenn Sie zu wenig trinken, bleiben sie in Ihrem Körper und machen Sie müde und schlapp. Durst ist kein Gradmesser für den Wasserbedarf. Wenn Sie durstig sind, sind Sie bereits dehydriert.

• **Ziehen Sie Ergänzungspräparate in Betracht.** Manchmal ist es schwierig, eine ausreichende Versorgung mit Vitaminen und Mineralien in der Nahrung zu gewährleisten, die für die Herstellung bestimmter biochemischer Stoffe im Gehirn notwendig sind – jener Stoffe nämlich, die Sie als Eltern befähigen, dem täglichen Stress standzuhalten. Wie ein Wissenschaftler feststellte, »bedarf es 46 Tassen Spinat oder acht Tassen Mandeln täglich, um die optimale Menge Vitamin E zu sich zu nehmen«. In vielen Teilen der Erde ist in der Nahrung zu wenig des wichtigen Spurenelements Selen enthalten. Zu geringe Selenwerte stehen in engem Zusammenhang mit Anspannung, Energiemangel, Reizbarkeit, Depression und Erschöpfung.[25] Co-Enzym Q10 unterstützt die Energiegewinnung aus der Nahrung. Die Werte sinken mit dem Älterwerden, deshalb kann eine umsichtige Anwendung eines Ergänzungspräparats notwendig werden. Stress geht auch mit einem verstärkten Abbau von Vitaminen und wichtigen Mineralien einher.

• **Trinken Sie Kamillentee.** Kamillentee ist ein leichtes Beruhigungsmittel und wirkt auf die Benzodiazepin-Rezeptoren im Gehirn und damit gegen Anspannung. Kamillentee ist ideal vor dem Schlafengehen und während des Tages als Ersatz für ein koffeinhaltiges Getränk wie Kaffee.

Ist Kaffee schlecht? Ich brauche mindestens vier Tassen pro Tag.

Ihr Kind wacht um 6:30 Uhr auf. Sie sind müde und greifen zu Kaffee, um sich wenigstens halbwegs menschlich zu fühlen. Koffein, das in Kaffee, Tee, manchen Softdrinks und Medikamenten enthalten ist, ist eine der am weitesten verbreiteten stimmungsverändernden Substanzen. Koffein kann Ihre Laune bessern, Sie munter und energetischer machen und Sie motivieren, weil es Noradrenalin, Adrenalin und Dopamin im Gehirn stimuliert und Ihren Blutzuckerspiegel erhöht. Es blockiert Adenosin, einen Stoff im Gehirn, der Sie schläfrig macht und Ihren Schlaf unterstützt. Die Koffeintoleranz ist individuell verschieden. In bescheidenem Maße kann Koffein Sie aufmuntern, auf leeren Magen aber sehr problematisch sein. Nach einem anfänglichen Hoch fällt der Blutzuckerspiegel ab und Sie können müde und reizbar werden. Auch gibt es einen Gewöhnungseffekt: Je mehr Sie trinken, desto mehr brauchen Sie. Sie stumpfen gewissermaßen ab.

»Auftanken« ist notwendig

Emotionales Auftanken ist notwendig, um die Stresshormone in Gehirn und Körper wieder auf Normalmaß zu bringen. Sonst sind Sie chronisch gestresst und schlechter Stimmung. Ihr Zustand wird sich auf die Kinder übertragen, die sich dadurch ebenso gestresst fühlen und sich wahrscheinlich schlecht benehmen.

»Auftanken« bedeutet, Zeit für sich zu haben für etwas Entspannendes ohne Kinder, ohne auf schnelle Lösungen mit Nebenwirkungen wie Alkohol oder Zigaretten zurückzugreifen. Alle Eltern, seien sie noch so gut, die in ständige Bereitschaftshaltung ohne emotionales Auftanken verfallen, geraten früher oder später in einen Übererregungszustand mit zu vielen Stresshormonen im Gehirn. Wenn Sie zunehmend reizbar sind und wenig Geduld mit Ihren Kindern haben, kaum noch Lust, mit ihnen zu spielen oder sie zu knuddeln, sollten Sie auftanken. Denn statt Freude an Ihren Kindern zu haben, sehen Sie nur noch Anforderungen an sich. Mit der Zeit werden Sie geübt darin, die Zeichen einer biochemischen Dysregulation in Ihrem Gehirn zu erkennen: den Anstieg der Stresshormone und den Abfall stimmungsstabilisierender Botenstoffe.

ARTEN DES EMOTIONALEN AUFTANKENS

Es gibt zwei Arten des emotionalen Auftankens: die Autoregulierung und die interaktive Regulierung. Autoregulierung bedeutet, dass Sie selbst etwas tun, um die Chemie in Ihrem Gehirn zu ändern, wie lesen, spazieren gehen oder sich in einem warmen Bad entspannen. Interaktive Regulierung bedeutet, eine schöne Zeit mit anderen zu verbringen, mit Ihrem Partner oder mit Freunden. Wenn wir als menschliche Wesen emotional gesund bleiben wollen, benötigen wir regelmäßig beides.[26]

WARUM SCHNELLE LÖSUNGEN NICHT FUNKTIONIEREN

Manche Eltern greifen auf schädliche Arten der Stressbewältigung zurück, wie Alkohol oder Zigaretten – mit ernstzunehmenden Langzeitwirkungen. Warum finden wir es so anziehend, Alkohol zu trinken und zu rauchen? Alkohol aktiviert das Anspannungen entgegenwirkende GABA-System im Gehirn. Es erhöht auch kurzzeitig den Serotonin- und Dopaminspiegel, wir fühlen uns in Gesellschaft selbstsicher, munter und entspannt. Zu viel Alkohol kann jedoch schnell ins Gegenteil umschlagen. Wenn Sie zu viel trinken, fallen Ihre Oxytocin-, DHA-, Tryptophan- und Glukosewerte. Durch den niedrigen Blutzucker- und Serotoninspiegel kann Ihre Laune ins Bodenlose sinken.

Nach ein paar Gläsern kann der Alkohol die Funktionen des Großhirns, wie Sprache und Gefühlsregulierung, merklich beeinträchtigen, dann übernimmt der instinktive Teil des Gehirns die Führung. Betrunkene Menschen werden oft aggressiv oder depressiv. Diese Führung des instinktiven Gehirns erklärt, warum häusliche Gewalt und Kindesmissbrauch sehr häufig unter Alkoholeinfluss stattfinden.

Rauchen fördert die Freisetzung des anregenden Botenstoffs Acetylcholin und von Dopamin und stimuliert die Adrenalinproduktion der Nebennieren. Es aktiviert auch Niacin, das das GABA-System unterstützt, deshalb werden Sie lockerer. Es senkt die Herzfrequenz und unterstützt die Muskelentspannung. Auch aktiviert Studien zufolge die saugende Mundbewegung Oxytocin, wie der Schnuller bei einem Säugling.

Tipp **Aktiv sein**

Aus dem Haus zu gehen tut der ganzen Familie gut. Frische Luft, Sonnenlicht und Freiraum wirken auf Eltern wie Kinder beruhigend. Viele Studien belegen, dass körperliche Aktivität Endorphine und Dopamin freisetzt. Bewegung reduziert die Stresshormone Adrenalin, Noradrenalin und Cortisol und Bewegung an der frischen Luft wirkt durch die bessere Sauerstoffversorgung des Gehirns aufmunternd. Einer Studie zufolge sind Menschen, die viel sitzen, depressiver, haben einen niedrigeren Endorphin- und einen höheren Stresshormonspiegel als Menschen, die sich regelmäßig bewegen.[27]

Ins Gleichgewicht kommen

Sie haben Ihre schlechte Laune als Anzeichen von Stress erkannt. Ihre Kinder belasten Ihre Nerven und Sie haben das Gefühl, bei Dingen zu explodieren, die Sie normalerweise locker wegstecken – es ist an der Zeit, Ihre Stresshormone wieder auf Normalmaß zu bringen.

AKTIVITÄTEN, DIE SIE BERUHIGEN

Wenn Sie eine Tätigkeit ausüben, die Sie beruhigt, setzt Ihr Gehirn wahrscheinlich das Anti-Stresshormon Oxytocin frei. Die Wissenschaftlerin Kerstin Uvnäs-Moberg, die sehr viel darüber geschrieben hat, sagt: »Wir können Aktivitäten wählen, die Oxytocin aus unserer persönlichen inneren Apotheke freisetzen ... Dieser natürliche heilende Nektar ist das Gegengift für die negativen Auswirkungen unseres temporeichen Lebensstils mit Stress und Anspannung.«[28]
Untersuchungen zeigen, dass Oxytocin

- eine entspannende Wirkung haben kann
- Blutdruck und Puls senken kann
- verhindern kann, dass das Blut mit Stresshormonen überflutet wird
- die effektive Verdauung der Nahrung fördern kann
- Aufgeregtheit reduzieren kann
- Geselligkeit verbessern kann.

Wenn Sie für sich die richtige entspannende Aktivität gefunden haben, sollten Sie Wert darauf legen, sie regelmäßig auszuüben. Wenn Ihnen beispielsweise Massagen guttun, sollten Sie sich wöchentlich und nicht nur monatlich eine geben lassen. Oder planen Sie jedes Wochenende Zeit für Yogaübungen ein. Nur so bleibt Ihr Oxytocinwert auf optimalem Niveau. Alternativ können Sie sich auch einfach in einen Garten oder Park setzen. Die Ruhe wird Ihre körperliche Übererregung senken und den beruhigenden und zentrierenden Zweig Ihres autonomen Nervensystems (siehe S. 27) aktivieren.

MIT MENSCHEN ZUSAMMEN SEIN, DIE MAN MAG

Sie bauen am besten Stress ab, wenn Sie Zeit mit Erwachsenen verbringen, die Ihnen emotionale Wärme entgegenbringen.

Sehr leicht stellt man vor allem die Ernährung oder bestimmte Aktivitäten in den Mittelpunkt und vergisst dabei die beste Möglichkeit, die eigene Stimmung zu verbessern – nämlich mit lieben Menschen zusammen zu sein. Eine anregende Unterhaltung mit der richtigen Person kann den Spiegel Ihrer Stresshormone senken, optimale Dopamin- und Noradrenalinwerte herstellen, die Opioide im Gehirn aktivieren und für wunderbares Wohlbefinden sorgen. Im Falle einer Liebesbeziehung haben diese Opioide sogar eine noch tiefer gehende Wirkung – wegen des sensibilisierenden Effektes von Oxytocin auf das Opioidsystem. Dieser biochemische Zustand ist vermutlich der emotional erfüllendste überhaupt. Wir kennen ihn von den Augenblicken reinster Wonne, wenn wir in den Armen des Menschen liegen, den wir lieben. Nehmen Sie sich die Zeit für gemeinsame Momente auf dem Sofa, für ein wohltuendes Telefongespräch mit einer Freundin oder einen innigen Austausch voller Wärme und Lachen mit einem geliebten Menschen. So werden Sie auch dem provozierendsten Verhalten Ihres Kindes mit Ruhe begegnen und auch unter Stress einen klaren Kopf behalten können.

Für Eltern ist es eine der wichtigsten Aufgaben überhaupt, rechtzeitig zu erkennen, wann sie ausgebrannt sind und die Gesellschaft

Tipp **Yoga and Meditation**

Untersuchungen zeigen, dass folgende Aktivitäten das Anti-Stresshormon Oxytocin stimulieren können:

Yoga kann den Blutdruck senken. Yogaübungen beruhigen den Körper durch Aktivieren des Vagusnervs (siehe S. 49). Untersuchungen zeigen, dass Yoga den Antifurchtstoff GABA (Gamma-Aminobuttersäure) freisetzt und uns so das Gefühl echter Ruhe ermöglicht.[29]

Meditation kann langfristig Blutdruck und Cortisolwerte senken und Anspannungen lösen. Sie kann zudem ein überaktiviertes Stressreaktionssystem durch Beruhigen der Amygdala (Detektor für Bedrohungen im unteren Teil des Gehirns) normalisieren.[30]

von anderen Erwachsenen um sich herum brauchen, damit sie ruhig und kontrolliert bleiben. Warten Sie damit nicht, bis Sie sich isoliert und ausgelaugt fühlen.

Erkennen, wer Ihnen nicht guttut

Die Ihnen am nächsten Stehenden sind nicht unbedingt die besten emotionalen Regulatoren. Möglicherweise sind diese Menschen selbst emotional dysreguliert, weil sie in der Kindheit zu wenig emotionale Regulierung erfahren haben. Als Ergebnis können sie angespannt, wütend oder depressiv sein. In ihrer Gesellschaft werden die Botenstoffe, die Sie für Ihr Wohlbefinden benötigen, in Ihrem Gehirn nicht aktiviert. Überlegen Sie, welche Menschen Sie tatsächlich beruhigen und psychisch aufbauen können.

WENN SIE GETRIGGERT WERDEN

Sie benötigen besondere Hilfe, wenn die starken Gefühle Ihres Kindes Ihren eigenen Kindheitsschmerz wieder aufrühren. Die intensiven Gefühle Ihres Kindes können den emotionalen Schmerz, den Sie vielleicht jahrelang erfolgreich begraben hatten, wieder hervorholen. Dann können die Weinanfälle oder Wutausbrüche Ihres Kindes Sie so sehr zur Verzweiflung treiben, dass Sie nur noch um sich schlagen möchten.

Wenn Sie sich oft so fühlen, sollten Sie zuerst prüfen, ob Ihr emotionaler Zustand nicht von einem oder mehreren Umständen abhängt, die Ihre positive Chemie im Gehirn aus dem Gleichgewicht bringen können, wie Müdigkeit, Hunger, schlechte Ernährung, zu viel Kaffee oder zu viel Zeit allein. Wenn Sie sicher sind, dass keine dieser Ursachen vorliegt, können Erinnerungen aus der Kindheit der Grund dafür sein. Erwarten Sie nicht, eine klare Erinnerung daran zu haben, was Sie jetzt so aus der Fassung bringt. In der Kindheit werden sensitive Erinnerungen (z. B. Empfindungen, Gefühle und Bilder) gespeichert, sie sind aber noch nicht so weit »verdrahtet«, als dass sie unter »Ereignissen« wie »Mama

Gut zu wissen

Menschen, die andere emotional dysregulieren, sprechen in langen Monologen zu (nicht mit) Ihnen, sind sehr angespannt oder nervös oder geben in der Wechselbeziehung mit Ihnen wenig bis nichts zurück. Sie fragen kaum, wenn überhaupt, wie es Ihnen geht, zeigen kein Interesse an Ihrem Leben oder benutzen Sie als ihren emotionalen Regulator (oder schlimmer noch als ihren Therapeuten). Sie zeigen keine Empathie für Ihre Situation.

hat dies zu mir gesagt und das mit mir gemacht« abgespeichert sind. Hat man Sie als Säugling lange schreien lassen, werden Sie sich an das Ereignis selbst nicht erinnern, aber an das Gefühl der Trostlosigkeit und Verzweiflung. Wenn Sie diese Gefühle häufig verspüren, ist es am besten, eine psychologische Beratung oder Therapie in Anspruch zu nehmen.

Manche Eltern finden es schwierig, die intensiven Emotionen ihres Kindes zu ertragen, weil sie selbst in ihrer Kindheit keine ausreichende emotionale Regulierung erfahren haben. Sie können intensive Gefühle

»Es tut so gut, mit dir zu sprechen.«

Wenn Sie zumeist mit Ihren Kindern allein sind, versorgt Sie niemand mit dem wichtigen emotionalen Ausgleich, der Ihre körperliche Erregung lindert. Die Gesellschaft anderer Erwachsener kann den Stresszustand Ihres Gehirns beruhigen, z. B. in Elterngruppen. Kulturen, in denen die ganze Dorfgemeinschaft ein Kind großzieht, sorgen so für emotionales Wohlbefinden von Eltern und Kindern, genauso wie Tiere, die ihren Nachwuchs in der Herde oder im Rudel aufziehen.

für »gefährlich« halten. Infolgedessen können solche Eltern wollen, dass ihr Kind nur »angenehme Gefühle« hat, entwicklungsgemäße Äußerungen bestrafen und das Kind mit unbeherrschbaren Gefühlen allein fertigwerden lassen.

Hilfe und Unterstützung suchen

Es heißt: »Die Vergangenheit soll man ruhen lassen.« Wenn Sie jedoch einen qualvollen Verlust erlitten oder eine schmerzvolle Kindheit hatten, sollten Sie genau das nicht tun. Die Vergangenheit wird nur dann zur Vergangenheit, wenn Sie sich in der Gegenwart mit jemandem an sie erinnern, der Ihnen die Sicherheit gibt, gefahrlos über Ihr bisheriges Leben nachdenken zu können. Das ist die Rolle eines psychologischen Beraters oder Therapeuten. Untersuchungen zeigen, dass Erwachsene, die sich ihren emotionalen Schmerz eingestehen, die emotional unzureichende Erziehung, die sie selbst erhalten haben, bei ihren eigenen Kindern nicht wiederholen.[31] Normalerweise können Sie diese Art der emotionalen Regulierung nicht von einem Freund, Partner oder Verwandten erhalten, weil diese Beziehungen wechselseitig sind. Ein Therapeut ist nur für Sie allein da.

Vielleicht sollten wir mit einem Zitat des sechsjährigen Jamie enden, dessen Mutter nach dem Tod ihres Vaters eine Therapie benötigte. Eines Tages sagte Jamie zu seinem Lehrer: »Heute bin ich im siebten Himmel, mit meinem glücklichsten Gesicht.« Als er gefragt wurde, warum, antwortete er: »Jemand hilft meiner Mama mit ihrem schlechten Wetter in ihrem Herzen. Es war sehr kalt und nass in unserer Familie!«

»Ich schaffe das alles nicht allein.«

Sie brauchen Unterstützung, wenn Sie über längere Zeit der einzige emotionale Regulator Ihrer Kinder sind. Studien über Isolation zeigen, dass bei langem Alleinsein der Spiegel der positiven Botenstoffe sinken und der der Stresshormone steigen kann. Eine Studie hat sogar ergeben, dass Isolation ein größeres Gesundheitsrisiko birgt als Rauchen.[32]

Auf den Punkt gebracht

- **Schonen Sie sich,** wenn Sie schwanger sind – sind Sie gestresst, ist es auch Ihr ungeborenes Kind.

- **Als Bezugsperson verbringen Sie viel Zeit** damit, die Gefühle Ihres Kindes zu regulieren. Aber auch Sie müssen emotional auftanken – durch eine kinderfreie Zeit mit ausgeglichenen, beruhigenden Erwachsenen.

- **Gönnen Sie sich eine Auszeit.** Wenn Sie immer weitermachen, obwohl Sie sich gestresst fühlen, spürt Ihr Kind die negative Chemie Ihres Gehirns.

- **Finden Sie Aktivitäten,** die die Freisetzung natürlicher beruhigender Botenstoffe im Gehirn fördern.

- **Wenn Sie wirklich Probleme haben,** sprechen Sie mit Ihrem Arzt oder konsultieren Sie einen Psychotherapeuten.

Quellennachweis

Einleitung
1 Statista Depressive Störungen – Deutschland, *www.de.statista.com/outlook/hmo/mentale-gesundheit/depressive-stoerungen/deutschland*, April 2023

Die Wahrheit über psychische Gesundheit
1 World Health Organization Newsroom Fact Sheets. *Depression*. September 2021
2 Meaney M. J. & Szyf M. (2005) *Environmental programming of stress responses through DNA methylation: life at the interface between a dynamic environment and a fixed genome*. Dialogues in Clinical Neuroscience, 7(2), S. 103–123
3 Moncrieff J., et al (2022) *The serotonin theory of depression: a systematic umbrella review of the evidence*. Molecular Psychiatry, S. 1–14
4 Felitti V. J., et al (1998) *Relationship of childhood abuse and household dysfunction to many of the leading causes of death in adults*. American Journal of Preventive Medicine, 14(4), S. 245–258
5 Fonagy P. (2020) *The Life Scientific*. BBC Radio 4

Das Gehirn eines Kindes
1, 3, 17 Panksepp J., et al (2012) *The archaeology of mind: neuro-evolutionary origins of human emotion*, W.W. Norton & Co., New York
2 Pan W., et al (2014) *Identifying the core components of emotional intelligence: evidence from amplitude of low-frequency fluctuations during resting state*. PLoS One, Oct 30;9(10)
3 siehe 1
4 Raine A., et al (2009) *The neurobiology of psychopathy: a neurodevelopmental perspective. Canadian Journal of Psychiatry*: 54(12), S. 813–823
5 Lieberman A. (1995) *The emotional life of a toddler*, Simon and Schuster, New York
6 Gottman J., et al (1996) *Parental meta-emotion philosophy and the emotional life of families: theoretical models and preliminary data*. Journal of Family Psychology: 10(3), S. 243–268 • Nemeroff C. B. (2013) *Psychoneuroimmunoendocrinology: the Biological Basis of Mind-Body Physiology and Pathophysiology*, Depression and Anxiety: 30:285–287
7 Dube S. R., et al (2003) *The impact of adverse childhood experiences on health problems: evidence from four birth cohorts dating back to 1900*. Preventive Medicine, 37(3): 268–277 • Godfrey K. M., et al (2015) *The developmental environment, epigenetic biomarkers and long-term health*. J. Dev Orig Health Dis. May: 28:1-8
8 Schore A. (2003) *Affect regulation and the repair of the self*, Norton and Co., New York
9 Engel M. & Gunnar M. (2020) *The development of stress reactivity and regulation during human development*. International Review of Neurobiology, S. 41–76
10 Gottman J. M., et al (1996) *Parental meta-emotion philosophy and the emotional life of families: theoretical models and preliminary data*. Journal of Family Psychology, 10(3), S. 243–268
11 Skibo M. A., et al (2020) *Early experiences of insensitive caregiving and children's self-regulation: vagal tone as a differential susceptibility factor*. Development and Psychopathology, 32(4), S. 1460–1472
12 Ruiz C. (2021) *Association between maternal stress and parental responses to child development as measured by HPA axis biomarkers*. EliScholar – A Digital Platform for Scholarly Publishing at Yale • von Klitzing, et al (2012) *The interaction of social risk factors and HPA axis dysregulation in predicting emotional symptoms of five- and six-year-old children*. Journal of Psychiatric Research, 46(3), S. 290–297 • Burghy C. A., et al (2012) *Developmental pathways to amygdala-prefrontal function and internalizing symptoms in adolescence*. Nature Neuroscience, 2012
13 Middlemiss W., et al (2012) *Asynchrony of mother-infant hypothalamic-pituitary-adrenal axis activity following extinction of infant crying responses induced during the transition to sleep*. Early Hum Dev. 2012 Apr;88(4):227–232
14 Smarius L., et al (2018) *Maternal verbally aggressive behavior in early infancy is associated with blood pressure at age 5–6*. Journal of Developmental Origins of Health and Disease, 9(3), S. 344–350gov/29388514/
15 Scott, J. P. & Fuller J. L. (1998) *Genetics and the social behavior of the dog*. Chicago, IL: University of Chicago Press
16 Perry B. D., et al (1995) *Childhood trauma; the neurobiology of adaptation and use-dependent development of the brain: how states become traits*.Infant Mental Health Journal, 16:271–291
17 siehe 1
18 Perry B. D. (2002) *Childhood experience and the expression of genetic potential: what childhood neglect tells us about nature and nurture*. Brain and Mind, 3:79–100
19 Bugental D., et al (2003) *The hormonal costs of subtle forms of infant maltreatment*. Hormones and Behavior, Jan: 237–244 • Walsh N. D., et al (2014) *General and Specific Effects of Early-life Psychosocial Adversities on Adolescent Gray Matter Volume*. Neuroimage Journal: 4:308–318
20 Teicher M. H., et al (2006) *Sticks, stones, and hurtful words: relative effects of various forms of childhood maltreatment*. The American Journal of Psychiatry, Jun;163(6):993–1000 • Tomoda A., et al (2011) *Exposure to Parental Verbal Abuse is Associated with Increased Gray Matter Volume in superior temporal gyrus*. Neuroimage Journal, Jan, 54
21 Murray L. (2014) *The psychology of babies: how relationships support development from birth to two years*, London: Robinson
22 Fumagalli F., et al (2007) *Stress during development: impact on neuroplasticity and relevance to psychopathology*. Progress in Neurobiology, 81(4), S. 197–217
23 Huang L. T. (2011) *Perinatal programming of neuropsychiatric disorders*. Journal of the Formosan

Medical Association, 110(6), S. 347–349

24 Sondeijker F., et al (2007) *Disruptive behaviors and HPA-axis activity in young adolescent boys and girls from the general population.* Journal of Psychiatric Research, 41(7), S. 570–578

25 Niedtfeld I., et al (2010) *Affect Regulation and pain in borderline personality disorder: a possible link to the understanding of self-injury.* Biological Psychiatry, 68(4), S. 383–391

26 Martins C. M., et al (2014) *Emotional abuse in childhood is a differential factor for the development of depression in adults.* Journal of Nervous & Mental Disease, 202(11), S. 774–782

27 Marinelli M. (2007) *Dopaminergic reward pathways and effects of stress.* Stress and Addiction, S. 41–83

Schreien & Alleinlassen

1 Kitzinger S. (2005) *Understanding your Crying Baby,* Carroll and Brown, London

2 Leach P. (2003) *Your baby & child,* Dorling Kindersley, London: 273

3 Schmid B., et al (2013) *Maternal stimulation in infancy predicts hypothalamic-pituitary-adrenal axis reactivity in young men.* Journal of Neural Transmission, 2013 Aug;120(8):1247–1257

4 Johnson S. B., et al (2013) *The science of early life toxic stress for pediatric practice and advocacy pediatrics 2013.* American Academy of Pediatrics • Bugental D., et al (2003) *The hormonal costs of subtle forms of infant maltreatment.* Hormones and Behavior Jan: 237–244 • Gunnar M. R., et al (2015) *Parental buffering of fear and stress neurobiology: reviewing parallels across rodent, monkey, and human models.* Society of Neuroscience 2015 Oct; S. 10

5 Zubieta J. K., et al (2003) *Regulation of human affective responses by anterior cingulate and limbic and m-opioid neurotransmission.* Archives of General Psychiatry 60:1145–1153

6 Chester D. S., et al (2013) *The interactive effect of social pain and executive functioning on aggression: an fMRI experiment.* Social Cognitive and Affective Neuroscience, 2013, S. 1–6 • Eisenberger N. I. (2012) *The pain of social disconnection: examining the shared neural underpinnings of physical and social pain.* Nature Reviews, Neuroscience, Vol.13, June 2012

7 Peciña M., et al (2018) *Endogenous opioid system dysregulation in depression: implications for new therapeutic approaches.* Molecular Psychiatry, 24(4), S. 576–587

8 Whalen D. J., et al (2017) *Depression and anxiety in preschoolers: a review of the past 7 years.* Child Adolesc Psychiatr Clin N Am. 2017 Jul;26(3)

9 Middlemiss W., et al (2012) *Asynchrony of mother-infant hypothalamic-pituitary-adrenal axis activity following extinction of infant crying responses.* Early Hum Dev. 2012 Apr;88(4):227–232

10 Ludington-Hoe S. M., et al (2002) *Infant crying: nature, physiologic consequences, and select interventions.* Neonatal Network, 21 (2) S. 29–36

11 Caldji C., et al (2003) *Variations in maternal care alter GABA, receptor subunit expression in brain regions associated with fear.* Neuropsychopharmacology 28:1950 • Bhansali P., et al (2007) *Early life stress alters adult serotonin 2C receptor Pre-mRNA editing and expression of the subunit of the heterotrimeric G-protein Gq.* Journal of Neuroscience, Feb 7; 27(6):1467–1473

12 Moore E. R., et al (2012) *Early skin-to-skin contact for mothers and their healthy newborn infants.* Cochrane Database Systematic Review 2012 May 16 • Raby K. L., et al (2015) *The enduring predictive significance of early maternal sensitivity: social and academic competence through age 32 years.* Child Development, May/June 2015, 86(3)

13 Veenema A. H. (2009) *Early life stress, the development of aggression and neuroendocrine and neuro-biological correlates: what can we learn from animal models?* Frontiers in Neuroendocrinology 30 (2009) S. 497–518

14 Johnson S. B., et al (2013) *The science of early life toxic stress for pediatric practice and advocacy.* Pediatrics, American Academy of Pediatrics

15 Stam R., et al (1997) *Trauma and the gut: interactions between stressful experience and intestinal function.* Gut • Heaton K. (1999) *Your Bowels,* British Medical Association/Dorling Kindersley, London • Siobhain M., et al (2010) *Maternal separation as a model of brain- gut axis dysfunction.* Psycho-pharmacology Mar 2011, 214(1), S. 71–88

16 Bergman N. J. (2005) *More than a cuddle: skin-to-skin contact is key.* The Practising Midwife Oct;8(9):44 • Bergman N. J. (2014) *The neuroscience of birth – and the case for Zero Separation.* Curationis 2014 Nov 28;37(2):1–4

17 Jackson D. (2004) *When your baby cries,* Hodder-Mobius, London

18 Murray L. & Andrews L .(2000) *The social baby: understanding babies' communication from birth,* CP Publishing, Richmond

19 und 20 Holt-Lunstad J., et al (2015) *Loneliness and social isolation as risk factors for mortality: a meta-analytic review.* Perspectives in Psychological Science, 2015 Mar;10(2):227–237 • Bonnet K. A., et al (1976) *The effects of chronic opiate treatment and social isolation and opiate reactions in the rodent brain.* In Archer S., et al (Hrsg.) *Opiates and endogeous opioid peptides,* Elsevier/North Holland, New York: S. 335–343

21 Eisenberger N. I. (2012) *The pain of social disconnection: examining the shared neural underpinnings of physical and social pain.* Nature Reviews, Neuroscience Vol.13, June 2012

22 Caldji C., et al (2003) *Variations in maternal care alter GABA, receptor subunit expression in brain regions associated with fear.* Neuro-psychopharmacology 28: 1950

23 Gunnar M. R. (2015) *The effects of early life stress on neurobehavioral development in children and adolescents: Mediation by the HPA axis.* Psychoneuroendocrinology 2015 Nov;61:3

24 Middlemiss W., et al (2012) *Asynchrony of mother-infant hypothalamic-pituitary-adrenal axis activity following extinction of infant crying responses.* Early Hum Dev. 2012 Apr;88(4):227–232

25 Robertson J., et al (1969) *John – 17 months, nine days in a residential nursery.* 16mm film/video: The Robertson Centre. Accompanied by a printed "Guide to the Film" Series: British Medical Association/Concord Film Council

26 Ahnert L., et al (2004) *Transition to child care: associations with infant-mother attachment, infant negative emotion, and cortisol elevations.* Child Development May–Jun: 639–650 • Watermura S. E., et al (2002) *Rising cortisol at childcare; Relations with*

nap, rest and temperament. Developmental Psychobiology Jan: 33-42 • Dettling A. C., et al (1999) *Cortisol levels of young children in full-day childcare centres: relations with age and temperament*. Psychoneuro-endocrinology Jun: 519–536

27 Hertsgaard L., et al (1995) *Adrenocortical responses to the strange situation in infants with disorganized/disorientated attachment relationships*. Child Development 66: 1100–1106 • Gunnar M. R. (1989) *Studies of the human infant's adrenocortical response to potentially stressful events*. New Directions for Child Development Fall: 3–18

28 Belsky J. (2001) *Emanuel Miller lecture: developmental risks (still) associated with early child care*. Journal of Child Psychology and Psychiatry, and Allied Disciplines Oct: 845–859 • Belsky J., et al (1996) *Trouble in the second year: three questions about family interaction*. Child Development Apr: 556–578

29 Gunnar M. R., et al (1992) *The stressfulness of separation among nine-month-old infants: effects of social context variables and infant temperament*. Child Development Apr: 290–303 • Dettling AC, et al (2000) *Quality of care and temperament determine changes in cortisol concentrations over the day for young children in childcare*. Psychoneuroendocrinology Nov: 819–836

30 Dimatelis J., et al (2012) *Early maternal separation leads to down-regulation of cytokine gene expression*. Metabolic Brain Disease Sept 2012, Vol 27 • Leussis M. P. (2012) *Depressive-like behavior in adolescents after maternal separation: sex differences, controllability, and GABA*. Developmental Neuroscience 2012;34:210–217

31 Bowlby J. (1973) *Attachment and loss, volume 2: Separation, anxiety and anger*, Hogarth Press, London • Bowlby J. (1979) *The making and breaking of affectional bonds*, Tavistock, London • Bowlby J. (1988) *A Secure Base: Clinical Applications of Attachment Theory*, Routledge, London

Schlaf & Schlafenszeit

1 Davis K. F., et al (2004) *Sleep in infants and young children: part two: common sleep problems*. Journal of Pediatric Health Care May–Jun; 18(3): 130–137 • Hiscock H., et al (2004) *Problem crying in infancy*. The Medical Journal of Australia Nov 1; 181(9): 507–512 • Lam P., et al (2003) *Outcomes of infant sleep problems: a longitudinal study of sleep, behavior, and maternal well-being*, Pediatrics Mar; 111(3): 203–207

2 Frost J. (2005) *Supernanny*, Hodder & Stoughton, London • Byron T., et al (2003) *Little Angels*, BBC Worldwide Learning, London

3 Harrison Y. (2004) *The relationship between daytime exposure to light and night-time sleep in 6–12 week old infants*. Journal of Sleep Research Dec; 13(4): 345–352

4 Beijers R., et al (2013) *Cortisol regulation in 12-month-old human infants: associations with the infants' early history of breastfeeding and co-sleeping*. Stress. 2013 May;16(3): 267–277 • Beijers R., et al (2008) *Sleeping and biological imperatives: why human babies do not and should not sleep alone*. Neuropathology, Dec 21, 2008

5 Morgan B. E., et al (2011), *Should Neonates Sleep Alone?* Biological Psychiatry, 2011, 1–9

6 Bergman N. (2005) *More than a cuddle: skin-to-skin contact is key*. The Practising Midwife Oct; 8(9):44 • Jackson D. (1999) *Three in a bed: the benefits of sleeping with your baby*, Bloomsbury, London

7 Barry E. (2022) *Using complexity science to understand the role of co-sleeping (bed sharing) in mother-infant co-regulatory processes*. Infant Behavior and Development, Volume 67, 2022

8 Kramer K. M., et al. (2003) *Developmental effects of oxytocin on stress response: single versus repeated exposure*, Physiology and Behaviour Sept;79(4–5): 775–782 • Hofer M. A. (1996) *On the nature and consequences of early loss*. Psychosomatic Medicine Nov–Dec 58(6): 570–581 • Buckley P., et al (2002) *Interaction between bed sharing and other sleep environments during the first six months of life*. Early Human Development Feb; 66(2): 123–132

9 Young J. (1998) *Even when asleep, mothers appeared to be aware or sense the presence of their baby in bed with them and at no time was a mother ever observed to roll on her infant, even when sleeping very close together*. Bedsharing with babies: the Facts • Jackson D. (1999) *Three in a bed: the benefits of sleeping with your baby*, Bloomsbury, London

10 Gaultier C. (1995) *Cardiorespiratory adaptation during sleep in infants and children*. Pediatric Pulmonology Feb 19(2): 105–117

11 Kibel M. A., et al (2000) *Should the infant sleep in the mother's bed?* In Sixth SIDS International Meeting Auckland New Zealand Feb 8–11. • Farooqi S. (1994) *Ethnic differences in infant care practices and in the incidence of sudden infant death syndrome in Birmingham*. Early Human Development Sept 15; 38(3): 209–213.

12 und 13 Odent M. (1986) »Nobody understood my questions; the concept of sudden infant death or cot death was apparently unknown among professionals and lay people in such different places as Peking, Hsian, Loyang, Nanking, Shanghai, and Canton. Furthermore I learned that Chinese babies sleep with their mothers ... Ever since then I have held the view that even if it happens during the day, cot death is a disease of babies who spend their nights in an atmosphere of loneliness and that cot death is a disease of societies where the nuclear family has taken over.« Lancet 1986 Jan 25; cited in Jackson D. (1999) *Three in a bed: the benefits of sleeping with your baby*, Bloomsbury, London

14 Pantley E. (2005) *The no-cry sleep solution*, McGraw-Hill, New York

15 Bergman N. J. (2014) *The neuroscience of birth – and the case for Zero Separation*. Curationis 2014 Nov 28;37(2)

16 Coan J. A., et al (1995) *Lending a hand: social regulation of the neural response to threat*. Psychol Sci. 2006 Dec;17(12):1032–1039. Acta Obstet Gynecol Scand. 1995 Aug;74(7):530–533

17 Feldman R., et al (2014) *Maternal-preterm skin-to-skin contact enhances child physiologic organization and cognitive control across the first 10 years of life*. Biological Psychiatry. Jan 1;75(1): S. 4

18 Jackson D. (1999) *Three in a bed: the benefits of sleeping with your baby*, Bloomsbury, London

19, 20, 21, 22 McKenna J. (2015) The Mother-Baby Behavioural Sleep Laboratory University of Notre Dame, www.cosleeping.nd.edu
23 Horne J. (1985) New Scientist Dec 1985; cited in Jackson D. (1999) *Three in a bed: The benefits of sleeping with your baby*, Bloomsbury, London
24 Bergman N. J. (2014) *The neuroscience of birth – and the case for Zero Separation*. Curationis. 2014 Nov 28;37(2) • Bergman N. J., et al (2011) *Should neonates sleep alone?* Biological Psychiatry 2011 Nov 1;70(9):817–825
25 Zhong X., et al (2005) *Increased sympathetic and decreased parasympathetic cardiovascular modulation in normal humans with acute sleep deprivation*. Journal of Applied Physiology Jun;98(6):2005–2032
26 Ziabreva I., et al (2003) *Mother's voice "buffers" separation-induced receptor changes in the prefrontal cortex of Octodon degus*. Neuroscience 119(2): 433–441 • Ziabreva I, et al (2003) *Separation-induced receptor changes in the hippocampus and amygdala of Octodon degus: influence of maternal vocalizations*. Journal of Neuroscience Jun 15; 23(12): 5329–5336
27 Levine S., et al (1993) *Temporal and social factors influencing behavioral and hormonal responses to separation in mother and infant squirrel monkeys*. Psychoneuroendocrinology 18(4): 297–306
28 Seltzer L. J., et al (2010) *Social vocalizations can release oxytocin in human*. Proceedings in Biological Science 2010, Sept 7
29 Panksepp J. (2003) *Neuroscience: feeling the pain of social loss*. Science Oct 10; 302(5643): 237–239
30 Field T., et al (1996) *Preschool children's sleep and wake behaviour: effects of massage therapy*. Early Child Development and Care 120: 39–44
31 Adamec R. E., et al (1998) *Neural plasticity, neuropeptides and anxiety in animals – implications for understanding and treating affective disorder following traumatic stress in humans*. Neuroscience and Biobehavioral Reviews 23(2):301–318 • Adamec R. E. & Shallow T. (1993) *Lasting effects on rodent anxiety of a single exposure to a cat*. *Physiology & Behavior* Jul;54(1):101–109 • Adamec R. E. (1997) *Transmitter systems involved in neural plasticity underlying increased anxiety and defense – implications for understanding anxiety following traumatic stress*. Neuroscience and Biobehavioral Reviews Nov; 21(6):755–765

Die Chemie von Liebe & Freude

1 Pert C. B. (1997) *Molecules of emotion*, Simon and Schuster, London
2 und **12** Uvnäs-Moberg K., et al (2005) *Oytocin, a mediator of anti-stress, well-being, social interaction, growth and healing*. Zeitschrift fur Psychosomatische Medizin und Psychotherapie, 51(1):57–80 • Uvnäs -Moberg K. (2011) *The oxytocin factor: tapping the hormone of calm, love and healing*, Da Capo Press, Cambridge, MA
3 Mahler M. (1968) *On human symbiosis and the vicissitudes of individuation*. International Universities Press, New York
4 Douglas A. J. (2010) *Baby Love? Oxytocin-dopamine interactions in mother-infant bonding*. Endocrinology, May, 151(5): 1978–1980 • Feldman R. (2012) *Oxytocin and social affiliation in humans*. Hormones and Behavior, 61: 380–391 • MacDonald K., et al (2010) *The peptide that binds: a systematic review of oxytocin and its pro-social effects in humans*. Harvard Review of Psychiatry, Jan/Feb • Mesquita A. R., et al (2013) *Predicting children's attachment behaviors from the interaction between oxytocin and glucocorticoid receptors polymorphisms*. Psychiatry Research, 210
5 Jamie L., et al (2015) *Blunted ventral striatum development in adolescence reflects emotional neglect and predicts depressive symptoms*. Biological Psychiatry • Schmid B, et al (2013) *Maternal stimulation in infancy predicts hypothalamic-pituitary-adrenal axis reactivity in young men*. Journal of Neural Transmission, Aug;120(8):1247–1257 • Pollak S. D. (2005) *Early adversity and mechanisms of plasticity: integrating affective neuroscience with developmental approaches to psychopathology*. Development and psychopathology, Summer;17(3):735–752 • Doom J. R., et al (2013) *Stress physiology and developmental psychopathology: past, present, and future*. Development and Psychopathology, 25:1359–1373
6 Barry T. J., et al (2015) *Maternal postnatal depression predicts altered offspring biological stress reactivity in adulthood*. Psychoneuroendocrinology, Feb;52:251-260 • Bergman K., et al (2007) *Maternal stress during pregnancy predicts cognitive ability and fearfulness in infancy*. J Am Acad Child Adolesc Psychiatry, Nov;46(11):1454–1463 • Bhansali P., et al (2007) *Early life stress alters adult serotonin 2C receptor pre-mrna editing and expression of the subunit of the heterotrimeric G-protein Gq*. Journal of Neuroscience, Feb 7;27(6): 1467–1473 • Bremner J. D. (2003) *Preclinical studies showed that early stress results in long term alterations in the hypothalamic-pituitary-adrenal (HPA) axis*. Biological Psychiatry, Oct 1;54(7); 710-718 • Caldji C., et al (2000) *Variations in maternal care in infancy regulate the development of stress reactivity*. Biological Psychiatry, Dec 15;48 (12):1164–1174 • Carrion V. G., et al (2007) *Stress predicts brain changes in children: a pilot longitudinal study on youth stress, posttraumatic stress disorder, and the hippocampus*. Pediatrics, Mar;119 (3):509–516 • Chen Y., et al (2015) *Towards understanding how early-life stress re-programs cognitive and emotional brain networks*. Neuropsychopharmacology, Jun, 24
7 Bowlby J. (1979) Insecure attachment as »shrinking from life or doing battle with it«: a statement from *The making and breaking of affectional bonds*, Tavistock, London
8 Coan J. A., et al (1995) *Lending a hand: social regulation of the neural response to threat*. Psychol Sci. 2006 Dec;17(12):1032–1039. Acta Obstet Gynecol Scand. 1995 Aug;74(7):530–533. Weller A., et al. (2003) • *Emotion regulation and touch in infants: The role of cholescystokinin and opioids*. Peptides, 24 (5), 779–788 • Feldman R., et al (2014) *Maternal-preterm skin-to-skin contact enhances child physiologic organization and cognitive control across the first 10 years of life*. Biol Psychiatry, Jan 1;75(1):56–64 • Montagu A. (1971) Touching: *the human significance of the skin*, Harper and Row, London • Mörelius E., et al (2015) *A randomized trial of continuous skin-to-skin contact after preterm birth and the effects on salivary cortisol, parental stress, depression, and breastfeeding*. Early Hum Dev. Jan;91(1) • Field T. (2014) *Massage therapy research review*. Complementary Therapy Clinical Practice, 20(4)

9, 14 und 35 Panksepp J., et al (2012) *The archaeology of mind: neuro-evolutionary origins of human emotion*, W.W. Norton & Co., New York

10 de Souza, R. (2022) *Family and its protective effect: part 1 of the Independent Family Review*, London: The Children's Commissioner

11 Schore A. (2003) *Affect regulation and the repair of the self.* W.W. Norton and Co., New York

12 siehe 2

13 Bartal B., et al (2011) *Empathy and prosocial behaviour in rats.* Science, Dec 9;334(6061):1427–1430

14 siehe 9

15 Kok E. (2013) *How positive emotions build physical health: perceived positive social connections account for the upward spiral between positive emotions and vagal tone.* Psychological Science, 2013

16 Smith, K. (2021) *The link between social relationships and health and wellbeing: a literature review.* October 2021, Royal Voluntary Service.org,uk

17 Gottman, J. (2018) *The Seven Principles for Making Marriage Work*, Orion, London

18 Beebe B., et al *The origins of 12-month attachment: a microanalysis of 4-month mother-infant interaction.* Attach Hum Dev. 2010 Jan;12(1-2):3–141.

19 Beeghly M., et al (2011) *Early resilience in the context of parent–infant relationships: a social developmental perspective.* Current Problems in Paediatric and Adolescent Health Care, 41:197–201 • Tronick E. (2007) *Neurobehavioural and Social Emotional Development of Infants and Children*, Norton, London

20 Zeegers M. A., et al (2017) *Mind matters: a meta-analysis on parental mentalization and sensitivity as predictors of infant–parent attachment.* Psychological bulletin, 143(12), S. 1245 • Fonagy P., et al (1991) *The capacity for understanding mental states: The reflective self in parent and child and its significance for security of attachment.* Infant Mental Health Journal, 12(3), S. 201–218

21 Atzil S., et al (2011) *Specifying the neurobiological basis of human attachment: brain, hormones, and behaviour in synchronous and intrusive mothers.* Neuropsychopharmacology, 36, 2603–2615 • Strathearn L., et al (2009) *Adult attachment predicts maternal brain and oxytocin response to infant cues*, Neuro-psychopharmacology, Dec;34(13): 2655–2666

22 Musser E. D., et al (2012) *The neural correlates of maternal sensitivity: an fMRI study.* Dev Cogn Neurosci, 2: 428–436 • Noriuchi M., et al (2008) *The functional neuroanatomy of maternal love: mother's responses to infant attachment behavior.* Biol Psychiatry, 63: 415–423 • Ranote S., et al (2004) *The neural basis of maternal responsiveness to infants: an fMRI study.* Neuroreport, 15:1825–1829

23 Kiel E. J., et al (2013) *Toddler inhibited temperament, maternal cortisol reactivity and embarrassment, and intrusive parenting.* Journal of Family Psychology, Vol 27(3), Jun; 512–517 • O'Connor T. (2002) *Maternal antenatal anxiety and children's behavioural/emotional problems at 4 years report from the Avon Longitudinal Study of Parents and Children.* British Journal of Psychiatry 180:502–508

24 Shir A., et al (2011) *Specifying the neurobiological basis of human attachment: brain, hormones, and behavior in synchronous and intrusive mothers.* Neuropsychopharmacology, 36, 2603–2615

25 Kiel E., et al (2013) *Toddler inhibited temperament, maternal cortisol reactivity and embarrassment, and intrusive parenting.* Journal of Family Psychology, Vol 27(3), Jun 2013, 512–517 • Strathearn L., et al (2009) *Adult attachment predicts maternal brain and oxytocin response to infant cues.* Neuropsychopharmacology, 2009; 34: 2655–2666. • McLearn K. T., et al (2006) *The timing of maternal depressive symptoms and mothers' parenting practices with young children: implications for pediatric practice.* Pediatrics, Jul;118(1)

26 Laurent H., et al (2012) *A cry in the dark: Depressed mothers showed reduced neural activation to their own infant's cry.* Social Cognitive and Affective Neuroscience 7: 125–134 • Barrett J., et al (2012) *Maternal affect and quality of parenting experiences are related to amygdala response to infant faces.* Soc Neurosci, 7:252

27 Drevets W. C., et al (1997) *Subgenual prefrontal cortex abnormalities in mood disorders.* Nature, 386:824

28 Schechter D. S., et al (2012) *An fMRI study of the brain responses of traumatized mothers to viewing their toddlers during separation and play.* Soc Cogn Affect Neurosci, 7:969–979

29 Field T. M. (1994) *The effects of mother's physical and emotional unavailability on emotion regulation.* Monographs of the Society for Research in Child Development, 59;(2-3): 208–227

30 Tronick E .(2007) *Neurobehavioural and social emotional development of infants and children*, W.W. Norton and Co., New York

31 Ashman S. B., et al (2002) *Stress hormone levels of children of depressed mothers.* Development and Psychopathology, Spring;14(2):333–349

32 Barry T. J., et al (2015) *Maternal postnatal depression predicts altered offspring biological stress reactivity in adulthood.* Psychoneuroendocrinology, Feb;52:251–260

33 Pilowsky D., et al (2008) *Children of depressed mothers 1 year after the initiation of maternal treatment.* American Journal of Psychiatry 165 (9); 1136–1147 • Gerhardt S (2014) *Why Love Matters: how affection shapes a baby's brain*, Brunner-Routledge, King's Lynn

34 Chester D. S., et al (2013) *The interactive effect of social pain and executive functioning on aggression: an fMRI experiment.* Social Cognitive and Affective Neuroscience, 1–6 • Eisenberger N. I. (2012) *The pain of social disconnection: examining the shared neural underpinnings of physical and social pain.* Nature Reviews, Neuroscience, Vol.13, June

35 siehe 9

36 Goodall J. (1990) *Through a window: thirty years with chimpanzees of Gombe*, Weidenfeld and Nicolson, London

37 NHS Digital, 2018

38 Sunderland M. (2010) *Helping children with troubled parents*, Speechmark Publishing, London

39 Pitman A. L., et al (2016) *Bereavement by suicide as a risk factor for suicide attempt: a cross-sectional national UK-wide study of 3,432 young bereaved adults.* BMJ Open 2016

40 Vaswani N. (2015) *A catalogue of losses: implications for the care and reintegration of young men in custody.* Prison Service Journal, 220

41 Weininger O. (1989) *Children's*

phantasies: the shaping of relationships, Karnac Books, London

42 Eisenberger N.I. (2012) *The pain of social disconnection: examining the shared neural underpinnings of physical and social pain.* Nature Reviews, Neuroscience, Vol.13, June

43 Jay Vaughan Family Futures Consortium (2010), Personal Communication, London

Die Chemie von Antrieb & Willen

1, 6 Panksepp J., et al (2012) *The archaeology of mind: neuro-evolutionary origins of human emotion*, W.W. Norton & Co., New York

2 Brown G .(2000) *The energy of life*, Flamingo, London. Full quote: "*Everyone looks for that sparkle in friends and lovers to make things happen. Most of all, everyone is looking for energy within themselves: The motivation, drive and oomph to do something; the endurance, stamina and resolve to carry through.*"

3 Panksepp J. (1998) *Affective neuroscience*, Oxford University Press, New York

4 Statista Anzahl der jungen Arbeitslosen (15 bis unter 25 Jahre) in Deutschland von September 2022 bis September 2023, *www.de.statista.com/statistik/daten/studie/154901/umfrage/junge-arbeitslose-deutschland/#:~:text=Die%20Statistik%20bildet%20die%20Anzahl,unter%2025%20Jahren%20arbeitslos%20gemeldet*, September 2023

5 Dickerson, et al (2004) *When the social self is threatened: shame, physiology and health.* Journal of Personality Dec;72(6):1191–1216 • Song H., et al (2018) *Association of stress-related disorders with subsequent autoimmune disease.* JAMA. 2018 Jun 19;319(23):2388–2400

6 siehe 1

7 Kuntsche E., et al (2006) *Television viewing and forms of bullying among adolescents from eight countries.* J Adolesc Health, Dec;39(6):908–915 • Greenfield S. (2015) *How digital technologies are leaving their mark on our brains*, Rider, London • Kousha M., et al (2013) *Normative life events and PTSD in children: how easy stress can affect children's brain.* Acta Med, Iran • Zimmerman F. J., et al (2005) *Early cognitive stimulation, emotional support, and television watching as predictors of subsequent bullying among grade-school children.* Archives of Pediatrics & Adolescent Medicine, Apr;159(4):384–388

8 Burkhardt J. & Lenhard W. (2022) *A meta-analysis on the longitudinal, age-dependent effects of violent video games on aggression.* Media Psychology, 25(3), S. 499–512

9 McClure S. M., et al (2004) *The neural substrates of reward processing in humans: the modern role of FMRI.* Neuroscientist, 2004 Jun;10(3):260–268

10 Institute of Public Policy Research (2006) *Freedom's Orphans: Raising Youth in a Changing World, IPPR*, London

11 Dietrich A. (2004) *Neurocognitive mechanisms underlying the experience of flow.* Consciousness and Cognition 13:746–761

12 Laakso M., et al (1999) *Social interactional behaviors and symbolic play competence as predictors of language development and their associations with maternal attention-directing strategies.* Infant Behavior and Development, 22(4) • Belsky J., et al (1980) *Maternal stimulation and infant exploratory competence: cross–sectional, correlational and experimental analyses.* Child Dev, Dec;51(4):1168–1178

13 Panksepp J., et al (2011) *Why does depression hurt? Ancestral primary-process separation-distress (PANIC/GRIEF) and diminished brain reward (SEEKING) processes in the genesis of depressive affect.* Psychiatry, Spring;74(1):5–13

14 Fox C., et al (2006) *Therapeutic and protective effect of environmental enrichment against psychogenic and neurogenic stress.* Behavioural Brain Research, 175(1) • Sale A., et al (2014) *Environment and brain plasticity: towards an endogenous pharmacotherapy.* Physiol Rev. 94(1):189–234.

15 Farah M. J., et al (2008) *Environmental stimulation, parental nurturance and cognitive development in humans.* Hurt Developmental Science, 11(5):793–801

16 Fred Gage Salk Institute for Biological Studies in La Jolla, California, cited Carper J (2000), *Your Miracle Brain*, HarperCollins, New York

17 Kotloski R. J., et al (2015) *Environmental enrichment: evidence for an unexpected therapeutic influence.* Experimental Neurology, 264:121–126 • Cao W., et al (2014) *Early enriched environment induces an increased conversion of proBDNF to BDNF in the adult rat's hippocampus.* Behav Brain Res., May 22

18 Raine A., et al (2003) *Effects of environmental enrichment at ages 3–5 years on schizotypal personality and antisocial behavior at ages 17 and 23 years.* The American Journal of Psychiatry, Sep;160(9):1627–1635

19 Bratton S. C., et al (2005) *The efficacy of play therapy with Children: a meta- analytic review of treatment outcomes.* Professional Psychology: Research and Practice American Psychological Association, 36(4):376–390

Die soziale Intelligenz Ihres Kindes

1 Statista Scheidungsquote in Deutschland bis 2022, *www.de.statista.com/statistik/daten/studie/76211/umfrage/scheidungsquote-von-1960-bis-2008/#:~:text=Im%20Jahr%202022%20betrug%20die,eine%20Scheidung*, Juni 2023

2 Centre for Social Justice (2011) *Strengthening the family and tackling family breakdown.* CSJ, London

3 Rodgers B., et al (1998) *Divorce and separation: the outcomes for children*, Joseph Rowntree Foundation, York

4 Birditt K. S., et al (2015) *Stress and negative relationship quality among older couples: implications for blood pressure.* J Gerontol B Psychol Sci Soc Sci., Apr

5 Holt-Lunstad J., et al (2015) *Loneliness and social isolation as risk factors for mortality: A meta-analytic review.* Perspect Psychol Sci., 10(2):227–237

6 Steele M., et al (2002) *Maternal predictors of children's social cognition: an attachment perspective.* Journal of Child Psychology and Psychiatry and Allied Disciplines, 43(7):861–872

7 Davidson M. L., et al (2008) Pre-*frontal subcortical pathways mediating successful emotion regulation.* Neuron, 59(6)

8 Bar-on R., et al (2003) *Exploring the neurological substrate of emotional and social intelligence.* Brain, 126(8)

9 Kana R. K., et al (2015) *Aberrant functioning of the theory-of-mind*

network in children and adolescents with autism. Mol Autism, Oct 27

10 Faber A., et al (1999) *Siblings Without Rivalry,* Piccadilly Press, London

11 Lieberman M. D., et al (2007) *Putting feelings into words: affect labeling disrupts amygdala activity in response to affective stimuli.* Psychological Science, Vol 1 • Lieberman MD (2011) *Why symbolic processing of affect can disrupt negative affect: social cognitive and affective neuroscience investigations, social neuroscience: toward understanding the underpinnings of the social mind.* Published to Oxford Scholarship Online: May 2011

12 Decety J., et al (2013) *The role of affect in the neurodevelopment of morality.* Child Development Perspectives, 7(1):49–54 • Decety J., et al (2012) *A neurobehavioral evolutionary perspective on the mechanisms underlying empathy.* Progress, Neurobiology, 98:38–48

13 Ridley M. (2000) *Genome: the autobiography of species,* Fourth Estate, London

14 World Health Organization (2019) *Guidelines on physical activity, sedentary behaviour and sleep for children under 5 years of age.* World Health Organization. https://apps.who.int/iris/handle/10665/311664

15 Tremblay M. S., et al (2016) *Canadian 24-hour movement guidelines for children and youth: an integration of physical activity, sedentary behaviour, and sleep.* Appl Physiol Nutr Metab. 2016;41(6 Suppl 3): S311–327

16 Mar R. A. (2011) *The neural bases of social cognition and story comprehension.* Journal of Cognitive Neuroscience, S. 1–17

17 Mar R. A., et al (2009) *Exposure to media and theory-of-mind development in pre-schoolers.* Cognitive Development, doi: 10.1016/j.cogdev.2009.11.002 • Mar R. A. (2011) *The neural bases of social cognition and story comprehension.* Journal of Cognitive Neuroscience, S. 1–17

18 Granic I., et al (2014) *The benefits of playing video games.* Am Psychol. 2014;69(1):66–78

19 Uhls Y. T., et al (2017) *Benefits and costs of social media in adolescence.* Pediatrics.2017;140(Suppl 2): S. 67–70 • Oswald T. K., et al (2020) *Psychological impacts of "screen time" and "green time" for children and adolescents: A systematic scoping review.* PloS one, 15(9), p.e0237725 • Rideout VJ, et al (2010) *Generation M2: media in the lives of 8- to 18-year-olds.* California: Kaiser Family Foundation; 2010. S. 79 Report #8010

20 American Academy of Pediatrics (2016) *Council on communications and media.* Media and young minds. American Academy of Pediatrics. Pediatrics. 2016: e20162591

21 Reber D. & Santomero A. (2018) *Raising smart. inspired and engaged kids in a screen-filled world: preschool clues,* Simon and Schuster New York

22 Przybylski A. K., et al (2020) *How much is too much? Examining the relationship between digital screen engagement and psychosocial functioning in a confirmatory cohort study.* Journal of the American Academy of Child & Adolescent Psychiatry, 59(9)

23 und 27 Neophytou E., et al (2021) *Effects of excessive screen time on neuro-development, learning, memory, mental health, and neuro-degeneration: a scoping review.* International Journal of Mental Health and Addiction, 19, S. 724–744

24 Fridberg E., et al (2021) *Watching videos and television is related to a lower development of complex language comprehension in young children with autism.* Healthcare (Basel). 2021;9(4): 423

25 Sharif I., et al (2010) *Effect of visual media use on school performance: a prospective study.* Journal of Adolescent Health, 46(1), S. 52–61

26 Niiranen J., et al (2021) *High-dose electronic media use in five-year-olds and its association with their psychosocial symptoms: a cohort study.* BMJ open, 11(3), p.e040848

27 siehe 23

28 Madigan S., et al (2019) *Association between screen time and children's performance on a developmental screening test.* https://jamanetwork.com/journals/jamapediatrics/fullarticle/2722666 • Fridberg E., et al (2021) *Watching videos and television is related to a lower development of complex language comprehension in young children with autism.* Healthcare (Basel). 2021;9(4):423

29 Robb M. B., et al (2009) *Just a talking book? Word learning from watching baby videos.* Br. J. Dev. Psychol, Mar;27(Pt 1):27–45 • Mizuike C., et al (2010) *Frontal brain activation in young children during picture book reading with their mothers.* Acta. Paediatr., Feb;99(2):225–229. Epub Oct 22

30 Mangen A. (2013) *Reading linear texts on paper versus computer screen: effects on reading comprehension.* International Journal of Educational Research, 58:61–68 • Kerr M. A., et al (2006) *Computerised presentation of text: Effects on children's reading of informational material.* Reading and Writing, 19(1), 1–19. doi: 10.1007/s11145-003-8128-y

31 Sugiyama M., et al (2023) *Outdoor play as a mitigating factor in the association between screen time for young children and* neuro-developmental outcomes. JAMA pediatrics

32 Harper C. J. (2015) *An exploration into the impact of animals as a therapeutic adjunct in education for children with behaviour, emotional and social difficulties: a biophilic philosophy for education.* PhD, University of the West of England. Available from: http://eprints.uwe.ac.uk/25288

33 Engemanna K., et al (2019) *Residential green space in childhood is associated with lower risk of psychiatric disorders from adolescence into adulthood.* PNAS, 116(11), S. 5188–5193

34 Uvnäs-Moberg K. (2011) *The oxytocin factor: tapping the hormone of calm, love and healing,* Da Capo Press, Cambridge MA

35 Kaplan S. (1995) *The restorative benefits of nature: toward an integrative framework.* Journal of environmental psychology, 15(3), S. 169–182

36 Beyer K. M., et al (2018) *Time spent outdoors, activity levels, and chronic disease among American adults.* Journal of behavioral medicine, 41(4), S. 494–503

37 Espelage D., et al (2016) *Recollections of childhood bullying and multiple forms of victimization: correlates with psychological functioning among college students.* Social Psychology of Education

38 Blair R. J., et al (2005) *Deafness to fear in boys with psychopathic tendencies.* Journal of Child Psychology and Psychiatry and Allied Disciplines, 46(3)

39 Singer T., et al (1994) *Empathy for pain involves the affective but not*

sensory components of pain. Science, 303

40 Teicher M. H., et al (2004) *Childhood neglect is associated with reduced corpus callosum area.* Biological Psychiatry, Jul 15;56(2):80–85 • Teicher M. H., et al (2010) *Hurtful words: association of exposure to peer verbal abuse with elevated psychiatric symptom scores and corpus callosum abnormalities.* American Journal of Psychiatry, 167:1464–1471

41 Zhi-Peng Liu, et al (2014) *Chronic stress impairs GABAergic control of amygdala through suppressing the tonic GABAA receptor currents.* Molecular Brain, 20147:32

42 und 45 Ofcom (2019) *Children and parents: media use and attitudes report 2018.* London: Ofcom

43 Childline (2019) *Childline Annual Review,* London: Childline

44 Jenkins-Tucker C., et al (2013) *Association of sibling aggression with child and adolescent mental health.* Pediatrics: 132(1), July 2013, 79

45 siehe 42

Empathie & psychische Gesundheit

1 Gottman J., et al (1996) *Parental meta-emotion philosophy and the emotional life of families: theoretical models and preliminary data.* Journal of Family Psychology, 10(3):243–268 • Fainsilber L., et al (2014) *Parental emotion socialization in clinically depressed adolescents: enhancing and dampening positive affect.* Journal of Abnormal Child Psychology, 42:205–215

2 Gottman J. M., et al (2004) *Parental meta-emotion philosophy and the emotional life of families: theoretical models and preliminary data.* Journal of Abnormal Child Psychology, 32(4):385–398

3 Baylin J. & Hughes, D. (2016) *Attachment Based Parenting conference.* Centre for Child Mental Health London

4 Lockwood P. L., et al (2013) *Association of callous traits with reduced neural response to others' pain in children with conduct problems.* Current Biology, 23(10) • Warneken F. & Tomasello M. (2006) *Altruistic helping in human infants and young chimpanzees.* Science Mar 2006 Vol 311 • Chiarella S.S. (2015) *Infants' reactions to the unjustified emotions of a model.* PhD thesis, Concordia University

5 Rosso A. M., et al (2015) *Are maternal reflective functioning and attachment security associated with preadolescent mentalization?* Front. Psychol., 04 August 2015 Sec Cognitive Science

6 Kahn M. (1997) *Between therapist and client: the new relationship,* St. Martins Press, London

7 Borelli J. L., et al (2018) *School-aged children with higher reflective functioning exhibit lower cardiovascular reactivity.* Frontiers in Medicine, 5

8 Fonagy P. & Target M. (2006) *The mentalization-focused approach to self pathology.* Journal of Personality Disorders, 20(6), S. 544–576

9 Rosso A. M., et al (2015) *Are maternal reflective functioning and attachment security associated with preadolescent mentalization?* Front. Psychol., 04 August 2015 Sec Cognitive Science Sec. Cognitive Science

10 Rothschild-Yakar L., et al (2010) *Mentalization and relationships with parents as predictors of eating disordered behaviour.* J. Nerv. Ment. Dis. 198, 501–507. doi: 10.1097/NMD.0b013e3181e526c8 • Taubner S. & Curth C. (2013) *Mentalization mediates the relation between early traumatic experiences and aggressive behavior in adolescence.* Psihologija, 46(2), S. 177–192

11 Laurent H. K. & Ablow J. C. (2012) *A cry in the dark: depressed mothers show reduced neural activation to their own infant's cry.* Social Cognitive and Affective Neuroscience, Volume 7, Issue 2, February 2012, S. 125–134

12 Camoirano A. (2017) *Mentalizing makes parenting work: a review about parental reflective functioning and clinical interventions to improve it.* Front Psychology 2017 Jan 20

13 Fonagy P., et al (1991) *The capacity for understanding mental states: The reflective self in parent and child and its significance for security of attachment.* Infant Mental Health Journal, 12(3), S. 201–218

14 Kircanski K., et al (2012) *Feelings into words.* Psychological Science, 23(10), S. 1086–1091 • Starr L, et al (2020) *The perils of murky emotions: emotion differentiation moderates the prospective relationship between naturalistic stress exposure and adolescent depression.* Emotion, 20(6), S. 927

15 Fang S., et al (2020) *The impact of past trauma on psychological distress: the roles of defense mechanisms and alexithymia.* Frontiers in Psychology • Honkalampi K., et al (2000) *Depression is strongly associated with alexithymia in the general population.* Journal of Psychosomatic Research, 48(1), S. 99–104 • Shipko S. (1982) *Alexithymia and somatization. Psychother Psychosom* 1982;37:193–201

16 Starr L., et al (2020) *The perils of murky emotions: emotion differentiation moderates the prospective relationship between naturalistic stress exposure and adolescent depression.* Emotion, 20(6), S. 927

Die beste Beziehung zu Ihrem Kind

1 Castiello U., et al (2010) *Wired to be social: the ontogeny of human interaction.* PLoS One, Oct 7;5(10)

2 Stanley N., et al (2008) *Auditory Development in the Fetus and Infant.* Newborn and Infant Nursing Review, 8(4) Dec 2008. Arch Dis Child Fetal Neonatal Ed • Zoia S., et al (2007) *Evidence of early development of action planning in the human foetus: a kinematic study.* Experimental Brain Research 2007; 176: 217–226. PMID: 16858598

3 Partanen E., et al (2013) *Prenatal music exposure induces long-term neural effects.* PLoS One, Oct30(8)

4 *Parent-Play Survey* (2013) Playmobil UK

5 Stevens J. (2014) *Immediate or early skin-to-skin contact after a Caesarean section: a review of the literature.* Matern Child Nutr, Oct;10 (14):456–73.10

6 Feldman R., et al (2014) *Maternal-preterm skin-to-skin contact enhances child physiologic organization and cognitive control across the first 10 years of life.* Biol Psychiatry. Jan 1;75(1):56–64

7 und 9 Field T., et al (2009) *Pregnancy massage reduces prematurity, low birthweight and postpartum depression.* Infant Behav Dev, Dec;32(4):454–460

8 Field T. (2010) *Pregnancy and Labor Massage.* Expert Rev Obstet Gynecol, Mar 2010; 5 (2): 177–181

9 siehe 7

10 Field T. (2014) *Massage Therapy Research.* Complement Ther. Clin. Pract., Nov;20(4)

11 Uvnäs-Moberg K. (2013) *The hormone of closeness: the role of oxytocin*

in relationships, Pinter & Martin Ltd., London

12 und 13 Klaus M. H. (2009) *Commentary: an early, short, and useful sensitive period in the human infant.* Birth, Jun; 36 (2): 110–112

14 Goodwyn S. W., et al (2000) *Impact of Symbolic Gesturing on Early Language Development (Abstract).* Journal of Nonverbal Behavior, 24, 81–103

15 Zeedyk S. *The Science of Human Connection*, www.suzannezeedyk.com

16 und 18 Tronick E. (2007) *Neurobehavioural and social emotional development of infants and children*, W.W. Norton and Co., New York

17 Schmid B., et al (2013) *Maternal stimulation in infancy predicts hypothalamic-pituitary-adrenal axis reactivity in young men.* J Neural Transm, Aug;120(8):1247–1257

18 siehe 16

19 The Communication Trust, 2012

20 Schmid B., et al (2013) *Maternal stimulation in infancy predicts hypothalamic–pituitary–adrenal axis reactivity in young men* J Neural Transm Aug;120(8)

21 *Play and Communication Strategies*, with thanks to NHS London Borough of Barking and Dagenham

22 *It Takes Two to Talk*, The Hanen Program®

23 Laakso M, et al (1999) *Social interactional behaviors and symbolic play competence as predictors of language development and their associations with maternal attention-directing strategies.* Infant Behavior and Development, 22(4) • Belsky J., et al (1980) *Maternal stimulation and infant exploratory competence: cross–sectional, correlational and experimental analyses.* Child Dev, Dec;51 (4) 1168–1178

24 Forehand R., et al (1975) *Mother-child interactions: comparison of a non-compliant clinic group and a non-clinic group.* Behaviour Research and Therapy, Jun;13(2–3):79–84 • Jenner S. (2008) *The parent-child game*, Bloomsbury, London

25 Montagu A. (1971) *Touching: the human signficance of the skin*, Harper and Row, London

26 Orbach S. (2010) *Bodies*, Profile Books, London

27 Haley D. W., et al (2003) *Infant stress and parent responsiveness: regulation of physiology and behavior during still-face and reunion.* Child Development, Sep-Oct;74(5):1534–1546

28 Panksepp J., et al (2014) *Preclinical modeling of primal emotional affects (Seeking, Panic and Play): Gateways to the development of new treatments for depression.* Psychopathology 2014;47:383–393

29 Burgdorf J., et al (2010) *Uncovering the molecular basis of positive affect using rough-and-tumble play in rats: a role for insulin-like growth factor I.* Neuroscience, Jul 14;168(3):769–777

30 Panksepp J. (2004) *Affective neuroscience*, OUP, Oxford

31 Siviy S. M., et al (2011) *In search of the neurobiological substrates for social playfulness in mammalian brains.* Neuroscience and Biobehavioral Reviews, 35:1821–1830

32 Panksepp J. (2004) *Affective neuroscience*, OUP, Oxford • Gordon N. S., et al (2003) *Socially-induced brain fertilization: Play promotes brain derived neurotrophic factor transcription in the amygdala and dorsolateral frontal cortex.* Neuroscience Letters, Apr 24;341(1):17–20

33 Panksepp J., et al (2003) *Modeling ADHD-type arousal with unilateral frontal cortex damage in rats and beneficial effects of play therapy.* Brain and Cognition 52: 97–105

34 Wohr M., et al (2009) *New insights into the relationships of neurogenesis and affect.* Neuroscience, 163

35 Lyubomirsky S., et al (2006) *The costs and benefits of writing, talking, and thinking about life's triumphs and defeats.* Journal of Personality and Social Psychology, 90(4):692–708

36 Beatty W. W., et al (1982) *Psychomotor stimulants, social deprivation and play in juvenile rats.* Pharmacol Biochem Behav. Mar 1; 16(3):417–422

37 Pellegrini A., et al (1996) *The effects of recess timing on children's playground and classroom behaviors.* American Educational Research Journal, 32 (4): 845–864

38 Panksepp J., et al (2012) *The archaeology of mind: neuro-evolutionary origins of human emotion*, W.W. Norton & Co., New York

39 Tronick E. (2007) *Neurobehavioural and social emotional development of infants and children*, W.W. Norton and Co., New York

40 Moll G. H., et al (2001) *Early methylphenidate administration to young rats causes a persistent reduction in the density of striatal dopamine receptors.* Journal of Child and Adolescent Psychopharmacology 11:15–24

41 Panksepp J., et al (2003) *Modeling ADHD-type arousal with unilateral frontal cortex damage in rats and beneficial effects of play therapy.* Brain and Cognition, (Impact Factor: 2.48). 07/2003; 52(1):97–105

42 OnePol (2018) *Working Mother, Welch's Grape Fruit Juice* (Casey Lewis, M. S., RD and Health & Nutrition Lead)

43 Berk L., et al (2006) *Beta-endorphin and HGH increase associated with both the anticipation and experience of mirthful laughter.* The Journal of the Federation of American Societies for Experimental Biology

44 Kokal I., et al (2011) *Synchronized drumming enhances activity in the caudate and facilitates prosocial commitment – if the rhythm comes easily*, PLoS ONE 6(11), Nov;(11) • Bittman B., et al (2001) *Composite effects of group drumming music therapy on modulation of neuroendocrine-immune parameters in normal subjects.* Alternative Therapies in Health and Medicine 7.1 (Jan 2001): 38–47

45 Ho P., et al (2011) *The impact of group drumming on social-emotional behaviour in low income children.* Evid Based Complement Alternat Med., 250708, Published online, Feb 13

46 Cirelli L., et al (2014) *Interpersonal synchrony increases pro-social behaviour in infants.* Developmental Science, 17(6):1003–1011

47 Coan J. A., et al (2006) *Lending a hand: social regulation of the neural response to threat.* Psychol Sci., Dec;17(12):1032–1039

48 Uvnäs-Moberg K. (2011) *The oxytocin factor: tapping the hormone of calm, love and healing*, Da Capo Press, Cambridge, MA

49 McGlone F., et al (2014) *Discriminative and affective touch: sensing and feeling. Neuron*, 82(4), 737–755

50 Uvnäs-Moberg K .(2013) *The hormone of closeness: the role of oxytocin in relationships*, Pinter & Martin Ltd., London

51 Taylor A. F., et al (2009) *Children with attention deficits concentrate better after walk in the park.* Journal of Attention Disorders, Mar 1, 12: 402–409 • Berman M. G., et al (2008) *The cognitive benefits of interacting with nature.* Psychological Science, 19: 1207

Schwieriges Verhalten

1 Sadeh A. (2012) *Sleep, emotional and behavioral difficulties in children and adolescents.* Sleep Medicine Review Vo.16 • Astill, R. et al (2012) *Sleep, cognition, and behavioral problems in school-age children: A century of research meta-analyzed.* Psychological Bulletin, Vol 138(6), Nov 2012

2 Knuston K., et al (2007) *The metabolic consequences of sleep deprivation.* Sleep medicine reviews, June 2007 Issue 3

3 Adolphus K., et al (2013) *The effects of breakfast on behavior and academic performance in children and adolescents.* Frontiers in Human Neuroscience , 8;7:425 • Murphy J. M. (2007) *Breakfast and learning: an updated review.* Current Nutrition & Food Science, 3(1):3–36(34) • Chaplin K., et al (2011) *Breakfast and snacks: associations with cognitive failures, minor injuries, accidents and stress.* Nutrients, 3(5):515–528

4 Richardson A. J., et al (2005) *The Oxford-Durham study: a randomized, controlled trial of dietary supplementation with fatty acids in children with developmental coordination disorder.* Pediatrics 1115; 1360–1366 • Innis S. M. (2000) *The role of dietary n-6 and n-3 fatty acids in the developing brain.* Developmental neuroscience Sep–Dec; 22(5–6): 474–480 • Wainwright P. E. (2002) *Dietary essential fatty acids and brain function: a developmental perspective on mechanisms.* The Proceedings of the Nutrition Society Feb: 61–69

5 Millichap J. G. & Yee M. M. (2012) *The diet factor in attention-deficit/hyperactivity disorder.* Pediatrics Feb 2012 • Teves D., et al (2004) *Activation of human medial prefrontal cortex during autonomic response to hypoglycemia.* Proceedings of the National Academy of Sciences of the United States of America Apr 20

6 McCann D. et al (2007) *Food additives and hyperactive behaviour in 3-year-old and 8/9-year-old children in the community: a randomised, double-blinded, placebo-controlled trial.* The Lancet 370(9598), 1560–1567, 3 Nov 2007

7 Hecker T., et al (2016) *Harsh discipline relates to internalizing problems and cognitive functioning: findings from a cross-sectional study with school children in Tanzania.* BMC Psychiatry. 2016 Apr 29; 16:118. doi: 10.1186/s12888-016-0828-3. PMID: 27129400; PMCID: PMC4850652

8 Shin S. H., et al (2009) *Child abuse and neglect: relations to adolescent binge drinking in the national longitudinal study of Adolescent Health (AddHealth) Study.* Addict Behav. 2009 Mar;34(3):277–80. doi: 10.1016/j.addbeh.2008.10.023. Epub 2008 Nov 5

9 Teicher M. H., et al (2022) *Recognizing the importance of childhood maltreatment as a critical factor in psychiatric diagnoses, treatment, research, prevention, and education.* Mol Psychiatry. 2022 Mar;27(3): • Teicher M. (2012) *Impact of bullying on child developing.* Brain Centre for Child Mental Health Lecture October 12

10 Heilmann A., et al (2021) *Physical punishment and child outcomes: a narrative review of prospective studies.* The Lancet, 2021

11 Stewart I., Jones V. (1987) *T.A. Today,* Lifespace, Nottingham

12 Fromm E. (1973) *The anatomy of human destructiveness,* Cape, London: 3110 • Lieberman M. D., et al (2007) *Putting feelings into words: affect labeling disrupts amygdala activity in response to affective stimuli.* Psychological Science, 18(5)

13 Postert C., et al (2012) *Regulatory disorders in early childhood: correlates in child behavior, parent–child relationship, and parental mental health.* Infant Mental Health Journal 2012, Mar 6

14 Meins E., et al (2001) *Rethinking maternal sensitivity: mothers' comments on infants' mental processes predict security of attachment at 12 Months.* Journal of Child Psychology and Psychiatry, 42(5)

15 Chapman B., et al (2013) *Emotion suppression and mortality risk over a 12-year follow-up.* Psychosom Res. 2013 Oct;75(4):381–385

16 und 21 Panksepp J. & Biven L. (2012) *The archaeology of mind: neuroevolutionary origins of human Emotion,* W.W. Norton & Co., New York

17 Hennessy M. B. (1997) *Hypothalamic-pituitary-adrenal responses to brief social separation.* Neuroscience and Biobehavioral Reviews Jan; 21 (1): 11–29 • O'Mahony S. M., et al (2010) *Maternal separation as a model of brain–gut axis dysfunction.* Psychopharmacology, Mar 2011, 214(1), 71–88

18 Eisenberger N. I. (2012) *The pain of social disconnection: examining the shared neural underpinnings of physical and social pain.* Nature Reviews, Neuroscience, Vol.13, June 2012

19 Pollak S. D. (2005) *Maternal regulation of infant reactivity.* Developmental psychology, Summer; 17(3): 735–752

20 Adamec R. E. (1991) *Partial kindling of the ventral hippocampus: identification of changes in limbic physiology which accompany changes in feline aggression and defense.* Physiology & Behavior Mar; 49(3): 443–453 • »The mere experience of an emotion without the capacity for [thinking] may tend to ingrain the aroused emotion as an [emotional] disposition in the brain.« Panksepp J. (2001) *The long-term psychobiological consequences of infant emotions – prescriptions for the twenty-first century.* Infant Mental Health Journal 22 (1–2) Jan-Apr:145

21 siehe 16

22 Jenner S. (2008) *The parent/child game,* Bloomsbury, London

Anstrengende Situationen

1 Bohn-Gettler C. A. & Pellegrini A. D. (2014) *Recess in primary school: the disjuncture between educational policy and scientific research* justice. Conflict and Wellbeing Multi-disciplinary Perspectives

2 Cozolino L. J. (2006) *The neuroscience of human relationships, attachment and the developing social brain,* W.W. Norton and Co., London

3 Panksepp J. & Moskal J. (2012) *Dopamine and SEEKING subcortical "reward" systems and appetitive urges.* Handbook of approach and avoidance motivation, Psychology Press

4 Laakso M., et al (1999) *Social interactional behaviors and symbolic play competence as predictors of language development and their associations with maternal attention-directing strategies.* Infant Behavior and Development 22(4), 1999, S. 541–556 • Belsky J., et al (1980) *Maternal stimulation and infant exploratory competence: cross-sectional, correlational, and* *experimental analyses.* Child Development 1980 Dec;51 (4)

5 Coan J. A., et al (1995) *Lending a hand: social regulation of the neural response to threat.* Psychological Science 2006 Dec:17(12):1032–1039. Acta Obstet Gynecol Scand. 1995 Aug;74(7):530–533

6 Diamond A. & Lee K. (2011) *Interventions shown to aid executive function development in children 4 to 12 years old.* Science 19 Aug 2011: Vol. 333 • Hoffmann J. & Russ S. (2012) *Pretend play, creativity, and emotion regulation in children.* Psychology of Aesthetics, Creativity, and the Arts, 6(2), May 2012, 175–184

7 Eisenberger N. I. (2012) *The pain of social disconnection: examining the shared neural underpinnings of physical and social pain.* Nature Reviews, Neuroscience, Vol.13, June

8 Für weitere Möglichkeiten für einen kreativen und effektiven Umgang mit Provokation siehe Hughes D. & Baylin J. (2012) *Brain-based parenting: the neuroscience of caregiving for healthy attachment.* Norton series on interpersonal neurobiology 20 Apr 2012 • Hughes D. (2009) *Principles of attachment-focused parenting: effective strategies to care for children,* W.W. Norton and Co., London

9 und 11 Faber A. & Mazlish E. (1999) *Siblings without Rivalry,* Piccadily Press Ltd., London

10 Newson J., et al (1970) *Seven Year olds in the Home Environment,* Penguin, London

11 siehe 9

12 und 13 Lieberman M. D., et al (2007) *Putting feelings into words: affect labeling disrupts amygdala activity in response to affective stimuli.* Psychological Science, 18(5)

13 siehe 12

14 Mosley J. (2014) *Circle time for young children.* Essential Guides for Early Years Practitioners, Routledge, London

Alles über Grenzen

1 Heilmann A., et al (2021) *Physical punishment and child outcomes: a narrative review of prospective studies.* The Lancet, 2021

2 Kingsbury M., et al (2020) *Adolescent mental health following exposure to positive and harsh parenting in childhood.* The Canadian Journal of Psychiatry. 2020;65(6):392–400 • Teicher M. H., et al (2006) *Sticks, stones, and hurtful words: relative effects of various forms of childhood maltreatment.* Am J Psychiatry 2006.

3 *Permanent exclusions and suspensions in England: academic year 2020/21.* www.gov.uk

4 Williams J. (2018) *It just grinds you down.* Policy Exchange thinktank, December 17 2018

5 Statista Umfrage zu Fällen von Gewalt an Schulen nach Schulform 2020, *www.de.statista.com/statistik/daten/studie/1175293/umfrage/gewaltfaelle-an-schulen-nach-schulform/*, 2023

6 Tomoda A., et al (2011) *Exposure to parental verbal abuse is associated with increased gray matter volume in superior temporal gyrus.* Neuroimage 2011 Jan;54 • Panksepp J., Biven L. (2012) *The Archaeology of Mind: Neuroevolutionary Origins of Human Emotion,* W.W. Norton & Co, New York

7 Teicher M. H., et al (2006) *Sticks, stones, and hurtful words: relative effects of various forms of childhood maltreatment.* The American Journal of Psychiatry Jun;163 (6):993–1000

8 Choi J., et al (2009), *Preliminary evidence for white matter tract abnormalities in young adults exposed to parental verbal abuse.* Biological psychiatry, 2009;65:227–234 • Tomoda A. (2011) *Exposure to parental verbal abuse is associated with increased gray matter volume in superior temporal gyrus.* NeuroImage 54 (2011) S280–S286

9 Polcari, et al (2014) *Parental verbal affection and verbal aggression in childhood differentially influence psychiatric symptoms and wellbeing in young adulthood.* Child Abuse and Neglect. 2014 Jan;38(1):91–102

10 Hellman N., et al (2015) *Depression history as a moderator of relations between cortisol and shame responses to social-evaluative threat in young adults.* Biological Psychology 2015 Jul;109:159–165 • Gruenewald T. L. et al (2004) *Acute threat to the social self: shame, social self-esteem, and cortisol activity.* Psychosomatic Medicine 2004 Nov–Dec;66(6):915–924

11 Pulcu E., et al (2014) *Increased amygdala response to shame in remitted major depressive disorder.* PLoS One. 2014 Jan 30;9(1)

12 Gottman J., et al (1996) *Parental meta-emotion philosophy and the emotional life of families: theoretical models and preliminary data.* Journal of Family Psychology 1996, 10(3) • Gottman J., et al (2004) *Parental meta-emotion philosophy and the emotional life of families: theoretical models and preliminary data,* Journal of Abnormal Child Psychology 32(4), Aug 2004, 385–398

13 Hughes D., Baylin J. (2012) *Brain-based parenting: the neuroscience of caregiving for healthy attachment.* Norton series on interpersonal neurobiology 20 Apr 2012

14 Troy M., et al (1987) *Victimisation among preschoolers: role of attachment relationship history.* Journal of American Academy of Child and Adolescent Psychiatry 2: 166–172

15 Panksepp J. (2001) *The Long-term psychobiological consequences of infant emotions.* Infant Mental Health Journal 22 (1–2) Jan–Apr 145 • Adamec R. E. (1991) *Partial kindling of the ventral hippocampus: identification of changes in limbic physiology which accompany changes in feline aggression and defense.* Physiology & Behavior Mar;49(3):443–453

16 Choi J., et al (2009) *Preliminary evidence for white matter tract abnormalities in young adults exposed to parental verbal abuse.* Biological Psychiatry, 2009;65:227–234 • Tomoda A. (2011) *Exposure to parental verbal abuse is associated with increased gray matter volume in superior temporal gyrus.* NeuroImage 54 (2011) S280–S286

17 Fay J., Cline F. (2013) *Parenting without the power struggle,* NavPress, USA

18 Sunderland M. (2015) *Conversations That Matter: Talking with Children and Teenagers in Ways That Help,* Duffield: Worth Publishing

19 Forehand R., Searboro M. E. (1975) *An analysis of children's oppositional behavior.* Journal of Abnormal Child Psychology, 3(1), 1975

20 Hariri A. R., et al (2000) *Modulating emotional responses: effects of a neocortical network on the limbic system.* Neuroreport Jan 17; 11 (1): 43–48 • Pennebaker J. W. (1993) *Putting stress into words: health, linguistic, and therapeutic implications.* Behaviour Research and Therapy Jul;31 (6):

539–548 • Fossati P., Hevenor et al (2003) *In search of the emotional self: an FMRI study using positive and negative emotional words.* The American Journal of Psychiatry Nov;160 (11):1938–1945

21 Panksepp J. (2003) *Neuroscience: feeling the pain of social loss.* Science (New York, N.Y.), 302 (5643), S. 237–239 • Panksepp J. (2004) *Affective Neuroscience*, Oxford. Oxford University Press

22 Weininger O. (1997) *Time-in parenting strategies* Esf Publishers, USA

23 Sroufe und Waters (1997) *Heart rate as a convergent measure in clinical and developmental research.* Merrill-Palmer Quarterly 1997 Vol 23 no 1

24 Philips A. (1999) *Saying No*, Faber & Faber, London

25 DFE 00295-2013 Use of Reasonable Force and DFE-00023-2014 Behaviour and Discipline in Schools

26 Hughes D. und Baylin D. (2012) *Brain-based parenting: the neuroscience of caregiving for healthy attachment.* Norton series on interpersonal neurobiology, W. W. Norton & Company

Achten Sie auf sich selbst

1 Glover V. (2014) *Maternal depression, anxiety and stress during pregnancy and child outcome; what needs to be done.* Best Practice & Research Clinical Obstetrics & Gynaecology, 28(1):25–35 • Bock J., et al (2015) *Stress in Utero: Prenatal Programming of Brain Plasticity and Cognition • Biological Psychiatry.* Understanding PTSD: From Mind to Molecules, 78(5)

2 Field T., et al (2009) *Pregnancy massage reduces prematurity, low birthweight and postpartum depression.* Infant Behav Dev., 32(4):454–460

3 Huang L. T. (2011) *Perinatal programming of neuropsychiatric disorders.* Journal of the Formosan Medical Association, 110(6), S. 347–349 • Babenko O., et al (2015) *Stress-induced perinatal and transgenerational epigenetic programming of brain development and Mental Health.* Neuroscience & Biobehavioral Reviews, 48, S. 70–91

4 Plana-Ripoll O., et al (2014) *Prenatal exposure to maternal bereavement and childbirths in the offspring: a population-based cohort study.* PLoS ONE, 9(7)

5 Entringer S., et al (2009) *Prenatal exposure to maternal psychosocial stress and HPA axis regulation in young adults.* Hormones and Behavior, 55(2), S. 292–298.

6 Field T. M., et al (2004) *Prenatal depression effects on the fetus and the newborn.* Infant Behaviour and Development, Vol 27 issue 2 May 2004

7 Duffy K. A., et al (2023) *Maternal adverse childhood experiences impact fetal adrenal volume in a sex-specific manner.* Biol Sex Differ 14, 7 (2023) • Ward I. L. (1972) *Prenatal stress feminizes and demasculinizes the behavior of males.* Science, 175(4017), S. 82–84 • Barrett E. S. & Swan S. H. (2015) *Stress and androgen activity during fetal development.* Endocrinology. 2015 Oct;156(10):3435–3441 • *Stress in womb takes greater toll on males.* https://www.ed.ac.uk/medicine-vet-medicine/news-events/all-news/news-2010/stress-300810

8 *Can I drink if I am pregnant?* https://www.nhs.uk/pregnancy/keeping-well/drinking-alcohol-while-pregnant/ • Hepper P. G., et al. *Fetal brain function in response to maternal alcohol consumption: early evidence of damage.* Alcohol Clin Exp Res., Dec;36(12):2168–2175

9 Ejdebäck M., et al (2009) *Effects of sucking and skin-to-skin contact on maternal ACTH and cortisol levels during the second day postpartum-influence of epidural analgesia and oxytocin in the perinatal period.* Breastfeed Med. Dec;4(4):207–220 • Heinrichs M., et al (2001) *Effects of suckling on HPA axis responses to psychosocial stress in postpartum lactating women.* The Journal of Clinical Endocrinology and Metabolism, Oct;86(10):4798–4804

10 Field T., et al (2013) *Peer support and interpersonal psychotherapy groups experienced decreased prenatal depression, anxiety and cortisol.* Early Hum Dev. 2013 Sep;89(9):621–624. doi:

11 Field T. (2019) *Pediatric massage therapy research: a narrative review.* Children, 6(6), S. 78

12 Giesbrecht G. F., et al (2013) *The butterfly effect of social support on hypothalamic-pituitary-adrenal axis function during pregnancy.* Psychosomatic Medicine, 75(9), S. 856–862

13 Postnatal Depression Gov.Uk. UK national Screening Committee 2019) *https://view-health-screening-recommendations.service.gov.uk/postnatal-depression/*

14 Barry T. J., et al (2015) *Maternal postnatal depression predicts altered offspring biological stress reactivity in adulthood.* Psycho-neuroendocrinology, 52, S. 251–260

15 Murray L. (2014) *The psychology of babies: How relationships support development from birth to two years*, London: Robinson.

16 Stein A., et al (2018) *Mitigating the effect of persistent postnatal depression on child outcomes through an intervention to treat depression and improve parenting: a randomised controlled trial.* The Lancet Psychiatry, 5(2), S. 134–144.

17 Feldman R., et al (2014) *Maternal-preterm skin-to-skin contact enhances child physiologic organization and cognitive control across the first 10 years of life.* Biological Psychiatry, 75(1), S. 56–64.

18 Barry T. J., et al (2015) *Maternal postnatal depression predicts altered offspring biological stress reactivity in adulthood.* Psychoneuroendocrinology, 52:251–260

19 Vila J. (2021) *Social support and longevity: meta-analysis-based evidence and psychobiological mechanisms.* Frontiers in Psychology, 12

20 Anglin R. E. S., et al (2013) *Vitamin D deficiency and depression in adults: systematic review and meta-analysis.* The British Journal of Psychiatry, 202(2): 100–107 • Mitchell E. S. (2014) *B vitamin polymorphisms and behavior: evidence of associations with neurodevelopment, depression, schizophrenia, bipolar disorder and cognitive decline.* Neuroscience & Biobehavioral Reviews, 47:307–320 • Bodnar L. M., et al (2005) *Nutrition and depression: implications for improving mental health among childbearing-aged women.* Biological Psychiatry, 58(9):679–685

21 Prasad C. (1998) *Food, mood and health: a neurobiological outlook.* Brazilian Journal of Medical and Biological Research, 31(12): 1517–1527

22 Tang M., et al (2015) *Fish oil supplementation alleviates depressant-like behaviors and modulates lipid profiles in rats exposed to chronic unpredic-*

table mild stress. BMC Complement Altern Med., 17(15)239 • Trebaticka J., et al (2014) *Psychiatric disorders and omega-3 fatty acids.* Free Radic Biol Med., 75 Suppl. 1:S52

23 Adolphus K., et al (2013) *The effects of breakfast on behavior and academic performance in children and adolescents.* Front Hum Neurosci., 8;7:425

24 Murphy J. M. (2007) *Breakfast and learning: an updated review.* Current Nutrition & Food Science, 3(1):3–36(34) • Chaplin K., et al (2011) *Breakfast and snacks: associations with cognitive failures, minor injuries, accidents and stress.* Nutrients, 3(5):515–528

25 Pasco J. A., et al *Dietary selenium and major depression: a nested case-control study.* Complementary Therapies in Medicine, 20(3):119–123

26 Coan J. A. (2010) *Adult attachment and the brain.* Journal of Social and Personal Relationships, 27(2):210–217 • McEwen BS (2012) *Brain on stress: how the social environment gets under the skin.* PNAS, May:1–6

27 Lucassen P. J., et al (2010) *Regulation of adult neurogenesis by stress, sleep disruption, exercise and inflammation: implications for depression and antidepressant action.* European Neuropsychopharmacology, 20:1–17

28 Uvnäs-Moberg K. (2011) *The oxytocin factor: tapping the hormone of calm, love and healing,* Da Capo Press, Cambridge, MA • Uvnäs-Moberg K. (2013) *The hormone of closeness: the role of oxytocin in relationships,* Pinter and Martin Ltd., London.

29 Streeter C. C., et al (2007) *Yoga Asana sessions increase brain GABA levels: a pilot study.* The Journal of Alternative and Complementary Medicine, 13(4): 419–426.

30 Takahashi T., et al (2005) *Changes in EEG and autonomic nervous activity during meditation and their association with personality traits.* International Journal of Psychophysiology, 55(2):199–207

31 Phelps J. L., et al (1998) *Earned security, daily steps, and parenting: a comparison of five alternative models.* Development and Psychopathology Winter: 21–38

32 Holt-Lunstad J., et al (2015) *Loneliness and social isolation as risk factors for mortality: A meta-analytic review.* Perspect Psychol Sci., 0(2):227–237

Nützliche Adressen

BIGE Bundesinitiative Großeltern
von Trennung und Scheidung betroffener Kinder
www.grosselterninitiative.de
E-Mail: info@grosselterninitiative.de

Bundeskonferenz für Erziehungsberatung e. V. (bke)
www.bke-elternberatung.de
Online-Beratung für Eltern bei Erziehungsproblemen mit ihren Kindern

Bundeskonferenz für Erziehungsberatung e. V. (bke)
www.bke-jugendberatung.de
Online-Beratung für Kinder und Jugendliche bei Problemen mit Eltern, Freunden oder Schule

Deutsche Gesellschaft für Systemische Therapie, Beratung und Familientherapie (DGSF)
Jakordenstraße 23
50668 Köln
Tel.: 0221/1688600
www.dgsf.org
E-Mail: info@dgsf.org

Deutsche Liga für das Kind
Charlottenstraße 65
10117 Berlin
Tel.: 030/28 59 99 70
Fax: 030/28 59 99 71
www.liga-kind.de
E-Mail: post@liga-kind.de

Der Kinderschutzbund Bundesverband (DKSB)
Kalckreuthstraße 4
10777 Berlin
Tel.: 030/214 809-0
Fax: 030/214 809-99
www.dksb.de
E-Mail: info@kinderschutzbund.de
Die Website des DKSB bietet eine themenbezogene Linkliste zu weiterer Hilfestellung an.

Klinik und Poliklinik für Psychiatrie und Psychotherapie
Universitätsklinikum Hamburg-Eppendorf
Martinistraße 52
20246 Hamburg
Tel.: 040/7410-52230
www.uke.de/kliniken-institute/kliniken/kinder-und-jugendpsychiatrie-psychotherapie-und-psychosomatik/index.html
E-Mail: info@uke.de
Psychotherapeutische Behandlung zur Traumabewältigung

Österreichische Plattform für Alleinerziehende
Türkenstraße 3/3
A-1090 Wien
Tel.: 0043/1/890 3890
Fax: 0043/1/890 3890-15
www.alleinerziehende.org
E-Mail: oepa@opea.or.at

Österreichischer Kinderschutzbund
oepa@oepa.or.at
www.oepa.or.at

Psychotherapie-Informations-Dienst
Am Köllnischen Park 2
10179 Berlin
Tel.: 030/209 166330
Fax: 030/209 166316
www.psychotherapiesuche.de
E-Mail: pid@psychologenakademie.de

Kinderschutz Schweiz
Schlösslistrasse 9a
CH-3008 Bern
Tel.: 0041/31/384 29 29
www.kinderschutz.ch
E-Mail: info@kinderschutz.ch

Schweizerischer Verband alleinerziehender Mütter und Väter
Postfach 334
CH-3000 Bern 6
Tel.: 0041/31/351 77 71
www.svamv.ch

Starke Väter
(Ministerium für Kinder, Jugend, Familie, Gleichstellung, Flucht und Integration des Landes Nordrhein-Westfalen)
40190 Düsseldorf
Tel.: 0211/837-02
Fax: 0211/837-2200
www.vaeter.nrw
E-Mail: poststelle@mkffi.nrw.de

Verband alleinerziehender Mütter und Väter e. V. (VAMV)
Hasenheide 70
10967 Berlin
Tel.: 030/69 59 78-6
Fax: 030/69 59 78-77
www.vamv.de
E-Mail: kontakt@vamv.de

Verband berufstätiger Mütter e. V. (VBM)
Im Rheinwinkel 7
51149 Köln
www.vbm-online.de
E-Mail: info@vbm-online.de

Wiener Gesellschaft für psychotherapeutische Versorgung
Lustkandlgasse 23/3–4
A-1090 Wien
Tel.: 0043/1/968 80 25
www.psychotherapie-wien.at
E-Mail: wgpv@psychotherapie-wien.at

Zentrum für Psychotherapie
Scheuchzerstraße 8
CH-8006 Zürich
Tel.: 0041/44/350-77 77
www.zept.ch
E-Mail: info@zept.ch

Register

T, U

V

W

Y, Z

BILDNACHWEIS

Der Verlag dankt folgenden Personen und Organisationen für die freundliche Genehmigung zum Abdruck von Fotos:

9 Getty Images/iStock: E+/kate_sept2004. **10 Getty Images/iStock:** Primorac91. **29 Dreamstime.com:** Warrengoldswain. **51 Getty Images/iStock:** RuslanDashinsky. **52 Getty Images/iStock:** Rawpixel. **60 Dreamstime.com:** Monkey Business Images. **71 Shutterstock.com:** Monkey Business Images. **84 Getty Images/iStock:** E+/FG Trade. **97 Getty Images/iStock:** encrier. **116 Getty Images/iStock:** digitalskillet. **120 Dreamstime.com:** Monkey Business Images. **123 Shutterstock.com:** goodluz. **124 Dreamstime.com:** Pojoslaw. **128 Getty Images/iStock:** Kostikova. **147 Shutterstock.com:** Jacob Lund. **166 Dreamstime.com:** Prostockstudio. **169 Dreamstime.com:** Yuri Arcurs. **180 Alamy Stock Photo:** Tetra Images, LLC/JGI/Jamie Grill. **183 Dreamstime.com:** Stasia04. **202 Getty Images/iStock:** Tom Merton. **220 Dreamstime.com:** Pavla Zakova. **223 Getty Images/iStock:** E+/EmirMemedovski. **239 Dreamstime.com:** Evgenyatamanenko. **243 Dreamstime.com:** Lordn7. **246 Getty Images/iStock:** ferlistockphoto. **262 Getty Images/iStock:** E+/Marilyn Nieves. **265 Getty Images:** Corbis/Simon Marcus Taplin. **285 Dreamstime.com:** Fizkes. **293 Getty Images/iStock:** AndreaObzerova. **295 Getty Images/iStock:** JLco – Julia Amaral.

DANK DER AUTORIN

Ich möchte Professor Jaak Panksepp, der schon »der nächste Darwin« genannt wurde, für seine wunderbare Arbeit danken. Durch seine Entdeckung der sieben im Gehirn genetisch angelegten emotionalen Systeme können wir heute Eltern dazu befähigen, ihren Kindern über die Erziehung lebenslange psychische Gesundheit zu schenken. Das ist von unschätzbarem Wert.

DANK DES VERLAGS

DK dankt allen, die an den früheren und der aktuellen Ausgabe dieses Buchs mitgearbeitet haben, sowie folgenden Personen für ihre Mitarbeit an dieser Ausgabe: Vanessa Bird für die Erstellung des Registers und Kathy Steer für das Korrektorat.

DK | Penguin Random House

DK LONDON / DELHI

Lektorat Zara Anvari, Becky Alexander, Lucy Philpott, Charlotte Beauchamp, Ruth O'Rourke, Katie Cowan, Dawn Bates

Gestaltung und Bildredaktion Glenda Fisher, Eloise Grohs, Maxine Pedliham, Manish Upreti, Pushpak Tyagi, Tom Forge, Emma Forge

Herstellung Tony Phipps, Rebecca Parton, Balwant Singh

DK Picture Library DK Picture Library
Illustrationen Carina Lindmeier, Andrew Pinder

Für die deutsche Ausgabe:
Verlagsleitung Monika Schlitzer
Programmleitung Heike Faßbender
Redaktionsleitung Dr. Kerstin Schlieker
Projektbetreuung Manuela Stern, Silke Tauscher, Kerstin Uhl
Herstellungsleitung Dorothee Whittaker
Herstellungskoordination Claudia Rode
Herstellung Verena Marquart
Umschlaggestaltung Jürgen Katzenberger

Titel der englischen Originalausgabe:
What every Parent needs to know

Übersetzung Simone Blass, München, Anke Wellner-Kempf
Lektorat Susanne Böse, Dr. Rainer Schöttle, Verlagsservice Neufinsing

ISBN 978-3-8310-4869-4

Druck und Bindung TBB, a.s., Slowakei

FSC www.fsc.org
MIX
Papier | Fördert gute Waldnutzung
FSC® C018179

www.dk-verlag.de

Hinweis
Die Informationen und Ratschläge in diesem Buch sind von den Autoren und vom Verlag sorgfältig erwogen und geprüft, dennoch kann eine Garantie nicht übernommen werden. Eine Haftung der Autoren bzw. des Verlags und seiner Beauftragten für Personen-, Sach- und Vermögensschäden ist ausgeschlossen.